LE BON CONSEILLER

DES FAMILLES.

LE BON CONSEILLER DÊS FAMILLES

OU
NOUVEAU CODE
DE

LÉGISLATION FRANÇAISE

CONTENANT

LES NOTIONS DU DROIT CIVIL, COMMERCIAL,
ADMINISTRATIF, PÉNAL

Avec toutes les formules des actes sous seing privé et les tarifs
du droit d'enregistrement sur chacun d'eux

SUIVI

D'UNE EXPLICATION CLAIRE ET SUCCINCTE SUR CHAQUE
NATURE D'ACTE, JUSTIFIÉE PAR DES ARRÊTS DES COURS IMPÉRIALES
ET DE CEUX DE LA COUR DE CASSATION

augmentée

De la taxe générale des frais dus aux avoués, notaires, huissiers
devant les Cours Impériales,
les tribunaux de première instance, ceux du Commerce
et les justices de paix

TERMINÉ

PAR LES LOIS SUR LA POLICE-RURALE ET LES ÉPIZOOTIES

CELLE SUR LES VICES ET ACTIONS RÉDHIBITOIRES

Ouvrage conforme aux nouvelles lois décrétées
par Sa Majesté Napoléon III, et mis à la portée de tout le monde

PAR M. GAUTERON, AVOCAT

PARIS
A LA LIBRAIRIE SCIENTIFIQUE
H. MOREL
5, RUE DE MADAME

1860

LE BON CONSEILLER

DES FAMILLES.

PREMIÈRE PARTIE.

CODE CIVIL.

ACTE SOUS SEING PRIVÉ. — C'est ainsi qu'on appelle tout acte dans la rédaction duquel un officier public n'est pas intervenu.

Il est quelques contrats qui réclament impérieusement l'intervention d'un notaire ; mais la plupart des conventions peuvent être faites par acte sous seing privé, et elles ont le même effet que les actes notariés, à cette différence près que les sous seings privés ne sont pas exécutoires de plein droit, et qu'ils ne font foi en justice que du moment où ils y ont été reconnus ; elles ont, disons-nous, le même effet, à condition toutefois qu'on prenne vis-à-vis des tiers la précaution dont nous allons parler dans un des paragraphes de cet article.

Du moment où l'acte sous seing privé est reconnu, il oblige non-seulement les contractants, mais encore leurs héritiers ou ayant-cause.

Comment un acte sous seing privé se fait-il reconnaître ? — Lorsqu'un pareil acte est produit en justice, celui à qui on l'oppose est tenu d'avouer ou de désavouer formellement son écriture ou sa signature. Si l'acte est dénié, la vérification en est ordonnée en justice. — Les héritiers ou ayant-cause de celui qui a souscrit l'acte et auquel il est opposé peuvent se borner à déclarer qu'ils ne connaissent pas l'écriture ou la signature de leur auteur, auquel cas c'est encore une vérification qui a lieu. Suivant le rapport des experts nommés par le tribunal, l'acte est tenu pour émané de la partie à laquelle ou aux ayant-cause de laquelle on l'oppose, ou bien il est déclaré faux. Dans le premier cas, son exécution est ordonnée par jugement. — La vérification peut être faite non-seulement par expertise, mais par témoins, lors même qu'il s'agirait de plus 150 francs.

Au reste, lorsque, dès l'origine d'un procès, on n'a pas protesté contre un acte, qu'on n'en a pas dénié sur-le-champ l'écriture ou la signature, cet écrit est tenu pour reconnu, et toutes protestations ultérieures seraient tardives et sans valeur. (Arrêt de la Cour de cassation du 24 juin 1806.)

A quelle condition les actes sous seing privé sont-ils valables à l'égard des tiers? — Un acte quelconque ne peut jamais obliger un tiers ; car les conventions ne lient que les parties et leurs ayant-cause; mais, sans obliger les tiers, une convention peut faire foi contre eux. Pour qu'il en soit ainsi, il faut qu'elle porte une *date certaine.* Rien ne serait plus facile, en effet, que de frauder les droits d'une personne à l'aide d'antidate. Aussi la loi a-t-elle statué qu'un acte ne peut être opposé aux personnes qui n'y sont pas parties, que du jour où il a été enregistré ou du jour de la mort de celui ou d'un de ceux qui l'ont souscrit, ou encore du jour où sa substance aura été constatée dans des actes dressés par des officiers publics, tels que procès-verbaux de scellés et d'inventaire. — Sans ces sages précautions, il n'y aurait aucun moyen de prévenir la fraude.

Je vous vends aujourd'hui une maison ; si je veux détruire le contrat, qu'est-ce qui m'empêche de faire demain un second acte en faveur d'une autre personne, et de l'antidater ? Comment prouver le dol ? Si vous n'avez pas fait enregistrer votre contrat, le dernier acquéreur pourra vous déposséder, sauf votre action en garantie contre moi ; car son titre porte une date antérieure au vôtre, et comme ni l'un ni l'autre n'est revêtu de la formalité qui assure l'époque, on est dans la nécessité de suivre l'ordre des deux dates, et le second acte a la préférence sur le premier. Il en serait de même si ce second acte, sans être antidaté, acquérait une date certaine par la formalité de l'enregistrement. Cette date, quoique postérieure à celle de votre contrat, donnerait à la convention qui présenterait cette garantie une valeur que votre contrat n'aurait pas, bien que portant une date sincère, mais non prouvée. Si vous voulez évitez ces dangers, faites donc enregistrer vos actes.

Les actes sous seing privé qui ont acquis date certaine de l'une des trois manières dont nous parlons plus haut, peuvent servir de base à la prescription de 10 et 20 ans, à partir du jour où ils ont acquis cette date. Leur force est telle, que celui qui a acheté un immeuble par un acte de cette espèce est préféré à un autre *acquéreur par acte notarié* du même immeuble anquel la même personne l'aurait vendu postérieurement.

Quelles sont les formalités prescrites pour les actes sous seing privé? — Presque tous les actes sous seing privé peuvent être rédigés par une personne étrangère et même par les notaires ou autres officiers publics, qui n'interviennent plus alors comme officiers ministériels, mais comme particuliers. (Avis du conseil d'État du 1er avril 1808.) Mais tous doivent être signés par les parties ; cette condition est rigoureuse : de telle sorte que tout individu qui ne sait ou ne peut signer, ne saurait concourir à un acte pareil, et ne peut se passer du ministère du notaire. Il est d'usage, dans la campagne, de remplacer la signature par une croix. Cette coutume est contraire à la loi. La signature est dans un acte sous seing privé un élément nécessaire, vital, que rien ne saurait suppléer. (Arrêts de la cour de Dijon du 24 septembre 1824, et de la cour d'Angers du 13 août 1832.)

Il est deux sortes d'actes qui doivent être non-seulement signés, mais écrits en entier de la main des parties ; ce sont : 1° les testaments olographes ; 2° les billets ou promesses sous seing privé, par lesquels on s'engage à payer une somme d'argent ou une chose appréciable. Si cependant, dans le cas de billet, cette formalité n'avait pas été observée, l'acte ne serait pas nul, pourvu que le signataire eût écrit *de sa main* un *bon* ou *approuvé* portant en toutes lettres la somme ou la quantité de la chose.

Il n'est pas nécessaire que les parties approuvent les ratures qui peuvent se trouver dans un sous seing privé. (Arrêt de la Cour de cassation du 11 juin 1810.)—Toutefois, pour plus de régularité, il est prudent d'approuver ces ratures.

En combien d'originaux doivent être faits les sous seings privés synallagmatiques ? — Un acte synallagmatique, c'est-à-dire contenant les stipulations réciproques des parties les unes à l'égard des autres, doit être fait en autant d'originaux qu'il y a de parties ayant un intérêt distinct. Un seul original suffit pour les personnes ayant le même intérêt. Chaque original doit contenir la mention du nombre des originaux qui ont été faits.

TIMBRE. — Les actes sous signature privée doivent être rédigés sur papier timbré, sans quoi ils ne seraient pas reçus en justice.

ENREGISTREMENT. — Les actes portant transmission de propriété ou d'usufruit des biens immeubles, les baux à ferme ou loyer, sous-baux, cessions et subrogations de baux, les engagements, aussi sous signature privée, de biens de la même nature, doivent être enregistrés dans les trois mois de leur date s'ils sont faits en France, dans les six mois s'ils sont faits en Europe, dans l'année si c'est en Amérique, et dans le délai de deux ans si c'est en Afrique ou en Asie; — le tout, sous peine de payer un double droit.

Il n'y a point de délai de rigueur pour l'enregistrement de tous autres actes que ceux mentionnés dans l'article précédent, qui seront faits sous signature privée en France ou ailleurs; mais il ne pourra en être fait aucun usage, soit par acte public, soit en justice, ou devant toute autre autorité constituée, qu'ils n'aient été préalablement enregistrés. (Loi du 22 frimaire an VII, art. 22 et 23.)

APPRENTISSAGE. — L'apprenti est celui qui, en vertu d'une convention faite, s'oblige à travailler pour un maître, lequel s'engage de son côté à lui apprendre, pour prix de son travail, la pratique d'une profession. Il arrive quelquefois que l'apprenti fournit, outre son travail, une somme d'argent.

La convention qui lie l'un envers l'autre le maître et l'apprenti, s'appelle *contrat d'apprentissage*. Ce contrat se rédige ordinairement par écrit; cependant, il peut être verbal, et, dans ce cas, s'il n'est pas dénié, il a le même effet que s'il était écrit.

Toute personne peut-elle recevoir des apprentis? — Pour recevoir des apprentis ou apprenties, il faut être majeur, n'avoir jamais subi aucune condamnation, soit pour crime, soit pour attentat aux mœurs, soit pour vol, escroquerie, abus de confiance, ou tout autre délit entachant la probité. — L'homme célibataire ou veuf ne peut loger, comme apprenties, des jeunes filles mineures.

Quels sont les devoirs que le maître contracte vis-à-vis de l'apprenti? — Il doit se conduire envers lui en bon père de famille, surveiller sa conduite et ses mœurs, soit au dedans, soit au dehors. — Il ne doit l'employer qu'aux services relatifs à sa profession, et ne lui imposer jamais de travaux au-dessus de ses forces ou insalubres. — Le maître doit enseigner progressivement, mais complétement, à l'apprenti tous les secrets de sa profession, et lui délivrer à la fin de l'apprentissage un congé d'*acquit* ou certificat constatant l'exécution du contrat.

Quels sont les devoirs que contracte l'apprenti de son côté? — Il doit à son maître fidélité, obéissance et respect; il doit l'aider, par son travail, dans la mesure de ses forces et de son aptitude. Il est tenu de remplacer, à la fin de l'apprentissage, le temps qu'il n'a pu employer par suite de maladie ou d'absence ayant duré plus de quinze jours.

Combien de temps dure l'apprentissage? — Ce sont les usages locaux qui règlent cette durée. Si le temps convenu dans le contrat dépasse la durée habituelle, ce temps doit être réduit.

Quelle est la durée du travail de l'apprenti? — S'il

est âgé de moins de quatorze ans, il ne doit pas travailler plus de dix heures par jour ; de quatorze à seize ans, cette durée ne doit pas dépasser douze heures.

Quels sont les divers cas de résiliation du contrat d'apprentissage ? — Ce contrat peut être résilié d'abord, comme tous les contrats, par la commune volonté des parties. — En outre, il est résolu *de plein droit*, 1° par la mort de l'une ou de l'autre ; 2° si l'une ou l'autre est appelée pour le service militaire; 3° si l'une ou l'autre vient à être condamnée pour vol, escroquerie, abus de confiance, attentat aux mœurs, ou pour fait emportant une peine afflictive et infamante, ou infamante seulement ; 4° pour les filles mineures, dans le cas de décès de l'épouse du maître. — Ce contrat peut encore être résilié, sur la demande d'une des parties, 1° dans le cas d'inexécution des engagements contractés; 2° si le maître ou l'apprenti manque aux devoirs dont nous avons parlé plus haut ; 3° pour inconduite habituelle de l'apprenti ; 4° si l'une des deux parties est condamnée pour un fait quelconque à un emprisonnement de plus d'un mois ; 5° au cas de mariage de l'apprenti.

Compétence judiciaire. — Les contestations relatives aux engagements respectifs des maîtres et de leurs apprentis sont de la compétence des conseils de prud'hommes, et, s'il n'y en a pas, de celle des juges de paix.

Action du maître pour le prix d'apprentissage. — Si, outre le travail de l'apprenti, il a été stipulé un prix d'apprentissage, l'action du maître pour le paiement de ce prix se prescrit par le laps d'un an, qui commence à courir du jour où l'apprenti a quitté l'atelier, et pas auparavant. (Arrêt de la Cour de Paris du 3 septembre 1824.)

Responsabilité du maître. — Le maître est responsable du dommage causé par son apprenti pendant qu'il est sous sa surveillance, à moins qu'il ne prouve qu'il n'a pu empêcher le fait qui a donné lieu à cette responsabilité.

FORMULE D'UN CONTRAT D'APPRENTISSAGE.

Entre nous, soussignés ,

B..... (nom, prénoms, etc.), d'une part, et S..... (nom, prénom, etc.), d'autre part :

A été arrêté ce qui suit, savoir :

Moi, B....., je consens à prendre en apprentissage chez moi, S..... fils, âgé de..... ans, pour le temps et l'espace de...... ans consécutifs, à partir de ce jour, afin de lui apprendre mon état de ....., moyennant la somme de ....., que le sieur S..... promet et s'engage de me payer en trois paiements égaux, savoir : présentement .... , dans........, et dans.......; et à condition que dans le cas où le sieur S....... retirerait son fils de chez moi, ou que son fils en sortirait de sa propre volonté avant d'avoir fini le temps de son apprentissage, à moins qu'il ne fût malade, ou que ce ne fût pour le sercice militaire, ledit sieur S....... père perdra non-seulement les sommes par lui payées pour ledit apprentissage, mais encore sera tenu de payer, par forme d'indemnité, la somme de ....., ce que le sieur S..... a consenti; et m'a payé la susdite somme de ...., dont le présent lui servira de quittance.

Fait et signé double à ....., ce ......

(Signatures du maître et du père.)

FORMULE D'UN TRANSPORT DE CONTRAT D'APPRENTIS-SAGE D'UN MAITRE A UN AUTRE.

(Ce transport ne peut avoir lieu que du consentement de tous les intéressés, c'est-à-dire non-seulement les deux maîtres, mais encore celui qui représente l'apprenti.)

Entre les sousignés ,

1° Le sieur (nom, prénoms et domicile, etc., du père, de la mère ou du tuteur de l'apprenti), d'une part ;

2° Le sieur (nom, prénoms, etc., du maître cédant), d'autre part;

3° Et le sieur (nom, etc., du nouveau maître), encore d'autre part :

A été convenu ce qui suit , savoir:

Le sieur .... (nom du maître cédant) cède à transport au sieur (nom du cessionnaire), qui l'accepte, les droits que ledit sieur (nom du cédant) a au brevet d'apprentissage de .... (nom, prénoms, âge et métier de l'apprenti), ainsi que lesdits droits lui ont été garantis par acte sous seing privé du .... (la date du contrat primitif d'apprentissage), dont le sieur (nom du cessionnaire) déclare avoir pris connaissance.

Le présent transport est fait à la charge par le sieur (le cessionnaire), qui s'y oblige, 1° de montrer et enseigner audit apprenti ledit métier de..... pendant les ..... années..... mois restant à expirer audit contrat; 2° d'exécuter fidèlement et loyalement les autres charges et conditions qui sont spécifiées dans ledit contrat.

De son côté, le père dudit apprenti, stipulant en son nom, déclare formellement adhérer audit transport, et le tenir pour obligatoire tant à son égard qu'à l'égard de son fils.

Au moyen du présent transport, qui met à la date de ce jour le susdit..... (nom de l'apprenti) à la charge du sieur (nom du cessionnaire), qui déclare l'avoir reçu, le sieur (le cessionnaire) est subrogé sans garantie dans les droits du sieur (le cédant) pour toucher les ..... francs restant à payer par le sieur (le père de l'apprenti) pour la présente année ; et le sieur (le cessionnaire) déclare en outre avoir reçu des mains du sieur (nom du cédant) le contrat d'apprentissage par acte sous seing privé dont il était nanti.

Fait triple à ....., le .....

(Signature des deux maîtres et du père de l'apprenti, ou de la mère, ou de son tuteur.)

ENREGISTREMENT. — Le contrat d'apprentissage, lors même qu'il contiendrait des obligations de sommes ou valeurs mobilières, ou des quittances, est soumis au droit fixe d'un franc. (Article 2 de la loi du 22 février 1851.)

ARBITRAGE, ARBITRE. — On appelle arbitres des espèces de juges spéciaux et sans caractère public, choisis par les parties ou désignés par la justice pour prononcer sur une contestation.

Nous n'avons pas à nous occuper ici de *l'arbitrage forcé*, en matière commerciale, ni des arbitres rapporteurs : nous ne traiterons que de *l'arbitrage volontaire* en matière civile.

On distingue deux sortes d'arbitrage volontaire : l'arbitrage *ordinaire*, c'est-à-dire par des arbitres qui doivent suivre les règles du droit, et l'arbitrage par *amiables compositeurs*, c'est-à-dire par des personnes qu'on dispense de l'observation de ces règles, et qui jugent conformément aux inspirations de l'équité. — Si les parties ne se sont pas expliquées à cet égard, les arbitres doivent se conformer aux principes du droit.

On appelle *compromis* l'acte par lequel les parties manifestent leur volonté de remettre le jugement de leurs différends à des arbitres.

Nomination des arbitres, constitution du tribunal arbitral. — En général, les parties peuvent choisir pour arbitres qui bon leur semble, pourvu que ceux qu'elles choisissent ne soient pas dans un cas d'incapacité qui les priverait eux-mêmes du droit de gérer leurs affaires. — Sont donc incapables d'être arbitres les femmes, les mineurs, les interdits, etc., etc. — Le tribunal arbitral peut se composer d'autant de juges qu'il convient aux parties, d'un seul, si c'est leur volonté. D'ordinaire, chacun nomme le sien. Il est bon cependant qu'ils soient en nombre impair pour éviter les inconvénients et les lenteurs qu'entraînent un partage et la nécessité d'élire un tiers-arbitre.

Quand les parties ont pris, par compromis, l'engagement de faire juger par des arbitres leurs contestations présentes ou à venir, si l'une d'elles refuse de nommer un arbitre, l'autre peut le faire nommer par la justice.

Quelles sont les limites du pouvoir des arbitres? — Les arbitres peuvent trancher tout différend dans lequel l'ordre public ou l'état civil des personnes n'est pas intéressé ; ils ne peuvent statuer que dans les termes formels du compromis, c'est-à-dire sur les chefs de contestations qui ont été formellement soumis à leur appréciation, ou sur ceux qui en sont une dépendance nécessaire. (Arrêt de la Cour de cassation du 15 novembre 1827.) — Ils ne peuvent déléguer leurs pouvoirs.

Comment peuvent cesser les pouvoirs des arbitres? — 1° Par l'expiration du délai fixé par le compromis ; 2° par le laps de trois mois à dater du compromis, s'il n'y a pas eu de délai indiqué ; 3° par la mort, le refus ou l'empêchement des arbitres ou de l'un d'eux ; 4° par la récusation des arbitres pour des causes survenues depuis le compromis ; 5° par leur révocation, qui ne peut avoir lieu que du consentement de toutes les parties.

Formes de procédure. — La procédure devant les arbitres est assujettie aux mêmes règles, formalités et délais que la procédure devant les tribunaux ordinaires, à moins que les parties n'aient consenti à simplifier ces formalités et à abréger ces délais. Les parties peuvent charger des avocats du soin de leur défense, mais le ministère des avoués n'est pas obligatoire. — Ce sont les arbitres qui font les actes d'instruction. — Les parties sont tenues de produire leurs défenses ou mémoires et pièces à l'appui, quinze jours au moins avant l'expiration du délai du compromis. Si la production n'a été faite que par l'une ou quelques-unes d'entre elles, les arbitres jugent sur ce qui a été produit.

Jugement. — La sentence arbitrale se rend comme les jugements ordinaires, à la majorité des voix. Il n'est pas nécessaire, comme pour les jugements ordinaires, qu'elle soit prononcée en présence des parties. — C'est, en principe général, la partie condamnée qui doit supporter les dépens.

Qu'est-ce que le tiers-arbitre? Comment et quand le nomme-t-on, et en quoi consistent ses pouvoirs? — Quand les arbitres diffèrent d'opinion et qu'il y a partage, les arbitres peuvent faire choix d'un arbitre départiteur ; ce sont les arbitres primitivement nommés qui font ce choix, s'ils y sont autorisés par le compromis. Si les arbitres ne sont pas autorisés, ou s'ils ne peuvent s'entendre sur le choix, et que les parties elles-mêmes ne puissent s'accorder à cet égard, le départiteur est nommé par le président du tribunal, qui doit rendre la décision arbitrale exécutoire ; il suffit, pour cela, d'une requête présentée à ce magistrat par une des parties ou par un des arbitres ; c'est ce départiteur qu'on nomme *tiers-arbitre*.

Le tiers arbitre ne peut prononcer que sur les points déjà soumis aux arbitres primitifs. Il n'a pas qualité pour statuer sur des conclusions nouvelles prises devant lui. (Arrêt de la Cour de cassation du 17 novembre 1836.)

Les arbitres volontaires ont-ils droit à des honoraires? Oui. (Arrêt de la Cour de Bordeaux du 14 janvier 1836.) — Mais ils ne peuvent retenir les pièces du procès pour gage de ce qui leur est dû. (Arrêt de la Cour de Paris du 17 août 1842.)

Quelle est l'autorité d'une sentence arbitrale? — Ces sentences ont entre les parties la même *force exécutoire* que les jugements ordinaires. Seulement, il est nécessaire qu'elles soient revêtues de l'ordonnance d'*exequatur*.

De l'ordonnance d'exequatur. — Dans les trois jours du jugement, la minute de la sentence arbitrale doit être déposée au greffe du tribunal civil, ou bien, si les arbitres ont jugé en appel, au greffe de la Cour du ressort. L'ordonnance d'*exequatur* est rendue par le président de cette Cour ou de ce tribunal.

Du recours contre la sentence arbitrale. — Les voies de recours contre ces sentences sont l'opposition à l'ordonnance d'*exequatur*, l'*appel* et la *requête civile*.

La voie d'opposition doit être employée quand les arbitres ont prononcé sans compromis ou en dehors des termes du compromis, ou qu'ils ont dépassé les pouvoirs qu'il leur conférait. — L'action doit être alors portée devant le tribunal dont le président a rendu l'ordonnance d'*exequatur*.

L'appel est susceptible d'être formé, si on n'y a pas renoncé lors ou depuis le compromis. Il y a toujours lieu à l'appel, quelle que soit la valeur du litige. Le délai que la loi accorde pour le former, délai qui commence à courir du jour de la signification à domicile, est de trois mois. — Cet appel est porté devant le tribunal civil si l'affaire eût été, à défaut d'arbitrage, de la compétence du juge de paix, devant la Cour d'appel si l'affaire eût été de la compétence du tribunal civil ou du tribunal de commerce.

La requête civile est admise contre les sentences arbitrales dans le cas où la loi l'admet pour les jugements ordinaires, excepté dans le cas d'inobservation des formes ordinaires de la procédure, à moins que l'observation de ces formes n'eût été stipulée. La requête civile est jugée par le tribunal auquel aurait été soumis l'appel.

Le recours en cassation n'est pas admis en fait d'arbitrage volontaire contre la sentence arbitrale, mais seulement contre les jugements rendus, soit sur requête civile, soit sur appel de la sentence.

ARRHES. — C'est ainsi qu'on appelle ce qui est donné, soit pour assurer la conclusion d'une convention non encore définitivement formée, soit pour sanctionner une convention irrévocablement conclue. — Les arrhes se donnent généralement en argent ; elles s'emploient en matière de vente ou de louage.

Des arrhes dans la vente. — Dans la vente, les arrhes se donnent habituellement, à titre de gage, pour le cas du dédit d'une convention simplement projetée. Elles produisent alors les effets d'une condition suspensive. Chacun des contractants est libre de rompre le marché, celui qui a donné les arrhes, en les perdant, celui qui les a reçues, en restituant le double. Si c'est d'un consentement unanime que les parties renoncent à la convention, comme aussi dans le cas de perte de l'objet du contrat, celui qui a reçu les arrhes les rend sans rien donner de plus. — Lorsque les arrhes sont données après la conclusion définitive d'un marché, ni l'une ni l'autre des parties n'a le droit de se rétracter, soit en renonçant aux arrhes, soit en restituant le double ; chacune d'elles a le droit d'exiger, ou l'exécution du contrat, ou les dommages-intérêts. (Arrêt de la Cour de Strasbourg du 13 mai 1813.)

Les arrhes, en matière de vente, si la convention s'exécute, doivent être imputées sur le prix et considérées comme à-compte. (Arrêt de la Cour de Paris du 8 septembre 1812.)

Des arrhes dans le louage. — Dans le louage, les arrhes prouvent toujours la conclusion du contrat. Il est d'usage, lorsqu'on loue une maison, un appartement, de donner au propriétaire ou bien à son portier quelques pièces de monnaie, qu'on appele *denier à Dieu.* La coutume est que le locataire et le propriétaire ont vingt-quatre heures pour se dédire. Celui-ci doit, s'il veut rompre le bail, rendre à celui-là l'argent qu'il en a reçu, et le locataire doit, dans le même cas, abandonner la somme qu'il a donnée. Mais passé ce délai, le *denier à Dieu* devient une preuve du bail ; de sorte que celui qui avoue l'avoir donné ou reçu ne peut se rétracter.

Les arrhes, en matière de louage, ne font pas partie du prix.

AUBERGISTE. — C'est celui qui, par état, tient une maison où les voyageurs trouvent, moyennant rétribution, soit le logement seul, soit le logement et la nourriture.

Obligations imposées à l'aubergiste. — Il doit, sous peine d'une amende de 6 à 10 fr., inscrire sur ses registres les noms, qualités, domiciles habituels, dates d'entrée et de sortie de toutes personnes qui auraient couché ou passé une nuit dans sa maison. — L'aubergiste convaincu d'avoir logé plus de vingt-quatre heures, sans remplir cette formalité, quelqu'un qui, pendant son séjour, aurait commis un crime ou un délit, est civilement responsable des restitutions, des indemnités, et des frais adjugés aux personnes à qui ce crime ou ce délit aurait causé quelque dommage. — Il est passible d'une amende de 6 à 10 fr. s'il ne représente pas ses registres aux époques fixées par les règlements, ou quand il en est requis, aux maires, adjoints, commissaires ou préposées de la police ou des mairies.

Quant un arrêté de la police municipale a fixé l'heure à laquelle doivent être fermées les auberges de la commune, les aubergistes sont en contravention, même quand les personnes étrangères trouvées à une heure prohibée n'y auraient été reçues que par des pensionnaires de cette auberge, et dans des chambres particulières. (Arrêt de la Cour de cassation du 24 décembre 1842.)

Responsabilité civile des aubergistes. — Ils sont responsables comme dépositaires des effets apportés par le voyageur; le vol de ces effets ou le dommage qu'ils éprouvent sont à la charge de l'aubergiste, soit que l'auteur du vol ou du dommage soit un des employés de l'auberge, soit que ce soit un étranger. — La preuve du dépôt des effets appartenant aux voyageurs peut être faite par témoins ou par de simples présomptions.

Le mot *effets* comprend les marchandises, les animaux et tous autres objets. (Arrêt de la Cour de Paris du 24 septembre 1832.) — L'aubergiste ne répond pourtant pas de la perte d'*effets précieux*, qui n'ont été ni mon-

trés ni *vérifiés*, surtout si le voyageur avait une armoire fermée à clef, dont il a eu le tort de ne pas faire usage. (Arrêt de la Cour de Paris du 22 avril 1811.) — L'aubergiste qui reçoit d'habitude des rouliers, et qui n'a pas de cour pour remiser leur voiture, répond du vol commis sur une voiture laissée en dehors de sa maison par un roulier logé chez lui. (Arrêt de la Cour de Paris du 15 septembre 1808.)

Les vols commis avec force armée ou autre force majeure ne sont pas à la charge des aubergistes.

Compétence judiciaire pour les cas de responsabilité civile. — Quoique l'aubergiste, spéculant sur la vente et la location de denrées et objets divers, soit un commerçant véritable, ce n'est pas devant les tribunaux de commerce qu'il doit répondre des faits de vol ou de dommage cités plus haut ; c'est devant les tribunaux civils.

Privilége de l'aubergiste. — Pour compenser les obligations sévères imposées à l'aubergiste dans l'intérêt de la sûreté des voyageurs, la loi lui accorde, pour le prix de ses fournitures, un privilége sur les effets de ces voyageurs transportés dans l'auberge, à l'exception cependant des vêtements dont ces voyageurs sont couverts. (Arrêt de la Cour de Lyon du 24 janvier 1823.) — Il peut retenir ces effets et les faire saisir judiciairement ; après quoi, les effets sont vendus, et il est payé sur le prix.

Prescription. — L'action de l'aubergiste, à raison de ses fournitures, se prescrit par six mois.

AUTORISATION DE LA FEMME MARIÉE. — **La loi place la femme sous la tutelle du mari. Elle ne peut former de demande en justice, ni se défendre contre une demande formée vis-à-vis d'elle, ni concourir à un acte quelconque sans l'adhésion de ce tuteur légal.**

L'autorisation du mari est *expresse* ou *tacite* : elle est *expresse* quand il la donne par écrit ; elle est *tacite* quand il est intervenu dans un acte consenti par la femme, quand c'est lui-même qui l'assigne en justice, ou bien quand il paraît dans le même procès devant les tribunaux. (Arrêts nombreux des Cours de Paris, de Lyon, de Toulouse, etc.) Enfin, elle est tacite toutes les fois qu'on peut dire que le mari a évidemment connaissance de ce que fait la femme, et qu'il la laisse faire sans opposition. Ainsi, par exemple, quand elle fait le commerce publiquement. En ce cas, elle peut s'obliger et faire tous les actes que nécessite son commerce. (Arrêt de la Cour de cassation du 20 novembre 1820.)

Importance de l'autorisation maritale pour les tiers. — Il est très-important pour ceux qui contractent avec une femme mariée de s'assurer qu'elle a reçu de son mari l'autorisation nécessaire ; car, à l'exception des cas que nous allons bientôt citer, tout engagement consenti par elle sans cette autorisation est déclaré nul par la loi. — Il faut même que ceux qui contractent avec la femme mariée se fassent délivrer un double de l'acte d'autorisation, afin de pouvoir prouver cette autorisation au besoin. (Arrêt de la Cour de Paris du 21 janvier 1808.)

La femme ne peut-elle, au besoin, remplacer l'autorisation maritale par une autorisation judiciaire? — Il peut arriver qu'un mari ne puisse manisfester sa volonté, quand il est absent, par exemple ; ou qu'il n'ait pas le droit d'en avoir une, s'il est encore mineur, ou s'il est interdit, ou bien frappé par la justice d'une peine afflictive et infamante. Il se peut encore qu'un mari refuse son autorisation sans motif légitime. Dans toutes ces circonstances, la femme doit demander l'autorisation des tribunaux.

N'y a-t-il pas des exceptions au principe général de l'autorisation? — Il y en a plusieurs. Ainsi cette autorisation est inutile à la femme en matière de testament. Elle n'est pas nécessaire à la femme *séparée de biens*, mais seulement en ce qui concerne la libre disposition de son mobilier ; — ni à la femme poursuivie en matière criminelle ; — ni à la femme qui a à se défendre sur une demande en dommages-intérêts formée contre elle comme dénonciatrice et pour cause de calomnie. (Arrêt de la Cour de cassation du 31 mai 1816.)

En dehors des exceptions, il faut une autorisation spéciale pour chaque acte nouveau ; ainsi, il a été jugé que l'autorisation accordée à la femme d'*ester*, c'est-à-dire de paraître, soit comme demanderesse, soit comme défenderesse en première instance, n'impliquait pas celle d'interjeter appel. (Arrêt de la Cour de cassation du 17 janvier 1838.)

AVOUÉ. — Officier ministériel dont le ministère est obligatoire devant les Cours d'appel et tribunaux civils.

Nous ferons pour l'avoué comme pour l'avocat, nous nous renfermerons dans le cercle de ses rapports avec le public.

Un avoué a-t-il le droit de refuser son ministère? — Il doit son ministère à quiconque l'invoque, à moins qu'il ne s'agisse d'une demande contraire aux lois, aux bonnes mœurs ou à l'ordre public.

Un avoué a-t-il le droit de plaider? — Dans les tribunaux de province où il n'y a pas d'avocats, dans ceux où il n'y en a pas en nombre suffisant, les avoués ont le droit de plaider les affaires qu'ils instruisent. Partout ailleurs, ils n'en ont pas le droit, excepté en matière de demandes incidentes de nature à être jugées sommairement, et généralement de tous incidents relatifs seulement à la procédure.

Des honoraires. — Les avoués peuvent-ils exiger de leurs clients, outre les droits qui leur sont alloués par le tarif, des émoluments à titre de vacations extraordinaires, d'indemnité de peines, soins, démarches, etc.? — La Cour de cassation, par un arrêt du 25 janvier 1813, a formellement décidé qu'ils ne peuvent réclamer que ce que le tarif leur alloue, excepté en ce qui concerne les affaires qui sortent des bornes de leur ministère, affaires à l'égard desquelles ils doivent être considérés comme de simples agents, et ont comme ceux-ci une action en justice pour obtenir la rémunération de leurs peines et démarches. Cet arrêt a été depuis confirmé par deux autres de la même Cour, en date des 16 décembre 1818 et 13 janvier 1819.

Ainsi, en tout ce qui concerne leur ministère spécial, c'est-à-dire la procédure, l'instruction des procès devant le tribunal auquel ils sont attachés, les avoués ne peuvent rien demander au-delà du tarif ci-après.

Ajoutons maintenant que le plaideur qui croit avoir à se plaindre d'exagération dans un mémoire de frais, peut présenter ce mémoire à la taxe du président de la Cour ou du tribunal qui a jugé l'affaire. Le mémoire est réduit, s'il y a lieu, par un magistrat ou par un juge qu'il commet à cet effet.

BAIL. — Contrat par lequel une personne transporte à une autre la jouissance temporaire d'une chose, moyennant un prix débattu que celle-ci s'oblige à payer. — La personne qui transfère la jouissance s'appelle *bailleur* ou *locateur ;* celle qui la reçoit; *locataire* ou *preneur,* ou, s'il s'agit de biens ruraux, *fermier,* quand le prix du bail se paie en argent, et *colon partiaire* lorsque ce prix consiste dans une portion de fruits.

Nous nous occuperons d'abord des règles du bail en général ; nous donnerons ensuite des notions sur certaines variétés du bail.

Quelles sont les personnes qui ont la capacité nécessaire pour louer ? — La faculté de louer est comprise dans le droit d'administrer. Ainsi, le mineur émancipé, la femme séparée de biens ou mariée en dehors du régime de la communauté, peuvent louer ou affermer leurs biens ; il en est de même du tuteur en ce qui concerne les biens de son pupille, quoique ni les uns ni les autres n'aient le droit d'hypothéquer ni de vendre ces mêmes biens. Quant au mineur non émancipé, à l'interdit, à la femme commune, qui n'ont pas la faculté d'administrer, il leur est défendu de louer.

Quelles sont les choses qui sont susceptibles d'être louées ? — Toutes sortes de choses, soit meubles, soit immeubles, peuvent être l'objet d'un bail. — Il va sans dire qu'on ne peut louer que sa chose propre, et non celle d'autrui. Toutefois, si quelqu'un louait une chose qui appartînt à un autre que lui, le locateur, en cas de préjudice causé au locataire, devrait l'indemniser du dommage résultant de l'inexécution de la convention. (Arrêt de la Cour d'Aix du 4 novembre 1827.)

De la forme des baux. — La loi ne prescrit pas de formes particulières pour la rédaction des baux ; on peut même, si l'on veut, louer verbalement ; mais il est plus prudent de louer par écrit, et alors il n'est pas nécessaire de recourir à un acte notarié. Un acte sous-seing privé suffit.

Il est plus prudent de louer par écrit ; car, tant qu'un bail verbal n'a pas reçu un commencement d'exécution, si une des parties le nie, la preuve par témoins n'est pas admise, quelque modique que soit le prix. Le serment peut-être déféré seulement à la partie qui nie. — Si l'existence du bail est reconnue, ou qu'il y ait un commencement d'exécution, on ne peut davantage faire la preuve par témoins des conditions auxquelles il a été fait. Le locateur, s'il n'existait déjà des quittances pour faire foi du prix convenu, serait cru sur son serment, à moins que le locataire ne réclamât une expertise. (Arrêt de la Cour de Paris du 3 janvier 1818.)

Comme tous les contrats synallagmatiques, le bail doit être fait en autant de doubles qu'il y a de parties ayant un intérêt distinct. Il a été pourtant jugé qu'une promesse de bail, bien qu'il n'eût pas été faite en double, est obligatoire lorsqu'elle a été précédée on suivie d'arrhes données par le locataire ou le fermier. (Arrêt de la Cour de Paris du 13 mars 1820.) — Néanmoins, il vaut mieux que chaqne partie ait son double.

Ce que durent les baux. — Cette durée dépend, sauf les exceptions que nous allons indiquer tout-à-l'heure, de la volonté des parties. Les termes usités sont trois, six ou neuf ans. On peut en fixer de plus longs.

Quelquefois la durée n'est pas déterminée. On la fait dépendre soit de la volonté du locateur, soit de celle du locateur ou du locataire, si l'on stipule, par exemple, qu'il sera permis à chacune des parties de résilier le bail à certaines époques.

Si l'acte ne dit rien sur la durée du bail, ou bien s'il

n'a pas été fait d'acte, la loi distingue suivant la nature des choses affermées. — Le bail d'un appartement meublé est censé fait à l'année, quand il a été fait tant à par jour. — Le bail des meubles fournis pour garnir une maison entière, un corps de logis entier, une boutique ou tous autres appartements, est censé fait pour la durée ordinaire des baux de maisons, corps de logis, boutiques ou autres appartements, selon l'usage des lieux. — Le bail d'un fonds rural est censé fait pour le temps qui est nécessaire, afin que le fermier recueille tous les fruits de l'héritage affermé. Ainsi, le bail d'un pré, d'une vigne, et de tout autre fonds dont les fruits se recueillent en entier dans le cours d'une année, est censé fait pour un an. Le bail des terres labourables, lorsqu'elles se divisent par soles ou saisons, est censé fait pour autant d'années qu'il y a de soles. Le bail d'un étang, qu'on a coutume de pêcher tous les trois ans, est censé consenti pour trois ans. Enfin des bois taillis seraient censés affermés pour autant d'années qu'il y aurait de coupes dans leur aménagement.

Si, à la fin d'un bail écrit, le locataire ou fermier reste en possession sans opposition de la part du *bailleur*, un nouveau bail commence, à moins que la convention écrite ne contînt une clause contraire. Ce bail nouveau, qu'on nomme la *tacite reconduction*, dure ce que durent les baux faits sans écrit.

Nous avons dit qu'il existe des exceptions à ce principe, que les baux durent ce que veulent les faire durer les parties. Ces exceptions s'appliquent aux biens immeubles des femmes mariées, des mineurs, des interdits et des usufruitiers. — Le mari, dans les cas où la loi lui attribue la jouissance des biens de la femme, le tuteur à

l'égard des biens du mineur non émancipé, le mineur
émancipé pour les siens, le tuteur pour les biens de l'interdit, l'usufruitier pour ceux dont il a l'usufruit, ne
peuvent affermer que pour neuf années seulement. —
Au reste, cette restriction ne peut profiter qu'à la femme,
au mineur, à l'interdit ou au propriétaire. Elle ne peut
être invoquée ni par le mari, ni par le tuteur, ni par
l'usufruitier, ni par ceux qui auraient contracté avec eux.

Des droits et des obligations du locateur. — Le locateur s'oblige, sans qu'il soit nécessaire de faire à ce sujet de stipulation expresse,

1° A délivrer au locataire la chose louée et à la rendre
en bon état de réparations de toute espèce. — L'obligation
de délivrer la chose comprend tous les accessoires qui
s'y rattachent. — En matière d'immeubles, la délivrance
doit avoir lieu aux frais du locateur ; en matière d'objets
mobiliers, l'enlèvement est aux frais du locataire, à moins
de convention contraire.

2° Le locateur s'oblige à entretenir la chose louée en
état de servir à l'usage auquel le locataire l'a destinée, et
à y faire, pendant la durée du bail, toutes les réparations
nécessaires autres que les réparations locatives. — C'est
au preneur à mettre le propriétaire en demeure, par une
sommation, de faire les réparations nécessaires. Si ces
réparations demandaient plus de quarante jours, il pourrait obtenir la résiliation du bail ou des dommages-intérêts.

3° A assurer au locataire la paisible jouissance de la
chose pendant le bail, et à n'en pas changer la forme. —
Si des tiers prétendaient avoir quelque droit sur la chose
louée, soit à titre de propriété, soit à titre de servitude,
et troublaient, par suite de leurs prétentions, la jouis-

sance du locataire, celui-ci aurait droit d'appeler le locateur en garantie.

4° A garantir le locataire de tous les vices de la chose,
lesquels pourraient en empêcher l'usage, quand même le
locateur n'aurait pas eu connaissance de ces vices lors du
bail. — Il faut cependant que ces vices soient tels, qu'ils
rendent la chose louée impropre à l'usage auquel elle est
destinée ; il faut aussi qu'ils n'aient pas existé lors du bail,
s'ils sont apparents, et s'ils ne le sont pas, qu'ils aient été
cachés au locataire. — Si la hauteur des bâtiments qui font
face à un appartement est telle qu'elle intercepte la lumière,
lors même que cet appartement serait destiné à l'exercice
d'une profession à laquelle un grand jour serait indispensable, le propriétaire ne devrait pas d'indemnité au locataire, si cette obscurité existait déjà à l'époque du bail.
(Arrêt de la Cour de Paris du 5 avril 1838.)—Dans le cas
où le locataire n'aurait pas eu connaissance des vices, il
y a une distinction à faire : ou le locateur a loué les igno-
rant lui-même, et alors il ne peut y avoir lieu qu'à la résiliation de bail ; ou bien il a loué sans les ignorer, auquel cas non-seulement le bail est susceptible de résiliation, mais encore le locateur est responsable de la perte
et du préjudice causés par ces vices aux locataires. (Arrêt
de la Cour de Rouen du 30 juillet 1845.)

Les droits du locateur consistent dans le privilége qu'il
a sur tous les objets mobiliers qui garnissent l'immeuble
affermé, et les fruits que produit cet immeuble. — Ce
privilége s'étend même sur les meubles du sous-locataire
ou sous-fermier, s'il y en a un. — Il peut, s'il a un titre
exécutoire, c'est-à-dire un contrat de bail notarié, saisir
le tout vingt-quatre heures après un commandement de

payer ; s'il n'en a pas, il peut le faire également après une permission du juge.

Le locateur a le droit d'exiger que les lieux soient suffisamment garnis de meubles, bestiaux et ustensiles, ou que le locataire lui donne des sûretés suffisantes pour le paiement du prix du bail. Faute de satisfaire à l'une ou à l'autre de ces obligations, le bail serait susceptible d'être résilié.

Des droits et des obligations du locataire et du fermier. — Le locataire doit :

1° Garnir, comme on vient de le voir, suffisamment les lieux. Ce mot *suffisamment* laisse aux juges l'appréciation des faits. En général, les meubles, bestiaux et ustensiles doivent avoir une valeur telle, que, vendus en justice, ils puissent produire le loyer d'une année. (Arrêts nombreux rendns dans ce sens par plusieurs Cours.)

2° Le locataire doit jouir des lieux, suivant leur destination ; la destination est toujours indiquée dans le bail par écrit, et on ne peut pas la changer.

3° Il doit jouir en bon père de famille, c'est-à-dire prendre de la chose louée autant de soin qu'en prendrait un bon père de famille de la sienne propre. — Le fermier, par exemple, doit labourer, ensemencer et cultiver suivant l'usage général ; il ne pourrait, à moins d'y être autorisé par le propriétaire, marner les terres, parce que cet engrais, qui prête momentanément au sol une fécondité exagérée, a pour résultat un épuisement prochain. (Arrêt de la Cour de Bordeaux du 28 mars 1837.) — Il ne doit dégrader ni laisser usurper par des tiers les terres qui lui sont louées ; le tout, sous peine de dommages-intérêts.

Le locataire et le fermier sont responsables des faits de ceux qui les représentent, c'est-à-dire de leurs femmes, de leurs enfants, de leurs sous-locataires, de leurs domestiques, de leurs ouvriers.

L'incendie est à leur charge, à moins qu'ils ne prouvent que l'accident a pour cause un cas fortuit, une force majeure ou un vice de construction, ou que le feu a été communiqué par une maison voisine. — S'il y a plusieurs locataires d'une même maison, tous sont solidairement responsables de l'incendie, à moins qu'ils ne prouvent que l'incendie a commencé dans l'habitation de l'un d'eux, auquel cas celui-là seul en est tenu ; ou que quelques-uns ne prouvent que l'incendie n'a pu naître chez eux, auquel cas ceux-là n'ont à répondre de rien.

4° Le locataire doit payer le prix du bail aux époques fixées par la convention, et, à défaut de convention, aux époques d'usage. — Ce prix doit être payé au domicile du locataire, à moins de stipulations contraires. Il se prescrit par cinq ans. — Les quittances de trois termes successifs données sans aucunes réserves, établissent en faveur du locataire une présomption de paiement, et dès lors une fin de non-recevoir contre la demande en paiement des termes précédents. (Arrêt de la Cour de Rouen du 22 octobre 1826.)

5° Le locataire doit supporter certaines charges. Ainsi, c'est lui qui doit payer la contribution des portes et fenêtres. Il n'en est pas de même des contributions foncières, qui sont à la charge du propriétaire, sauf convention contraire. Le locataire est, en outre, tenu des réparations locatives. On appelle *réparations locatives* celles qui sont provoquées par le fait des locataires et par l'usage quotidien qu'ils font de la chose louée, et non par l'état de vétusté de cette chose, ou par un vice qui lui soit inhérent. Ces réparations sont généralement indiquées par la coutume locale ; mais la loi a spécialement signalé les suivantes, qui ne cessent d'être à la charge du locataire que s'il est démontré qu'elles proviennent de vétusté ou de force majeure, — Ce sont les réparations à faire aux âtres, contre-cœurs, chambranles et tablettes de cheminées ; — celles relatives au récrépiment du bas des murailles des appartements, et autres lieux d'habitation, à la hauteur d'un mètre ;—aux pavés et carreaux des chambres, lorsqu'il y en a seulement quelques-uns de cassés ; — aux vitres, aux portes, croisées, planches des cloison ou de fermeture de boutique, gonds, targettes et serrures.

Quelle est la juridiction compétente sur les contestations qui s'élèvent entre le propriétaire et le locataire au sujet des réparations locatives et des dégradations alléguées par le propriétaire ? — C'est le juge de paix du lieu de la situation du bien loué ou affermé.

Nous avons dit les obligations du locataire ; occupons-nous à présent de ses droits.

Il a celui de recueillir tous les produits et avantages de la chose louée. — Il a celui de sous louer ou de céder son bail, à moins que cette faculté ne lui ait été expressément refusée. Dans ce dernier cas, si le locataire, au mépris du contrat, cède ou sous loue, le bail est résilié, sans que le juge puisse même accorder un délai (Arrêt de la Cour de Colmar du 16 août 1816.) — Toutefois, lorsqu'en même temps qu'une vente de fonds de commerce il a été fait un bail des lieux, en sorte que les deux actes puissent être considérés comme formant un tout indivisible, l'acheteur qui revend le fonds de commerce a le droit de céder en même temps son bail, quoique ce bail lui ait interdit de sous-louer sans le consentement du propriétaire. (Arrêt de la Cour de Paris de 1822.) — Au reste, ni la sous-location, ni la cession du bail ne dégagent le locataire envers le locateur, et celui ci conserve toujours le droit de se faire payer par celui là, si le sous-locataire ou le cessionnaire sont insolvables ; il peut même refuser de s'adresser à des personnes avec lesquelles il n'a pas contracté.

Lorsque la chose louée a demandé des réparations autres que les *locatives*, et que ces réparations faites par ie locateur ont duré plus de quarante jours, le locataire a droit à une diminution du prix du bail, proportionnée au temps et à la partie de la chose dont il a été privé, et cela à partir du jour où les réparations ont commencé.

Il est des circonstances où le locataire peut obtenir la remise de la totalité ou d'une partie des loyers, — 1° quand, par suite d'un accident impossible à prévoir, il a éprouvé dans sa jouissance une altération considérable ; — 2° en matière de biens ruraux, quand la totalité ou la moitié d'une récolte au moins a été enlevée par un cas fortuit, tel que gelée, grêle, inondation, invasion de l'ennemi, etc.; — à condition toutefois que la perte ait eu lieu pendant que les *fruits* étaient encore *sur pied;* car, aussitôt que la récolte est faite, ils sont aux risques du fermier, à moins que le propriétaire ne doive, d'après le bail, être payé en nature. — Mais, dans tous les cas ci-dessus, il est nécessaire que le fermier fasse constater en présence de son propriétaire les dommages soufferts. (Arrêt de la Cour de cassation du 25 mai 1808.)

L'indemnité n'est du reste fixée qu'à l'expiration du bail ; de sorte que si la perte d'une année est compensée, en tout ou en partie, par une surabondance de récolte dans les années suivantes, le fermier n'a plus droit à la remise demandée, ou du moins doit obtenir seulement une remise proportionnée à la perte générale de toutes les années balancées.

Le locataire peut être, par une convention expresse, rendu responsable des cas fortuits ; mais même alors il ne répond que des cas fortuits ordinaires et prévus, tels que grêle, gelée, tonnerre, etc., résultant de la température et des conditions du climat. Les inondations, les ravages de l'ennemi sont considérés comme cas imprévus et extraordinaires, et il ne répond de ceux-là que si le contrat met à sa charge la totalité des cas fortuits, soit prévus, soit imprévus.

De la cessation et de la résiliation de bail. — Quand le bail a été fait par écrit, il cesse de plein droit à l'époque fixée par la convention, sans qu'il soit nécessaire de donner congé. — S'il est verbal, ou si l'écrit ne fixe pas l'époque, il cesse au moyen d'un congé (voyez ce mot) donné par l'une des parties à l'autre.

Le délai pour donner congé varie suivant les coutumes locales. — Il peut être simplement constaté par l'acceptation, faite sur quittance, du propriétaire, ou par celle du locataire, dans une lettre par exemple. — Quelque modique que soit le prix du bail, le congé ne peut pas, de même que le bail lui-même, être prouvé par témoins. (Arrêt de la Cour de cassation du 12 mars 1816.)

Le bail peut être résilié sur la demande de l'une des parties, lorsque l'autre ne satisfait pas à ses engagements. La résiliation est surtout accordée, si le locataire ne remplit pas le plus essentiel de ses engagements, s'il ne paie pas le prix convenu par le bail. Mais un seul terme non payé serait insuffisant pour demander la rupture du pacte. Il faut au moins deux termes. (Arrêts de la Cour de

Bourges du 15 juin 1842, et de la Cour de Bordeaux du 25 août 1817.

Le propriétaire qui a stipulé dans le bail qu'il pourrait, s'il voulait, venir occuper ou cultiver par lui-même les biens loués, est obligé de signifier d'avance congé dans les délais déterminés par l'usage local. — Il en est de même du tiers-acquéreur, dans le cas où il aurait été pareillement convenu qu'en cas d'aliénation le bail pourrait être résilié. — Quand il s'agit d'un bien rural, le tiers-acquéreur, ainsi que le propriétaire sont tenus d'avertir le fermier au moins un an d'avance.

Le fermier sortant doit laisser à son successeur les logements convenables et autres facilités pour les travaux de l'année suivante, et réciproquement, le fermier entrant doit à celui qui sort les logements convenables et autres facilités pour la consommation des fourrages et pour les récoltes restant à faire. — Le fermier sortant doit aussi laisser les pailles et engrais de l'année, s'il les a reçus lors de son entrée en jouissance. S'il ne les avait pas reçus, le propriétaire pourrait encore les retenir en en payant le prix suivant estimation.

N'y a-t-il pas une importante précaution à prendre en matière de bail? — Le locataire est toujours présumé avoir reçu les choses en bon état. Or, comme il est tenu de les rendre dans l'état où il les a reçues, si l'état de ces choses n'est pas irréprochable, il est utile qu'avant d'entrer en jouissance il fasse constater, contradictoirement avec le locateur, la situation où elles sont.

MODÈLE D'UN BAIL DE BOUTIQUE.

Entre les soussignés,

(Indiquer les prénoms, noms, professions ou qualités et demeures des contractants.)

A été convenu ce qui suit :

M..... (le nom du bailleur), propriétaire d'une maison sise à Paris, rue....., n°...

Donne à loyer à M..... (le nom du locataire), ce acceptant, pour tant d'années entières et consécutives qui commenceront (ou qui ont commencé) à courir le ....., pour finir le .....

Une boutiqne, arrière-boutique, entresol composé de tant de pièces, le tout dépendant d'une maison sise à ....., rue ....., n° ....., laquelle boutique se trouve être la première ou la seconde à droite ou à gauche de la porte cochère de ladite maison ;

Ainsi que cette boutique se trouve exister, sans aucune exception ui réserve, M... (le locataire) déclarant la bien connaître pour l'avoir vue et visitée dans tous ses détails.

Le présent bail est fait aux charges, clauses et conditions ci-après :

M... (le locataire) s'oblige :

1° De garnir les lieux loués de meubles, effets mobiliers et marchandises, en quantité suffisante pour répondre du paiement des loyers pendant la durée du présent bail ;

2° D'entretretenir et de rendre ladite boutique et dépendances à la fin du bail en bon état de réparations locatives, et conformémeut à l'état des lieux qui sera dressé aux frais du preneur, lors de son entrée en jouissance ;

3° De ne pouvoir, sans consentement exprès et par écrit du bailleur, rien changer à la devanture de la boutique, ni appliquer aucune écriture, enseigne ou indication quelconque de sa profession ou de sa marchandise, ailleurs que sur la devanture de ladite boutique ;

4° De ne pouvoir établir dans la boutique aucun poêle ou fourneau ;

5° De tenir la boutique, d'après sa destination, constamment ouverte et achalandée ;

6° De ne faire dans cette boutique aucun autre commerce que celui de (bien désigner le genre de commerce) : de ne pouvoir jamais y vendre ou annoncer, de quelque manière que ce soit, directement ou indirectement, aucun article des autres professions établies dans ladite maison.

En outre, le présent bail est fait moyennant la somme de, etc.

MODÈLE D'UN BAIL A FERME DE BIENS RURAUX.

Entre nous soussignés ,

Le sieur (désigner ici les nom, prénoms, profession, qualité et demeure du bailleur ou propriétaire), d'une part ;

Et le sieur (mettre également les nom, etc., du preneur ou fermier, et de sa femme s'il en a une), et dame....., d'autre part ;

A été convenu ce qui suit :

Moi ....., donne et loue par ces présentes, à titre de bail, pour neuf années consécutives, et pour la dépouille et récolte entière de tous les fruits et produits qui pourront être perçus et recueillis pendant ces neuf années, qui commenceront au..... (indiquer la date), les biens ci-après désignés, savoir :

(Si c'est d'une ferme qu'il s'agit :)

1° Un corps de ferme situé au village de..., consistant en un principal corps de logis servant de logement au fermier, avec cour, puits, porte cochère pour entrer dans la cour, bâtiment et aile servant d'écurie et d'étables, grenier au-dessus des bâtiments, caves, granges et autres bâtiments servant à l'exploitation de ladite ferme, jardins potagers et à fruits,

2.

entourés de ..... ; tenant le tout à ...., etc., de la contenance de ..... ;

2° Et .... hectares ... arcs .... centiares ..., ou .... arpents en tant de pièces, savoir :

(Désigner ici exactement le nombre des pièces, leur nature, leur contenance et leurs tenants et aboutissants. Cette désignation est essentielle, et on doit, autant que possible, n'omettre aucune circonstance tendant à les faire bien connaître.)

Ainsi que tous ces lieux se poursuivent et comportent, sans en rien excepter ni réserver, mais aussi sans aucune garantie de mesure, en sorte que moi..., bailleur, ne sois pas tenu de fournir ce qui en manquerait, et réciproquement que nous, preneurs, jouirons de l'excédant desdites mesures, si excédant y avait, sans aucune augmentation de fermage, et déclarons au surplus connaître parfaitement le tout, l'avoir vu et visé, en être content, et n'en pas désirer plus ample description.

Moi, bailleur, m'engage, sous la garantie de droit, à faire jouir les preneurs desdits biens à titre de fermiers, pendant toute la durée du bail.

Ce bail à ferme est fait aux charges, clauses et conditions suivantes, que nous....., preneurs, nous obligeons solidairement, l'un pour l'autre, d'exécuter sans prétendre, pour ce, à aucune diminution des fermages qui seront ci-après fixés :

1° De garnir la ferme et la tenir garnie de meubles, chevaux, fourrages, grains, bestiaux et autres effets exploitables et suffisants pour répondre des fermages ;

2° D'entretenir les bâtiments de ladite ferme en bon état de réparations locatives, et de les rendre tels à l'expiration dudit bail ;

3° De souffrir les grosses réparations qu'il conviendra de faire auxdits bâtiments ;

4° De labourer, fumer, cultiver et ensemencer les terres

dépendantes de ladite ferme par soles et saisons convenables,
en bon père de famille, sans pouvoir, sous aucun prétexte que
ce soit, les dessoler ni dessaisonner, et de convertir toutes les
pailles provenant desdites terres en fumier pour l'engrais desdites terres, sans pouvoir en vendre ni distraire aucune partie, et de laisser, à la fin du bail, au fermier entrant, toutes
celles qui s'y trouveront;

5° De tenir les prés en bonne nature de fauche; d'entretenir la clôture de ceux qui sont clos, d'y replanter de nouvelles haies partout où il en pourra manquer, et de faire
curer les fossés quand ils en auront besoin; de bien façonner
et cultiver les vignes suivant l'usage des lieux, les provigner
et en replanter d'autres à la place de celles qui périraient ou
qu'il faudrait arracher, et les fournir d'échalas; comme aussi
d'écheniller les arbres toutes les fois que besoin en sera,
d'arracher ceux qui mourront, en en disposer, sauf par le preneur à les remplacer;

6° De veiller à ce qu'il ne soit fait aucune usurpation ou
empêchement sur aucuns des biens présentement loués, et
d'avertir le bailleur de tous ceux qui pourraient y être faits,
dans les délais usités, ainsi que de tous les dégâts qui pourraient
y être commis, à peine d'en être responsable personnellement;

7° De laisser, à l'expiration du bail, au fermier entrant à
la Saint-Georges, pour faire les sombres, un chambre, avec
droits au puits et de cuire au four, ainsi qu'une place convenable et les pailles nécessaires pour ses chevaux;

8° Ne pourront, les preneurs, appuyer contre les murs aucunes perches, cheverons ni hangars contre les égouts des
bâtiments;

9° Ne pourront également, les preneurs, céder ni sous-
louer leur droit au présent bail en tout ou en partie, à qui que
ce soit, que du consentement exprès et par écrit du bailleur,
à peine de tous dépens et dommages-intérêts.

Les preneurs seront en outre tenus de payer et acquitter
par chaque année dudit bail, et sans diminution (ou en déduc-

tion) des prix et fermages ci-après stipulés, les contributions foncières, celles des portes et fenêtres, et toutes autres charges publiques et annuelles qui pourraient êtres mises sur lesdites fermes et terres pendant le cours du présent bail.

(Ici se met la clause du paiement des fermages ; mais, comme ils peuvent être payés en argent ou en nature, nous donnons les deux clauses : 1° si c'est en argent, mettre :)

Ce bail est fait moyennant la somme principale de ... francs de fermages, que nous....., preneurs, nous obligeons, sous la solidarité ci-devant exprimée, à payer, par chaque année du présent bail, à mondit sieur....., bailleur, en son domicile, à ....., en deux paiements égaux, l'un au....., et le second au ....., de l'année suivante, et dont le premier paiement se fera le..., et ainsi de suite jusqu'à la fin du bail. Ces paiements seront faits en numéraire, de convention expresse.

(2° Si c'est en grains ou en deniers, au choix du bailleur mettre :)

Ce bail est fait moyennant la quantité de..... hectolitres, ou de... kilogrammes pesant de blé froment (ou blé seigle, ou avoine, etc.), première qualité, bon, sec, net, loyal et marchand, qui sera fournie par chaque année, et rendue à (désigner l'époque), dans les greniers du bailleur, ou moyennant la somme de... francs de fermages, aussi pour chaque année du présent bail ; le tout au choix du bailleur, qui pourra à son choix exiger, ou ladite quantité de grains, ou ladite somme en deniers.

Les preneurs s'engagent, sous la solidarité ci-devant exprimée, de faire lesdits paiements ou fournitures comme il est dit ci-dessus jusqu'à la fin du bail ; ce à quoi ils se soumettent, même par corps, ainsi que pour l'exécution de toutes les autres charges, clauses et conditions.

(Il est encore d'autres conventions qui, quoique variant suivant l'usage des lieux, sont néanmoins assez communément intercalées dans les baux ; elles dépendent entièrement de la volonté des parties, et on les place ordinairement après la clause du paiement du prix avec ce protocole :)

Il a en outre été convenu entre les parties :

(Si le bailleur laisse des ustensiles et bestiaux pour le service de la ferme :)

1° Que le preneur de la ferme donne également à bail aux preneurs, comme servant à la culture et à l'exploitation de la ferme, divers ustensiles et bestiaux dont la désignation suit... (ou) dont il a été ou sera fait un état détaillé et signé des parties, et que les preneurs s'engagent à ne faire servir exclusivement qu'à l'exploitation de ladite ferme.

(Si, en cas de grosses réparations, le bailleur mettait le transport des matériaux à la charge du fermier :)

2° Les preneurs seront tenus de faire avec leurs chevaux et harnais tous les charrois nécessaires pour les grosses réparations de tous les bâtiments de la ferme et leurs dépendances, même pour leur reconstruction totale ; de même d'entretenir les couvertures de paille, de fournir les herbes nécessaires, bois et main-d'œuvre pour les réparations desdites couvertures ;

3° De faire également avec leurs chevaux et harnais, par chaque année de fermages, et reversibles de l'une à l'autre, tant de charrois à..., sans prétendre à aucune indemnité, à laquelle le bailleur également renonce pour le cas où il ne les demanderait pas.

(Si le bailleur stipule qu'il ne sera accordé aucune indemnité pour les cas fortuits, et que les preneurs ne pourront exiger dans ce cas aucune diminution des fermages :)

4° Les preneurs ne pourront prétendre ni demander aucune diminution du prix ni des charges ci-devant stipulés, pour cause de grêle, gelée, inondation, stérilité ou autres cas fortuits prévus ou non prévus, sous quelque prétexte que ce puisse être, renonçant dès à présent à ladite diminution.

(Si on fait un état de lieux avant de prendre possession :)

5° Il est aussi convenu qu'avant d'entrer dans les lieux, les preneurs, conjointement avec le propriétaire, établiront un état exact des lieux et objets faisant l'objet du présent bail, auxquels lieux il ne pourra être fait aucun changement; lequel état de lieux à la charge des parties en commun (ou à la charge de ....)

6° A défaut du paiement desdits fermages ou d'exécution d'aucune des clauses qui précèdent, le bail sera résilié de plein droit, sans préjudice des dommages-intérêts contre celui qui y aura donné lieu.

Si c'est par la faute du preneur :)

Auquel cas les preneurs seront tenus solidairement de tous les dommages qu'ils auront occasionnés , et signification des présentes suffira pour les expulser, sans qu'il soit besoin d'aucune autre formalité judiciaire.

(Si le bailleur se réserve le droit de demander hypothèque aux preneurs :)

Le bailleur se réserve expressément la faculté de demander judiciairement aux preneurs hypothèque suffisante sur les biens à eux personnels pour le garantir du paiement du prix des fermages et de l'exécution des autres conditions, et les preneurs s'engagent expressément à la fournir à la première réquisition.

(Les baux se terminent de la manière suivante :)

Le bailleur s'engage expressément, par le présent bail, à faire jouir les preneurs, pendant lesdites neuf années, des fermes et terres qu'il leur a louées par ces présentes, et de les tenir closes et couvertes suivant l'usage des lieux.

Les frais d'enregistrement du présent bail seront à la charge des parties qui y donneront lieu ; — ou bien seront supportés en commun.

Fait double entre les parties de bonne foi, à..., le... 18...

(Suivent les signatures.)

(S'il intervient une caution , immédiatement après ces mots : *Fait double*, on met :)

Et, à l'instant, est intervenu M..., lequel, après avoir pris connaissance et lecture du présent bail, moyennant... francs de principal, et des autres charges , a déclaré se rendre, et volontairement se constituer caution et répondant solidaire des preneurs envers le bailleur, pour raison du paiement du prix des fermages et des autres conditions du présent bail, ce que ledit bailleur a déclaré accepter.

Fait triple, etc.

(Signatures.)

(Si le bail est fait pour trois , six ou neuf ans, le protocole du bail change , et la clause y relative se place aussitôt après celle du paiement des fermages , ainsi qu'il suit :)

(Après les noms, etc., des parties, on met :)

A été convenu ce qui suit :

Que moi... (bailleur), donne par ces présentes à bail audit sieur..., preneur, pour trois, six ou neuf années, au choix respectif des parties, qui commencent à courir du..., et qui finiront à pareil jour des trois, six ou neuf années ;

Une ferme, etc., etc.

(Et après la clause de la garantie donnée par le bailleur, à la fin de l'acte, on met :)

Il a en outre été expressément convenu qu'il sera libre à l'une des parties de faire cesser le bail à l'expiration des trois ou six premières années, toutefois, en se prévenant respectivement six mois (ou suivant l'usage des lieux) à l'avance, sans qu'il y ait lieu à aucune indemnité de part ni d'autre.

(Toutes les autres conditions sont les mêmes que, dans le bail précédent.

On ajoute quelquefois la clause suivante, surtout si le preneur est sur le point de se marier :)

Le sieur... (le preneur) s'engage, pour le cas où il viendrait à se marier, et aussitôt la célébration du mariage, de faire obliger conjointement et solidairement avec lui sa future épouse, tant à l'exécution de toutes les clauses et conditions du présent bail, qu'au paiement des fermages ; lequel bail, au moyen de cet engagement, deviendra commun avec ladite future épouse, ainsi que le bailleur déclare y consentir.

A défaut, par le preneur, de faire exécuter cette clause dans le mois de la célébration de son mariage, le présent bail sera résilié de son plein droit, si bon semble au bailleur, et sauf toute répétition de dommages-intérêts.

(Il est des endroits où il est encore d'usage que le propriétaire, lorsqu'il est sur les lieux, oblige le fermier à lui fournir annuellement les volailles de sa cour et de son colombier, sans diminution du prix des fermages ; comme aussi, quelquefois on charge le preneur d'entretenir d'ustensiles et de réparation le pressoir, et de le rendre à la fin du bail en bon état ; de même, s'il y a un colombier, de le tenir peuplé et garni de pigeons, etc. Ces divers cas deviennent alors l'objet d'autant de clauses particulières.)

BILLET. — On appelle billet toute promesse écrite par laquelle on s'oblige à payer à quelqu'un à une époque déterminée une somme d'argent ou toute autre valeur.

Il y a plusieurs sortes de billets : voici les plus usités.

Du billet simple. — Il doit être écrit en entier de la main du souscripteur, ou du moins il est nécessaire que, outre sa signature, celui-ci ait écrit de sa main un *bon* ou *approuvé* portant en toutes lettres la somme ou la quotité de la chose; cette règle ne reçoit exception que dans le cas où le billet émane de marchands, artisans, laboureurs, vignerons, gens de journée et de service.

Le billet simple n'est pas négociable; il ne peut être protesté. — Il n'entraîne pas la contrainte par corps et ne tombe pas sous la juridiction commerciale, à moins qu'il n'ait été souscrit par un commerçant ou pour faits de commerce.

FORMULE DE BILLET SIMPLE.

Je reconnais devoir à M..... la somme de..... que je promets de lui payer le...... prochain, pour.....

(Indiquer ici la cause du billet, si c'est en argent prêté, marchandises ou valeurs reçues comptant ou en compte.)

Fait à....., le..... mil.....

(Signature.)

TIMBRE ET ENREGISTREMENT. — Les billets simples doivent être écrits sur du papier de timbre proportionnel. — Le papier est de 5 centimes pour les billets de 100 francs et au-dessous, de 10 centimes pour ceux au-dessus de 100 francs jusqu'à 200 francs, de 15 centimes pour ceux de plus de 200 francs jusqu'à 300 francs, de 20 centimes pour ceux au-dessus de 300 francs jusqu'à 400 francs, de 25 centimes pour ceux de plus de 400 francs jusqu'à 500 francs, de 50 centimes pour ceux au-dessus de 500 francs jusqu'à 1,000 francs, de 1 franc pour ceux au-dessus de 1,000 francs jusqu'à 2,000 francs, et ainsi de suite, le droit augmentant de 50 centimes par chaque 1,000 fr. — En cas de contravention, le souscripteur et même le bénéficiaire du billet sont passibles d'une amende de 6 pour 100 chacun sur le montant de la somme. Les contrevenants sont solidaires pour le paiement du droit et des amendes, sauf le recours du porteur du billet **contre** les autres pour ce qui n'est pas à sa charge personnelle.

Les billets simples sont soumis au droit personnel d'enregistrement de 50 centimes par 100 francs. Il n'y a pas de délai de rigueur pour les faire enregistrer. (Lois du 4 juin 1850, sur le timbre, et du 14 août même année, sur l'enregistrement.)

Du billet à ordre. — C'est l'engagement de payer à une personne dénommée ou à son cessionnaire par voie d'endossement, une somme fixée.

Le billet à ordre doit être daté, énoncer la somme à payer, le nom de celui à l'ordre de qui il est souscrit, l'époque du paiement, et la valeur qui a été fournie, soit en marchandises, en compte ou de toute autre manière. — Le billet à ordre qui ne dirait pas en quoi la valeur a été fournie ne vaudrait que comme billet simple. — Il doit encore indiquer le lieu du paiement, c'est-à-dire l'adresse du souscripteur, et être en entier de sa main ou exprimer *l'approbation de la somme* en toutes lettres. (Arrêt de la Cour de cassation du 27 janvier 1812.)

Tous ceux qui ont signé le billet à ordre sont garants solidaires du paiement envers le porteur ; mais, pour qu'il puisse exercer son recours contre les endosseurs, il faut que, à défaut de paiement du billet à l'échéance, il le fasse protester au domicile du souscripteur, et qu'il dénonce ce protêt dans la quinzaine à ceux qu'il veut poursuivre. — Le souscripteur ne peut pas opposer le défaut de protêt.

Les billets à ordre souscrits par des non commerçants pour cause non commerciale, sont de la compétence des tribunaux civils et n'entraînent pas la contrainte par corps. — Souscrits par des non commerçants pour cause commereiale, ils emportent la juridiction commerciale et la contrainte. — A plus forte raison ont-ils le même effet s'ils sont souscrits par des commerçants. — Si un billet à ordre souscrit par un individu non commerçant, pour cause non commerciale, est endossé par un négociant, ou si, souscrit par un négociant, il est endossé par un non commerçant, c'est le tribunal de commerce qui est compétent, mais sans qu'on puisse appliquer au non commerçant la contrainte par corps. (Arrêt de la Cour de cassation du 18 juillet 1845.)

Prescription. — La prescription des billets à ordre souscrits par des non commerçants pour causes non commerciales s'accomplit par le laps de trente ans. — S'ils sont souscrits par des négociants ou bien par des non commerçants pour dettes de commerce, ils se prescrivent par cinq ans.

N'y a-t-il pas des dispositions légales qui s'appliquent à la fois aux billets à ordre et aux lettres de change? — Les dispositions relatives à l'endossement, à la solidarité, à l'aval, au paiement, au paiement par intervention, au protêt, aux droits et devoirs du porteur, aux échanges et aux intérêts, et qui sont relatives à la lettre de change, s'appliquent aussi aux billets à ordre.

FORMULE D'UN BILLET A ORDRE.

A..... (indiquer le délai) de date, je paierai à M....., ou à son ordre, la somme de....., valeur reçue..... (comptant ou en marchandises).

A....., le.....

Bon pour 1,000 fr. (ou toute autre somme).

(Signature.)

TIMBRE ET ENREGISTREMENT. — Les droits de timbre

et d'enregistrement sont les mêmes que pour les billets simples. (Voyez plus haut BILLET SIMPLE.) On n'a besoin de faire enregistrer ni les endossements, ni les acquits.

L'enregistrement du billet à ordre n'est sujet à aucun délai de rigueur. Il peut n'être enregistré qu'au moment du protêt, ou bien encore si on désire lui donner une date certaine.

En cas de paiement par intervention lors du protêt, il n'est dû qu'un droit fixe de 1 fr.

BOUCHER. — C'est celui qui vend au public, pour la consommation, la viande des bestiaux.

Les bouchers sont placés sous la surveillance de l'autorité municipale, laquelle a le droit de taxer leur viande. — Le boucher qui vend la viande de boucherie au delà des prix de taxe est passible d'une amende de 11 à 15 francs, et même d'un emprisonnement de 1 à 5 jours, qui doit toujours être de 5 en cas de récidive. — Celui qui met en vente de la viande gâtée est condamné à une amende de 6 à 10 francs, et à 5 jours d'emprisonnement en cas de récidive. — Les viandes gâtées sont confisquées.

Le fait, par les bouchers d'une ville, de cesser, après convention arrêtée entre eux à cet égard, de s'approvisionner de viande tant que la taxe n'en aura pas été élevée par l'autorité municipale, et d'avoir par là nécessité cette augmentation de taxe, constitue le délit de *coalition*. (Arrêt de la Cour de cassation du 3 juillet 1841.)

Privilége du boucher. — Le boucher a un privilége sur les meubles et les immeubles de ses débiteurs pour fournitures de viandes faites soit à eux, soit à leurs familles, pendant les six derniers mois. Il ne peut cependant exercer ses créances qu'après l'acquittement des frais de justice, des frais funéraires, des frais de dernière maladie et des salaires des gens de service.

Prescription. — L'action du boucher contre son débiteur, pour raison de marchandises vendues, se prescrit par un an.

BOULANGER. — C'est celui qui fabrique le pain et le vend.

Les boulangers sont, comme les bouchers, placés sous le contrôle du pouvoir municipal.

A Paris le préfet de police, en province les maires, taxent le prix du pain.

La vente des pains au delà des prix de taxe, celle des pains de qualité mauvaise, sont punies des mêmes peines que celles qui s'appliquent aux délits analogues commis par les bouchers.

Le boulanger est tenu de peser les pains sur la réquisition de l'acheteur, et d'avoir à cet effet, dans le lieu le plus apparent de sa boutique, des balances et un assortiment de poids métriques poinçonnés.

Il ne peut restreindre sans autorisation le nombre des fournées auquel il est obligé.

Les maires peuvent prescrire que les boulangers marqueront leur pain d'un signe quelconque. (Arrêt de la Cour de cassation du 28 janvier 1837.) — Les maires peuvent fixer non-seulement le prix, mais même le poids des pains (Cour de cassation, 30 juillet 1831); — et défendre d'en fabriquer d'un poids différent. (Cour de cassation, 24 mai 1832.) — Les boulangers exercent leur profession en vertu d'une permission qui peut leur être retirée pour contravention aux règlements. — Ces contraventions sont constatées, soit lors des visites qu'ont droit de faire chez eux les officiers de police, soit sur la plainte des particuliers.

Privilége du boulanger. — C'est le même que celui des bouchers.

Prescription. — La même que pour les bouchers.

CAPTATION. Voyez le mot TESTAMÉNNT.

CARRIÈRES. — La loi du 21 avril 1850 comprend, sous le nom générique de carrières : les terrains qui renferment les ardoises et les grès, les pierres à bâtir et autres, les marbres et granits, pierres à chaux, pierres à plâtre ; les pouzzolanes; le strass, les basaltes, les marnes, craies, sables, pierres à fusil, argiles, kaolin, terres à foulon, terres à poteries ; les substances terreuses et les cailloux de toute nature, les terres pyriteuses regardées comme engrais, le tout exploité à ciel ouvert ou avec des galeries souterraines.

L'exploitation des carrières à ciel ouvert peut avoir lieu sans la permission de l'autorité, sous la simple surveillance de la police ; mais l'autorisation est indispensable, si l'exploitation se fait par des galeries souterraines, et, dans ce cas, l'exploitation est soumise au contrôle de l'administration des mines.

Les carrières doivent-elles être considérées comme partie du fonds ou comme un revenu ? — En d'autres termes, sont-elles des choses mobilières ou immobilières ? — Tant qu'une carrière n'a pas été ouverte et n'est pas encore en exploitation, elle est regardée comme faisant partie du fonds, de telle sorte que l'usufruitier d'une propriété n'aurait aucun droit sur ces carrières non ouvertes, et qu'elles ne tomberaient dans la communauté conjugale que sauf indemnité à l'époux auquel elles appartiendraient. — Lorsqu'au contraire la carrière se trouve en exploitation, elle est considérée moins comme une partie que comme un revenu du fonds, de sorte que l'usufruitier jouit comme en jouirait le propriétaire lui-même, et que ses produits tombent dans la communauté conjugale, pourvu que l'exploitation ait commencé avant le mariage ou avant l'ouverture de l'usufruit.

L'usufruitier d'un fonds de terre sur lequel se trouve une carrière non encore exploitée, n'a pas le droit d'ouvrir à son profit cette carrière. (Arrêt de la Cour de Paris du 30 juillet 1847.) — Une carrière est censée exploitée par cela seul qu'elle est ouverte; peu importe que l'exploitation n'ait pas encore eu lieu d'une manière régulière. (Arrêt du conseil d'État du 13 juillet 1825.

Compétence en matière d'exploitation de carrière. — **Les** difficultés en cette matière sont de la compétence des conseils de préfecture, sauf appel au conseil d'État.

ENREGISTREMENT. — La vente du droit d'exploiter une carrière est passible du droit proportionnel de 2 p. 100.

CERTIFICATS. — Actes par lesquels on atteste un fait quelconque. — Parmi les nombreuses espèces de certificats que sont appelés à fournir les notaires dans diverses circonstances, il en est deux dont nous devons parculièrement parler ici. Ce sont les certificats d'*individualité* et les *certificats de vie.*

DU CERTIFICAT D'INDIVIDUALITÉ. — C'est celui qui a pour but de constater l'identité d'une personne. Ce certificat, qui doit être rédigé par un notaire et dans la forme ordinaire des actes notariés, doit énoncer les nom, prénoms, âge, profession et domicile de la personne qu'il concerne.

ENREGISTREMENT. — Il est soumis à un droit fixe de 2 francs.

DU CERTIFICAT DE VIE. — C'est celui qui sert à constater l'existence d'une personne. — Les certificats de vie rédigés par les notaires, le sont, à moins que le notaire ne connaisse personnellement celui qui invoque son ministère, sur les déclarations de témoins qui attestent l'identité de la personne. — Les certificats de cette nature sont nécessaire à quiconque demande le paiement des arrérages d'une rente viagère, soit que le débiteur de cette rente soit un particulier, ou bien l'État. — Ils doivent énoncer le jour de sa naissance et la représentation, faite au notaire certificateur, de l'acte qui la constate. (Décret du 30 septembre 1807.)

Les rentiers viagers ou pensionnaires de l'État qu'une maladie ou une infirmité empêche de se transporter au domicile du notaire certificateur, doivent lui adresser une déclaration écrite par le maire de leur commune, visée par le juge de paix, et attestant tout à la fois leur existence et leur état de maladie ou d'infirmité. Le notaire est autorisé à délivrer le certificat sur cette déclaration. (Décret du 23 septembre 1806.)

ENREGISTREMENT. — Les certificats de vie délivrés aux rentiers et pensionnaires de l'État ne sont point sujets à l'enregistrement. Quant au timbre, ceux relatifs aux rentes viagères et aux pensions autres que celles des militaires, marins, de leurs veuves ou des membres de la Légion-d'Honneur, doivent être délivrés sur du papier de 25 centimes ; mais ces dernières pensions sont affran-

chies des droits de timbre, comme de ceux d'enregistrement.

Les certificats de vie délivrés à raison de ventes viagères dues par des particuliers, sont soumis au droit fixe
de 1 franc. (Lois du 22 frimaire an VII et du 15 mai 1850.)

CONGÉ D'ACQUIT. — Certificat par lequel le maître
constate que l'ouvrier qui a travaillé chez lui a satisfait à
toutes ses obligations.

CONSEIL DE FAMILLE. — Réunion de parents pré-
sidée par le juge de paix et chargée de veiller sur les intérêts des mineurs et des interdits.

Composition du conseil de famille. — Le conseil de
famille se compose, non compris le juge de paix, de six
parents ou alliés pris moitié du côté paternel, moitié du
côté maternel, et en suivant l'ordre de proximité dans
chaque ligne. — Les frères germains du mineur ou de
l'interdit et les maris des sœurs germaines sont seuls
exceptés de la limitation de nombre ci-dessus. S'ils sont
six ou au-delà, ils sont tous membres du conseil, qu'ils
composent seuls avec les veuves d'ascendants et les ascendants dispensés de la tutelle, s'il y en a. — Le juge de paix
peut appeler, pour faire partie du conseil de famille et
compléter le nombre nécessaire de membres, des citoyens
habitant la commune où s'ouvre la tutelle, connus pour
avoir eu des relations habituelles d'amitié avec le père ou
la mère du mineur.

Fonctions du conseil de famille. — Voici les principales : — Le consentement du conseil est nécessaire pour
la validité du mariage des fils et filles mineurs de vingt-un
ans, s'il n'y a ni père ni mère, ni aïeules, ou s'ils se trouvent tous dans l'impossibilité de manifester leur volonté.
— Cependant, arrivés à leur majorité, ces fils et filles

n'ont pas besoin de faire au conseil, comme ils l'auraient dû faire à leurs père, mère, ascendants, des actes respectueux. — Lorsqu'un enfant mineur et non émancipé reste sans père ni mère, ni tuteur élu par ses père ou mère, ni ascendants mâles, comme aussi lorsque le tuteur de l'une des qualités ci-dessus exprimées se trouve exclu ou dispensé, c'est le conseil de famille qui donne un tuteur au mineur. — C'est lui qui nomme dans tous les cas le *subrogé tuteur* ; lui qui décide , quand la mère tutrice veut se remarier, si elle doit conserver la tutelle ; lui qui destitue et remplace le tuteur, s'il y a lieu. Il décide si le mineur âgé de 16 ans peut être émancipé. — C'est lui encore qui a mandat de régler l'emploi des deniers du mineur, ainsi que ses dépenses annuelles et celles d'administration. Son autorisation est nécessaire pour tout emprunt, aliénation ou hypothèque des biens immeubles du mineur, . pour toute répudiation ou acceptation de succession faite en son nom, pour toute acceptation de donation, pour l'introduction en justice de toute action relative à des droits immobiliers, et pour tout acquiescement à une demande de même nature.

En matière d'interdiction, lorsqu'une demande de cette nature est formée, le conseil de famille doit toujours émettre son avis avant le jugement.

Exécution des délibérations du conseil de famille.— En général, ces décisions n'ont pas besoin de sanction judiciaire ; mais quand il s'agit de transaction, d'emprunt, d'aliénation, d'hypothèque des biens de l'interdit ou du mineur, de destitution d'un tuteur, les décisions doivent être *homologuées* , c'est-à-dire approuvées par a justice. C'est le tuteur, le subrogé tuteur ou un mem-

bre du conseil qui demande au tribunal l'*homologation*
ou l'annulation de la décision prise.

CONSERVATEUR DES HYPOTHÈQUES. — Préposé
de l'administration de l'enregistrement et des domaines
spécialement chargé de remplir les formalités hypothécaires.

Obligations des conservateurs. — Ils sont tenus de
délivrer à tous ceux qui les requièrent copie des actes
transcrits sur leurs registres et celle des inscriptions subsistantes, ou certificats qu'il n'en existe aucune.

Responsabilité des conservateurs. — Les conservateurs sont responsables du préjudice résultant, 1° de
l'omission sur leurs registres des transcriptions d'actes de
mutation et des inscriptions requises en leurs bureaux;
2° du défaut de mention, dans leurs certificats, d'une ou
de plusieurs des inscriptions existantes, à moins, dans ce
dernier cas, que l'erreur ne provienne de désignations
insuffisantes qui ne pourraient leur être imputées.

La responsabilité des conservateurs est garantie par un
cautionnement en immeubles qu'ils fournissent en entrant en fonctions. Ce cautionnement est spécialement et
exclusivement affecté à la réparation des préjudices dont
ils sont garants envers les particuliers pour cause d'omissions ou d'erreurs. Cette affectation subsiste tant que durent les fonctions, et dix années après; passé ce délai, les
biens servant de cautionnement sont affranchis de plein
droit de toutes actions de recours qui n'auraient pas été
intentées dans cet intervalle.

Les conservateurs des hypothèques sont, au bout de
dix ans, à partir de la cessation de leurs fonctions, affranchis de toute responsabilité pour erreurs ou omissions sur
leurs registres, par cela même que leur cautionnement

est libéré de toute affectation. (Arrêt de la Cour de cassation du 22 juillet 1816.) — Le conservateur auquel on demande l'état des inscriptions qui grèvent les biens d'une personne, n'est pas tenu de délivrer en même temps un extrait du registre de transcription, constatant que cette personne a cessé d'être propriétaire. Il faut lui demander cet extrait. (Arrêt de la Cour de cassassion du 18 mars 1835.)

Salaires dus aux conservateurs. — Ces salaires sont : 1° pour l'enregistrement et la reconnaissance des dépôts d'actes de mutation pour être transcrits, ou de bordereaux pour être inscrits... de 25 centimes; — 2° pour l'inscription de chaque droit d'hypothèque ou privilége, quel que soit le nombre des créanciers, si la formalité est requise par le même bordereau, de 1 franc : — 3" pour chaque inscription faite d'office par le conservateur, en vertu d'un acte translatif de propriété soumis à la transcription, de 1 franc; — 4° pour chaque déclaration, soit de changement de domicile, soit de subrogation, soit de tous les deux par le même acte, de 50 centimes; — 5° pour chaque radiation d'inscription, de 1 franc; — 6° pour chaque extrait d'inscription ou certificat qu'il n'en existe aucune, de 1 franc; — 7° pour la transcription de chaque acte de mutation, par rôle d'écriture du conser_vateur contenant 25 lignes à la page et 18 syllabes à la ligne, de 1 franc; — 8° pour chaque certificat de non-transcription d'acte de mutation, de 1 fr. 02 cent. ; — 9° pour les copies collationnées des actes déposés ou transcrits dans les bureaux des hypothèques, par rôle d'écriture du conservateur contenant 25 lignes à la page et 98 syllabes à la ligne, de 1 franc, — 10° pour chaque duplicata de quittance, de 25 centimes (Décret du 21 septembre 1810); — 11° pour la transcription de chaque procès verbal de saisie immobilière et de chaque exploit de dénonciation de ce procès-verbal au saisi, par rôle (chaque rôle comme ci-dessus), de 1 franc ; — 12° pour l'acte du conservateur, contenant son refuse de transcription en cas de précédente saisie, de 1 franc ; — 13° pour chaque extrait d'inscription, ou certificat qu'il n'en existe aucune, de 1 franc ; — 14° pour la mention des deux notifications au saisi et aux créanciers inscrits sur les biens saisis, prescrites par les art. 691 et 692 du Code de procédure civile, de 1 franc ; — 15° pour la radiation de la saisie immobilière, de 1 franc ; — 16° pour la mention du jugement d'adjudication, de 1 franc ; — 17° pour la mention du jugement de conversion de la vente sur saisie en vente volontaire, de 1 franc. (Ordonnance royale du 10 octobre 1841.)

LOI DU 10 IUILLET 1850.

1. L'officier de l'état civil qui célèbrera un mariage interpellera les futurs époux, ainsi que les personnes qui autorisent le mariage, si elles sont présentes, d'avoir à déclarer s'il a été fait un contrat, et, dans le cas de l'affirmative, la date de ce contrat, ainsi que les nom et lieu de résidence du notaire qui l'aura reçu.

2. La déclaration faite sur l'interpellation ci-dessus, qu'il a été ou qu'il n'a pas été fait de contrat de mariage, et, autant que possible, la date du contrat s'il existe, ainsi que les nom et lieu de résidence du notaire qui l'aura reçu, seront mentionnés dans l'acte que dressera du mariage l'officier de l'état civil.

3. Si l'acte de célébration porte que les époux se sont mariés sans contrat, la femme sera réputée, à l'égard des

tiers, capable de contracter dans les termes du droit commun (c'est-à-dire sous l'autorité et avec le consentement de son mari), à moins que dans l'acte qui contient son engagement elle n'ait déclaré avoir fait un contrat de mariage.

Enregistrement. — Quand le contrat de mariage ne contient que l'énonciation des apports des futurs, sans mentionner aucune libéralité, il n'est soumis qu'au droit fixe de 5 francs. — Les donations éventuelles entre futurs et celles de même nature qui leur sont faites par des tiers, sont passibles du même droit. — Ce droit de 5 francs est toujours dû pour le contrat en lui-même, indépendamment des droits proportionnels qui peuvent être exigibles.

Les donations non éventuelles faites au profit des époux par contrat de mariage sont sujettes au droit proportionnel. — Si la donation émane de parents en ligne directe, c'est-à-dire de père, mère ou autre ascendants, le droit est, sur les meubles qu'on évalue et le montant du capital, qu'on estime à raison de vingt fois le produit des biens ou le prix des baux courants, de 1 fr. 25 centimes par 100 francs, plus 1 fr. 50 centimes par 100 francs pour les immeubles seulement et à raison de la transcription du contrat au bureau des hypothèques. — Si la donation a lieu entre frères et sœurs, oncles et tantes, neveux et nièces, le droit est, sur les meubles comme sur les immeubles, de 4 fr. 50 c. pour 100 fr., plus 1 fr. 50 c. pour 100 pour droit de transcription à l'égard des immeubles. — Si la donation a lieu entre grands-oncles et grand'tantes, petits-neveux et petites-nièces, cousins germains, le droit est de 5 pour 100, plus le droit de transcription pour les immeubles. — Entre parents au-delà du 4ᵉ degré et jusqu'au 12ᵉ le droit est de 5 fr. 50 c. pour 100, plus, comme ci-dessus, le droit de transcription pour les immeubles.

Les alliés sont considérés comme non parents. — Les donations faites par des père et mère à leur enfant naturel reconnu sont passibles du droit proportionnel en ligne directe.

DONATION ENTRE ÉPOUX. — Il y en a de deux sortes: celles qui sont faites par contrat de mariage, et celles qui ont lieu après.

Des donations entre époux par contrat de mariage. — Les époux, peuvent, par contrat de mariage, se faire réciproquement, ou l'un des deux à l'autre, telle donation qu'ils jugent à propos, soit de biens présents, soit de biens à venir, soit de biens présents et à venir.

Toute donation entre vifs de biens présents, faite en époux par contrat de mariage, n'est pas censée faite sous la condition de survie du donataire, à moins que cette condition ne soit formellement exprimée; de sorte que la propriété des objets donnés est transmise à l'époux donataire, et, s'il vient à mourir avant l'autre, ses héritiers les recueillent dans la succession, excepté toutefois le cas où le donateur aurait stipulé le droit de retour. — La donation de biens à venir, faite entre époux par contrat de mariage, soit simple, soit réciproque, est toujours au contraire censée faite sous la condition que le donataire survivra au donateur.

Le mineur ne peut, par contrat de mariage, donner à l'autre époux, soit par donation simple, soit par donation réciproque, qu'avec l'assentiment et l'assistance de ceux dont le consentement est nécessaire pour la validité de son mariage, et avec cet assentiment il peut donner tout ce que la loi permet à l'époux majeur de donner à l'autre conjoint.

Il doit être annexé à l'acte de donation par contrat de mariage entre époux de biens présents et à venir, un état des dettes et charges du donateur existantes au jour de la donation, auquel cas il est libre au donataire, lors de la mort du donateur, de s'en tenir aux biens présents en renonçant aux autres, et il peut réclamer alors ces biens présents, tels qu'ils étaient lors de la donation, libres de toutes charges et hypothèques créées depuis par le donateur.

Les donations entre époux par contrat de mariage, n'ont pas besoin d'être acceptées formellement ; le concours du donataire au contrat vaut acceptation tacite. (Arrêt de la Cour de Paris du 3 août 1842.) — Elles sont nulles si le mariage projeté n'a pas lieu, ou s'il est annulé plus tard. (Arrêts de la même Cour des 16 avril 1838 et 9 juin 1840.)

Ces donations sont irrévocables de leur nature. — Elles ne sont pas même révocables pour cause de survenance d'enfants d'un mariage subséquent (Arrêt de la Cour de cassation du 29 messidor an XI) ; — ni même pour cause de séparation de corps obtenue contre l'époux donataire. (Arrêts de la Cour de cassation du 17 juin 1822 et du 19 août 1823.)

Des donations entre époux pendant le mariage. — De même que les donations par contrat de mariage, celles qui ont lieu pendant le mariage peuvent s'appliquer, soit aux biens présents, soit aux biens à venir, soit à ces deux natures de biens tout à la fois ; mais elles sont toujours révocables. La révocation peut être faite par la femme sans autorisation de son mari ni de la justice ; et de là cette conséquence, que les donations de cette nature sont nulles en cas de prédécès du donataire. — Elles ne sont cependant pas révoquées par le fait de la survenance d'enfants.

Les époux ne peuvent, pendant le mariage, se faire aucune donation réciproque par actes séparés ; elles peuvent l'être le même jour et par actes inscrits sur la même feuille à la suite l'un de l'autre. (Arrêt de la Cour de cassation du 22 juillet 1807.) — Le mineur une fois marié ne peut plus faire de donation à son conjoint, qu'après être arrivé à sa majorité. (Arrêt de la cour de Paris du 11 décembre 1812.) Toute donation entre époux faite pendant le mariage n'est parfaite qu'à la suite de l'acceptation formelle de l'époux donataire. (Arrêt cité plus haut, du 22 juillet 1807.)

Observation importante. — Il faut remarquer que les règles relatives aux donations entre vifs ordinaires s'appliquent aux donations entre époux sur tous les points où celles-ci ne sont pas régies par les règles particulières ci-dessus indiquées. (Voyez DONATION ENTRE VIFS.) — Quant à la quotité de biens dont les époux peuvent disposer l'un au profit de l'autre, voyez le mot QUOTITÉ DISPONIBLE.

Les donations entre époux pendant le mariage sont-elles sujettes à la formalité de transcription ? — Non, elles n'y sont pas soumises.

ENREGISTREMENT. — Les donations entre époux faites pendant le mariage ne sont jamais passibles que du droit fixe de 5 francs. — Quant à celles qui sont faites par contrat de mariage, celles qui sont soumises a l'événement du décès, ne sont également assujetties qu'au droit fixe de 5 francs, et les autres, en matière soit de meubles, soit d'immeubles, au droit proportionnel de 3 francs pour 100 francs; plus, pour les immeubles, de 1 fr. 50 centimes pour droit de transcription. (Loi du 22 mai 185 .)

DOT. — La dot, quel que soit le régime sous lequel les époux se marient, est le bien que la femme apporte pour soutenir les charges du mariage.

De quelle époque courent les intérêts de la dot non payée comptant? — Ils courent de plein droit du jour du mariage, à moins de stipulation contraire.

Combien de temps a le mari pour réclamer le paiement de la dot? — Il a dix ans depuis l'échéance des termes pris pour la payer. Passé ce délai, il y a présomption légale qu'il l'a reçue, et la femme ou ses héritiers peuvent la réclamer contre le mari après la dissolution du mariage, sans être tenus de prouver qu'il l'a reçue, à moins qu'il ne justifie de poursuites inutilement faites pour en obtenir le paiement.

Quelles sont les garanties que la loi accorde à la femme pour le remboursement de la dot? — La loi lui donne une hypothèque légale, c'est-à-dire indépendante de toute inscription, sur les immeubles du mari, et cela à partir du jour du mariage.

Comment se répartissent entre le père et la mère les sommes ou valeurs fournies en dot? — Si le contrat de mariage n'énonce pas dans quelles proportions les père et mère entendent contribuer à la dot, ils sont censés avoir doté chacun pour moitié, soit que la dot ait été fournie ou promise en effets de la communauté, soit qu'elle l'ait été en biens personnels à l'un des époux. Au second cas, l'époux dont l'immeuble ou l'effet personnel a été constitué en dot, a sur les biens de l'autre une action en indemnité pour la moitié de ladite dot, eu égard à la valeur de l'effet donné, au temps de la donation. — Le mari peut donner en dot à l'enfant commun des immeubles de la communauté. La dot constituée par lui seul à l'enfant commun en effets de la communauté est à la charge de la communauté, et, dans le cas où la communauté, lors de la dissolution, est acceptée par la femme, celle-ci doit supporter la moitié de la dot, à moins que le mari n'ait déclaré expressément qu'il s'en chargeait pour le tout, ou pour une portion plus forte que la moitié. — Si la femme renonce à la communauté lors de la dissolution, la dot est à la charge du mari seul. (Arrêt de la Cour de Riom du 3 juillet 1835.)

La dot doit-elle être considérée comme une avance sur la succession des père et mère? — Oui ; à moins de dispense formelle, elle est sujette à rapport entre co-héritiers quand la succession du donateur vient à s'ouvrir. Dans le cas de dispense de rapport, elle est encore réductible à la quotité disponible.

ÉMANCIPATION. — L'émancipation est un acte qui donne à un mineur le droit de se gouverner lui-même et d'administrer ses biens.

Quelles sont les formalités prescrites pour l'émancipation? — Le mineur est émancipé de plein droit par le mariage ; l'émancipation qui en résulte n'a pas besoin d'être exprimée, elle est *tacite* et nécessaire. En consentant au mariage, les parents du mineur ont voulu qu'il gouvernât lui-même sa famille ; à plus forte raison, par conséquent, ont-ils voulu qu'il gouvernât ses biens et sa personne. — En dehors de ce cas de mariage, si le mineur a encore son père, ou, à défaut de père, sa mère, l'émancipation est accomplie par la seule déclaration ou de l'un ou de l'autre faite devant le juge-de-paix de leur domicile. Si le mineur n'a plus ni son père ni sa mère, l'émancipation résulte de la délibération du conseil de famille qui l'a autorisée, et de la déclaration que le juge de paix, comme président de ce conseil, fait dans le même acte que le *mineur est émancipé.*

A quel âge un mineur peut-il être émancipé? — Le mineur peut être émancipé par son père ou sa mère à quinze ans révolus. Il ne peut l'être qu'à dix-huit ans par le conseil de famille.

Qui a qualité pour émanciper un mineur? — Le père, la mère, le conseil de famille. — Mais quels sont les cas où cette qualité appartient à chacun d'eux? — Le père la possède toujours, même quand il a été destitué ou exclu de la tutelle ; car la faculté d'émanciper est un des attributs de la puissance paternelle dont cette exclusion ou cette destitution ne peut pas le priver. Il ne la perd que par la mort civile, par l'interdiction, etc. Quant à la mère, elle ne peut émanciper son enfant qu'à défaut du père, c'est-à-dire en cas de décès de celui-ci, en cas d'absence ou d'interdiction. Un second mariage de la part de la mère, et même dans ce cas, l'exclusion de la tutelle, ne pourrait lui ôter le droit d'émanciper. Quant au conseil de famille, c'est à défaut du père et de la mère, c'est-à-dire dans le cas du double décès ou d'impossibilité légale de manifester la volonté paternelle ou maternelle par suite d'absence, d'interdiction, etc., qu'il peut conférer l'émancipation sur la demande du tuteur. Si celui-ci ne fait aucune diligence à cet égard, et si, d'un autre côté, un ou plusieurs parents ou alliés du mineur, au degré de cousin germain ou à des degrés plus proches, le jugent capable d'être émancipé, ils peuvent requérir le juge de paix de convoquer le conseil de famille pour délibérer à ce sujet. Le juge de paix est tenu de déférer à cette réquisition. —Il est à remarquer ici que personne, au contraire, n'a le droit de requérir l'émancipation du mineur qui est sous la puissance paternelle ou maternelle. Une autre différence qui distingue l'émancipation par le père ou la mère de l'émancipation par l'assemblée de famille, c'est la limite d'âge fixée par la loi, à quinze ans, pour la première de ces deux espèces d'émancipation, et à dix-huit ans, pour la seconde. Telle est la large part faite par le législateur à l'autorité paternelle et maternelle.

Quels sont les effets qui résultent de l'émancipation ? —Le mineur une fois émancipé devient maître de sa personne, sauf le cas d'engagement militaire, dans lequel il lui faut le consentement de ses père, mère ou tuteur. —En ce qui concerne les biens, voici les prescriptions de la loi.

Le compte de tutelle est rendu au mineur émancipé assisté de son curateur. On appelle curateur la personne chargée de surveiller l'administration du mineur. — Le mineur émancipé a le droit de passer les baux dont la durée n'excède point *neuf ans ;* de recevoir ses revenus, les loyers de maisons, les fermages de biens ruraux, les intérêts de capitaux placés, et d'en donner décharge, d'intenter des actions mobilières et d'y défendre ; enfin de faire tous les actes qui ne sont que de pure administration, comme de faire des réparations à ses propriétés, de prendre ou donner à loyer ou à ferme, sans pouvoir demander la nullité de ces actes que dans les cas où un majeur pourrait en faire autant, par exemple en cas de violence ou de dol.- Ine peut intenter une action immobilière ni y défendre, même recevoir et donner décharge d'un capital mobilier, par exemple d'une somme d'argent à lui due, et n'en produisant pas, sans l'assistance de son curateur qui, dans ce dernier cas, doit surveiller l'emploi du capital reçu. — Il ne peut faire d'emprunts sous aucun prétexte, vendre, ni aliéner, ni même hypothéquer ses immeubles, ni faire aucun acte en dehors des limites d'une simple administration, sans y avoir été autorisé expressément par délibération de l'assemblée de famille homologuée en justice sur les conclusions du ministère public. — Bien que la loi ait déclaré le mineur émancipé apte à faire tout acte de simple administration, elle a cependant circonscrit l'application de ces principes dans de certaines bornes qu'indiquait la raison ; ainsi, elle dispose que les engagements qu'il aurait contractés par voie d'achat ou par toute autre voie seraient réductibles en cas d'excès, et que les tribunaux, dans ce cas, doivent tenir compte tout ensemble de la fortune du mineur, de la bonne ou mauvaise foi des personnes qui ont contracté avec lui, de l'utilité ou de l'inutilité des dépenses. C'est aux juges qu'il appartient d'apprécier équitablement et souverainement toutes ces circonstances. — Tout mineur émancipé dont les engagements auraient été réduits pour cause d'excès peut être privé du bénéfice de l'émancipation, laquelle lui est retirée de la même manière qu'elle lui a été conférée. — Dans le cas d'émancipation par mariage, il faudrait provoquer la nomination d'un conseil judiciaire au mineur pour cause de prodigalité. (Arrêt de la Cour de Lyon, du 30 décembre 1813.) Du jour où l'émancipation a été révoquée, le mineur rentre en tutelle jusqu'à la majorité accomplie.

Le mineur émancipé ne peut entreprendre un com-

merce sans y être spécialement autorisé par ses père et mère ou à leur défaut par le conseil de famille. — Si cette autorisation lui est donnée, il est réputé majeur pour les faits relatifs à ce commerce ; en d'autres termes, il peut, mais seulement pour l'utilité de son négoce, emprunter des capitaux, hypothéquer ses immeubles sans remplir les formalités imposées aux mineurs ordinaires ; il en est autrement, s'il s'agit d'actes qui ne se rapportent pas au négoce qu'il est autorisé à faire.

Les enfants naturels peuvent-ils être émancipés par leurs père et mère ? — Il en est des enfants naturels reconnus comme des enfants légitimes, ils peuvent être émancipés.

ENREGISTREMENT. — Les actes d'émancipation sont soumis au droit fixe de 5 francs par tête d'émancipé. — Les actes de révocation de l'émancipation sont passibles seulement du droit fixe de 2 francs.

FEMME. — Les femmes ont une position à part dans la société ; elles y ont, à côté de certains priviléges particuliers, des obligations spéciales.

Obligations spéciales et devoirs particuliers de la femme. — La femme doit obéissance à son mari, qui à son tour lui doit protection ; elle est tenue d'habiter avec lui, de le suivre où il va. — Toutefois, une femme pourrait refuser de suivre son mari à l'étranger, s'il était prouvé que celui-ci quitte la France sans intention d'y revenir. (Arrêt de la Cour de Paris des 12 novembre 1836 et 29 mars 1845, et de la Cour de Bordeaux du 4 août 1840.) — La femme ne peut contracter, ester en jugement sans l'autorisation maritale.

Priviléges de la femme en matière civile. — 1° La femme, mariée ou non, n'est pas sujette à la contrainte par corps, excepté dans le cas de stellionat. La contrainte par corps pour cause de stellionat pendant le mariage n'a lieu contre les femmes mariées que lorsqu'elles sont séparées de biens, ou lorsqu'elles ont les biens dont elles se sont réservé la libre administration, et à raison des engagements qui concernent ces biens. — Les femmes qui, mariées sous le régime de la communauté, se seraient obligées conjointement ou solidairement avec leur mari, ne peuvent être réputées stellionataires pour cause de ces contrats. — Ce privilége accordé par la loi civile à la femme française est étendu par elle à la femme étrangère. — 2° La nullité des engagements contractés par la femme n'existe que dans son intérêt. Les obligations contractées envers elle par des personnes capables de contracter sont valables.

GREFFIER.. — Celui qui tient registre des actes qui émanent du juge.

Les expéditions délivrées par les greffiers doivent contenir vingt lignes à la page et huit à dix syllabes à la ligne, compensation faite des unes avec les autres. — Le greffier qui délivre des expéditions qui contiennent moins, encourt la peine de 100 francs d'amende. (Arrêt de la Cour de cassation du 16 mai 1806.) Les greffiers ne peuvent exiger aucun droit de recherche des actes et jugements faits ou rendus dans l'année, ni de ceux dont ils font les expéditions ; mais, lorsqu'il n'y a pas d'expédition, il leur est attribué un droit de recherche fixé à 50 centimes pour l'année qui leur est indiquée, et, dans le cas où il leur serait indiqué plusieurs années, et qu'ils seraient obligés d'en faire la recherche, le droit est de 50 centimes pour la première, et de 15 centimes pour chacune des autres.

Responsabilité des greffiers. — Ils sont solidairement responsables de toutes amendes, restitutions, dommages-intérêts résultant des contraventions dont leurs commis se seraient rendus coupables dans l'exercice de leurs fonctions, sauf leur recours contre eux. — Ils sont responsables des pièces dont ils sont dépositaires pendant trente ans, à partir du jugement du procès. (Arrêt de la Cour de Paris du 30 mars 1818.) — Ils sont, en ce qui concerne la restitution de ces pièces et les deniers par eux reçus par suite de leurs fonctions, sujets à la contrainte par corps. (Loi du 13 décembre 1848.)

GREFFIERS DE JUSTICES DE PAIX.

Les greffiers des justices de paix sont compétents dans certaines localités pour procéder aux ventes publiques d'effets mobiliers et même de fruits et récoltes pendants par racines, et de coupes de bois taillis. (Loi du 5 juin 1851.)

HABITATION (Droit d'). — Droit accordé souvent par une personne à une autre, soit au moyen d'une disposition testamentaire, soit par un acte entre vifs. Il ne faut pas confondre ce droit avec celui du locataire ; celui-ci ne s'acquiert qu'à titre onéreux, celui-là existe ordinairement à titre gratuit.

Celui qui jouit du droit d'habitation doit l'exercer eu bon père de famille. Il doit donner préalablement caution de sa jouissance et faire des états et inventaires, à moins qu'il n'ait vendu ou donné à un autre la chose qui est l'objet du droit, et qu en se dessaisissant de la propriété il n'ait réservé ce même droit à son profit. (Arrêt de la Cour de Bordeaux du 18 avril 1839.)

Celui qui accorde un droit d'habitation règle comme il

lui plaît les conditions de l'exercice de ce droit ; mais , à défaut d'explications à cet égard , voici les principes que la loi a posés sur cette matière.

Celui qui a la concession d'un pareil droit ne peut ni le céder, ni le louer. Il peut demeurer dans la maison affectée à son droit, lui et sa famille, quand même il n'aurait pas été marié à l'époque où ce droit lui a été donné. — Le droit se restreint à ce qui est nécessaire pour son habitation et celle de sa famille. — Il faut comprendre dans le mot famille non-seulement le mari ou la femme et les enfants, mais encore les domestiques nécessaires. (Arrêt de la Cour de Paris du 4 juin 1836.) — Il faut aussi avoir égard aux habitudes, et tenir comnte de la position sociale de celui à qui le droit est concédé. (Arrêt de la Cour de Nancy du 12 janvier 1841.)

Le changement de propriétaire depuis l'époque de la concession du droit ne peut nuire à ce droit. — Quant aux réparations, celui qui l'exerce doit les faire à ses frais, proportionnellement à l'importance de la concession. Il doit contribuer dans la même proportion au paiement des contributions. (Arrêt de la Cour de Paris du 8 juillet 1846.

HAIE. — Clôture faite d'épines ou de branchages entrelacés.

Il y a deux espèces de haies : les haies vives et les haies sèches. — Les haies vives sont faites de plantes qui ont pris racine. — Les haies sèches sont faites de branches mortes entrelacées.

Des haiés vives. — La haie vive ne peut être plantée qu'à un demi-mètre (1 pied et demi environ de la ligne séparative de deux propriétés. — Le propriétaire voisin peut exiger que les haies plantées à une moindre distance soient arrachées. Celui sur la propriété duquel avancent les branches peut exiger qu'elles soient coupées, mais il ne peut se faire justice à lui-même en les coupant. (Arrêt de la Cour de cassation du 15 février 1811.—Néanmoins, si ce sont les racines qui avancent sur son héritage, il a le droit de les y couper lui-même.

Des haies sèches. — La haie sèche peut se planter sur la ligne séparative de deux héritages, à quelque distance que ce soit. (Arrêt de la Cour de cassation du 2 avril 1828.)

Des haies en général. — Toute haie vive ou sèche qui sépare deux héritages est censée mitoyenne, à moins qu'il n'y ait qu'un seul des héritages en état de clôture, ou titre, ou possession suffisante au contraire, c'est-à-dire possession d'un an et un jour. (Arrêt de la Cour de cassation du 14 août 1824.) — Les arbres qui se trouvent dans la haie mitoyenne sont mitoyens comme la haie ; chacun des deux propriétaires a droit d'en requérir l'abattage.

HALAGE (CHEMIN DE). — Chemin qui borde les rivière.

Les propriétaires des héritages aboutissant aux rivières navigables doivent laisser le long des bords 7 mètres 79 centimètres (*vingt-quatre pieds*) au moins de largeur pour chemin et trait des chevaux, sans qu'ils puissent planter d'arbres ni tenir clôture ou haie plus près de 9 mètres 74 centimètres (*trente pieds*) du côté où les bateaux se retirent, et 3 mètres 24 centimètres (*dix pieds*) de l'autre côté, à peine de 500 francs d'amende, confiscation des arbres et d'être contraints à remettre les chemins en état à leurs frais. (Ordonnance de 1669, encore en vigueur.)

HUISSIER. — Officier ministériel spécialement chargé de divers actes relatifs à l'administration de la justice.

Nous ne nous occuperons pas des rapports de l'huissier avec l'autorité judiciaire, mais seulement de ceux qu'il a avec le public.

Obligations et devoirs des huissiers vis-à-vis du public. — Les huissiers doivent exercer leur ministère toutes les fois qu'ils en sont requis, sans acception de personnes. Leur ministère est forcé. Un huissier requis de faire un acte ne peut s'y refuser sous prétexte que cet acte serait irrégulier ou nul : il peut seulement exiger de la partie une réquisition spéciale et prise par écrit qui mette sa responsabilité à couvert. (Arrêt de la Cour de Montpellier du 24 juin 1826.) — Les copies d'actes et jugements, d'arrêts et de toutes autres pièces faites par les huissiers, doivent être correctes et lisibles, à peine de rejet de la taxe. Les papiers employés à ces copies ne peuvent contenir plus de trente-cinq lignes par page de petit papier, plus de quarante lignes par page de grand papier, et plus de cinquante lignes par page de papier de haute dimension, à peine d'une amende de 25 francs.

De quelques prohibitions faites par la loi aux huissiers. — Tout huissier a le droit d'exploiter dans l'étendue du ressort du tribunal civil de sa résidence ; mais hors de ce ressort l'huissier est sans pouvoir : tout acte qu'il ferait en dehors serait nul. — L'huissier ne peut en général instrumenter pour ses parents et alliés. — Il peut pourtant instrumenter contre eux. (Arrêt de la Cour de Liége du 10 juillet 1808.)

Des signatures d'actes. — Tout huissier doit remettre lui-même à personne ou à domicile l'exploit et les copies de pièces qu'il a mission de signifier. — L'huissier qui déclare dans un acte avoir remis la copie d'un exploit au domicile même de la personne à qui il était chargé de la notifier, et en parlant à une personne de la maison, bien qu'en réalité il ne se soit pas transporté à ce domicile, et qu'il ait confié la copie de l'exploit à un tiers, commet un faux dont il ne peut être excusé sur le motif qu'il a surveillé la remise de la copie par le tiers, et même qu'il était présent à cette remise. (Arrêt de la Cour de cassation du 7 août 1828.)—Il peut être condamné à des dommages et intérêts.

Nullité des actes d'huissiers et responsabilités diverses de ces derniers. — Les huissiers sont tenus de remplir dans les actes certaines formalités, telles que la mention de leurs nom, demeure, immatricule, etc. L'omission de ces formalités peut entraîner la nullité des actes. Dans ce cas, les huissiers sont responsables et peuvent être condamnés non-seulement aux frais de l'exploit et de la procédure annulée, mais encore à des dommages-intérêts envers les parties, s'il y a préjudice causé. (Arrêt de la Cour de Grenoble du 14 avril 1818.)

Les huissiers doivent se renfermer dans le cercle de leur ministère, et il y a lieu, par exemple, à désaveu contre celui qui, sans pouvoir spécial, forme opposition à l'exécution d'un jugement au nom d'une partie condamnée, en demandant pour elle terme et délai, et en acquiesçant ainsi à la condamnation. (Arrêt de la Cour de Colmar du 30 juin 1834.)

Ils sont personnellement responsables du prix des adjudications.

Ils sont contraignables par corps pour la restitution des titres à eux confiés et des deniers par eux reçus par suite de leurs fonctions.

Ils ne sont déchargés des pièces qui leur ont été confiées qu'après deux ans depuis l'exécution de la commission ou la signification des actes dont ils sont chargés.

Prescription des salaires dus aux huissiers. — Leur action pour le salaire des actes qu'ils signifient et des commissions qu'ils remplissent se prescrit par un an.

Compétence des huissiers pour certaines ventes. — Les huissiers sont compétents dans certaines localités pour les ventes publiques d'objets mobiliers et de fruits et récoltes pendants par racines, et de coupes de bois taillis. (Loi du 5 juin 1851.)

IMMEUBLES. — Ce sont les propriétés territoriales ou les choses qui y sont assimilées par la loi.

Les biens sont immeubles, ou par leur nature, ou par leur destination, ou par l'objet auquel ils s'appliquent. — Les fonds de terre et les bâtiments sont immeubles par leur nature. Les moulins à vent ou à eau, fixés sur piliers et faisant partie du bâtiment, le sont également. — Les récoltes pendantes par leurs racines et les fruits des arbres non encore recueillis, sont pareillement immeubles. — Dès que les grains sont coupés et les fruits détachés quoique non enlevés, ils sont meubles. Si une partie seulement de la récolte est coupée, cette partie seule est meuble. — Les coupes ordinaires de bois taillis ou de futaies, mises en coupes réglées, ne deviennent meubles qu'au fur et à mesure que les arbres sont abattus. — Les animaux que le propriétaire du fonds livre au fermier ou au métayer pour la culture, estimés ou non, sont censés immeubles tant qu'ils demeurent attachés au fond par l'effet de la convention. Ceux qu'il donne à cheptel à d'autres qu'au fermier ou métayer, sont meubles. — Les tuyaux servant à la conduite des eaux dans une propriété quelconque sont immeubles et font partie du fonds auquel ils sont attachés.

Les objets que le propriétaire d'un fonds y a placés pour le service et l'exploitation de ce fonds, sont immeubles par destination. Ainsi. sont immeubles par destination, quand ils ont été placés par le propriétaire pour le service et l'exploitation du fonds : — les animaux attachés à la culture ; — les ustensiles aratoires ; — les semences données aux fermiers ou colons partiaires ; — les pigeons des colombiers ; — les lapins des garennes ; — les ruches à miel ; — les poissons des étangs ; — les pressoirs, chaudières, alambics, cuves et tonnes ; — les ustensiles nécessaires à l'exploitation des forges, papeteries et autres usines ; — les pailles et engrais. — Sont aussi immeubles par destination tous effets mobiliers que le propriétaire a attachés au fonds à perpétuelle demeure. — Le propriétaire est censé avoir attaché à son fonds des objets mobiliers à perpétuelle demeure, quand ils y sont scellés à plâtre, ou à chaux, ou à ciment, ou lorsqu'ils ne peuvent être détachés sans être fracturés ou détériorés, ou sans briser ou détériorer la partie du fonds à laquelle ils sont attachés.

Sont immeubles par l'objet auquel ils s'appliquent, l'usufruit des choses immobilières, les servitudes ou services fonciers, les actions qui tendent à revendiquer un immeuble. — L'action en rescision pour cause de lésion n'est pas immobilière. (Arrêt de la Cour de cassation du 23 prairial an XII.) — Les mines sont des immeubles ; et les agrès, outils et ustensiles servant à leur exploitation, les chevaux exclusivement attachés à leur service intérieur, sont des immeubles par destination. (Arrêt de la Cour de Paris du 30 mars 1829.)

INCENDIÉ. — Le locataire répond de l'incendie, à moins qu'il ne prouve que l'incendie est arrivé par cas fortuit ou par force majeure, ou par vice de construction, ou que le feu a été communiqué par une maison voisine. — Le propriétaire n'est pas tenu de prouver que l'incendie provient de la faute du locataire ; mais il en est autrement quand c'est un locataire qui en poursuit un autre chez qui le feu a pris naissance, à fin de réparation du dommage qu'il peut avoir souffert ; en ce cas, c'est au locataire demandeur à prouver la négligence ou l'imprudence de celui chez qui le feu a commencé. (Arrêts de la Cour de cassation des 7 juillet 1836 et 18 février 1840.) — Il en est de même pour les compagnies d'assurances ; c'est à elles à prouver la faute qu'elles imputent dans le cas d'incendie. (Arrêt de la Cour de cassation du 13 mars 1832.)

S'il y a plusieurs locataires dans la maison incendiée, tous sont solidairement responsables, vis-à-vis du propriétaire, de l'incendie, à moins qu'ils ne prouvent qu'il a commencé dans l'habitation de l'un d'eux, auquel cas celui-là seul en est tenu, ou que quelques-uns ne prouvent que l'incendie n'a pu commencer chez eux, auquel cas ceux-là n'en sont pas tenus.

Celui dont la maison a été détruite par un incendie communiqué par une des maisons voisines, ne peut réclamer des dommages-intérêts contre son voisin, s'il ne prouve qu'il y a de la part de celui-ci, imprudence ou négligence. (Arrêt de la Cour de Nancy du 19 juillet 1825.)

MARCHÉS ET DEVIS. — Le marché est la convention conclue entre celui qui fait faire un ouvrage et celui qui se charge de le faire moyennant un prix convenu.

Le devis est l'état descriptif et détaillé des ouvrages à faire, dressé par celui qui s'engage à les faire.

Voici les prescriptions de la loi sur les marchés ou louages de services en général, pour la confection d'un ouvrage.

Lorsqu'on charge quelqu'un de faire un ouvrage, on peut convenir qu'il fournira seulement son travail et son industrie, ou bien qu'il fournira aussi la matière. — Si, dans le cas où l'ouvrier fournit la matière, la chose vient à périr, de quelque façon que ce soit, avant d'être livrée, la perte en est pour l'ouvrier, à moins que le maître ne fût en demeure de recevoir la chose. (Les mots maître et ouvrier ne doivent pas se prendre ici dans le sens ordinaire. *Ouvrier* veut dire celui qui s'est chargé de faire ou faire faire quelque ouvrage ; *maître* signifie celui qui l'a commandé.)

Dans le cas où l'ouvrier fournit seulement son industrie, si la chose vient à périr, l'ouvrier n'est tenu que de sa faute ; mais si la chose vient à périr, quoique sans aucune faute de la part de l'ouvrier, avant que l'ouvrage ait été reçu, et sans que le maître fût en demeure de le vérifier, l'ouvrier n'a point de salaire à réclamer, à moins que la chose n'ait péri par le vice de la matière. — Il en est autrement si l'ouvrage a été déjà reçu avant l'événement, ou si le maître est en demeure de le vérifier.

Le maître peut résilier le marché par sa seule volonté, quoique l'ouvrage soit déjà commencé, en dédommageant l'entrepreneur de toutes ses dépenses, de tous ses travaux, et de tout ce qu'il aurait pu gagner dans l'entreprise. — L'entrepreneur répond du fait des personnes qu'il emploie.

Les maçons, charpentiers et autres ouvriers qui ont

été employés à la construction d'un bâtiment ou d'autres ouvrages faits à l'entreprise, n'ont d'action contre celui pour qui les ouvrages ont été faits, que jusqu'à concurrence de ce dont il se trouve débiteur envers l'entrepreneur au moment où leur action est intentée.

Les maçons, charpentiers, serruriers ou autres ouvriers qui font directement des marchés à prix fait, sont astreints aux règles prescrites ci-dessus. Ils sont entrepreneurs dans la partie qu'ils traitent.

ENREGISTREMENT. — Les devis d'ouvrages et entreprises qui ne contiennent aucune obligation de somme et valeur, ni quittance, sont passibles du droit fixe de 2 francs. (Loi du 22 mai 1850.)

FORMULE D'UN DEVIS ET MARCHÉ POUR BATIR UNE MAISON.

(Voyez aussi le mot ARCHITECTE.)

Devis des ouvrages de maçonnerie, charpenterie, menuiserie, serrurerie, vitrerie, et ouvrages à faire pour la construction d'une maison que le sieur Jean S..... se propose de faire bâtir à....

(Détailler article par article tous les ouvrages à faire.

Et à la suite du devis rédiger le marché comme il suit :)

Les soussignés,

Le sieur Jean S...., négociant, demeurant à...., d'une part ;

Et le sieur Joseph G...., entrepreneur de bâtiments, demeurant en la même ville, d'autre part ;

Sont convenus de ce qui suit :

Le sieur G.... s'oblige, par les présentes, envers le sieur S...., acceptant, à faire comme il convient, et à dire d'experts, tous les ouvrages de charpenterie, menuiserie, maçonnerie, etc., qu'il est nécessaire de faire pour la construction entière et parfaite d'une maison que le sieur S.... veut faire élever à..., rue..., d'après les plan et devis qui en ont été dressés et signés par les parties en double original ; il s'engage de plus à faire l'achat de tous les matériaux en pierres, chaux et sable, mortier, ciment, bois de construction et autres, fers, etc., nécessaires à ladite construction, tels qu'ils sont désignés audit devis, et à commencer les travaux qui y sont indiqués dès le (indiquer l'époque où les travaux doivent commencer), et à les continuer avec le nombre d'ouvriers suffisant, sans interruption, afin d'en rendre le tout achevé, et d'en livrer les clefs à M. S..., le... (indiquer l'époque où la maison doit être livrée à celui qui la fait bâtir), à peine de lui payer une somme de quatre mille francs par chaque mois de retard.

Ce marché est fait moyennant la somme de cinquante mille francs, soit pour les ouvrages dont il s'agit, soit pour l'achat desdits matériaux, sans aucune division, et l'un dans l'autre ; sur laquelle somme le sieur G..... reconnaît avoir reçu à l'instant la somme de vingt mille francs à titre d'avance pour acheter les premières fournitures. En ce qui concerne les trente mille francs formant le solde, M. S... promet et s'engage de les lui payer par tiers de deux mois en deux mois, le premier tiers devenant exigible deux mois après les travaux terminés et la remise des clefs au sieur S....

Fait et signé double à..., le...

(Signatures.)

MUR MITOYEN. — Mur appartenant à deux copropriétaires voisins.

Avant d'exposer les principes sur ce sujet, définissons le sens de quelques mots dont le législateur se sert. — On appelle *corbeaux* des pierres saillantes destinées à supporter une poutre ou autre fardeau. — Le *chaperon* est le sommet du mur présentant un plan incliné. — Le *filet* ou *larmier* est une ligne en tuiles un peu saillantes au bas du chaperon, destinée à rejeter les eaux hors le parement du mur.

Voici maintenant les prescriptions de la loi sur cette matière.

Dans les villes et les campagnes, tout mur servant de séparation entre bâtiments, ou entre cours et jardins, ou même entre enclos dans les champs, est présumé mitoyen, s'il n'y a titre ou marque du contraire.

Il y a marque de non-mitoyenneté, lorsque la somnité du mur est droite et à plomb de son parement d'un côté, et présente de l'autre un plan incliné; — lors encore qu'il n'y a que d'un côté ou un chaperon, ou des filets et corbeaux de pierre qui y auraient été mis en bâtissant le mur. — Dans tous ces cas, le mur est censé appartenir exclusivement au propriétaire du côté duquel sont l'égout ou les corbeaux et filets de pierre.

La réparation et la reconstruction du mur mitoyen sont à la charge de tous ceux qui y ont droit, et proportionnellement au droit de chacun. — Cependant, tout copropriétaire d'un mur mitoyen peut s'affranchir de toute contribution aux réparations et reconstructions, en abandonnant le droit de mitoyenneté, pourvu que le mur mitoyen ne soutienne pas un bâtiment qui lui appartienne.

Tout copropriétaire peut faire bâtir contre un mur mitoyen et y faire placer des poutres ou solives dans toute l'épaisseur du mur, à cinquante-quatre millimètres (deux pouces) près, sans préjudice du droit qu'a le voisin de faire réduire à l'ébauchoir (instrument de charpentier) la poutre jusqu'à la moitié du mur, dans le cas où il voudrait lui-même asseoir des poutres au même lieu, ou y adosser une cheminée.

Tout copropriétaire peut faire exhausser le mur mi-

toyen, mais il doit payer seul la dépense de l'exhaussement, les réparations d'entretien au-dessus de la hauteur
de la clôture commune, et en outre l'indemnité de la
charge en raison de l'exhaussement et suivant la valeur.
— Si le mur mitoyen n'est pas en état de supporter l'exhaussement, celui qui veut l'exhausser doit le faire re-
construire en entier à ses frais, et l'excédant d'épaisseur
doit se prendre de son côté. — Le voisin qui n'a pas contribué à l'exhaussement peut en acquérir la mitoyenneté
en payant la moitié de la dépense qu'il a coûtée, et la
valeur de la moitié du sol fourni pour l'excédant d'épaisseur, s'il y en a.

Tout propriétaire joignant un mur a de même la faculté
de le rendre mitoyen en tout ou en partie, en rembour-
sant au maître du mur la moitié de sa valeur, ou la moitié
de la valeur de la portion qu'il veut rendre mitoyenne, et
moitié de la valeur du sol sur lequel le mur est bâti.

L'un des voisins ne peut pratiquer dans le corps d'un
mur mitoyen aucun enfoncement, ni y appliquer ou ap-
payer aucun ouvrage sans le consentement de l'autre, ou
sans avoir, à son refus, fait régler par experts les moyens
nécessaires pour que le nouvel ouvrage ne soit pas nuisible aux droits de l'autre.

Chacun peut contraindre son voisin, dans les villes et
faubourgs, à contribuer aux constructions et réparations
de la clôture faisant séparation de leurs maisons, cours et
jardins.

La hauteur de la clôture dépend des réglements particuliers et usages constants ou reconnus, et, à défaut
d'usages et de réglements, tout mur de séparation entre
voisins doit avoir au moins trente-deux décimètres (dix
pieds) de hauteur compris le chaperon, dans les villes de

50,000 âmes et au-dessus, et vingt-six décimètres (huit pieds) dans les autres.

FORMULE POUR UN ACTE RELATIF A L'ÉTABLISSEMENT
D'UN MUR MITOYEN.

Les soussignés,

1° Le sieur Jacques D...., propriétaire, demeurant à...., d'une part ;

2° Et le sieur Pierre G...., également propriétaire, demeurant en la même ville, d'autre part ;

Désirant séparer par un mur mitoyen leurs propriétés contiguës, situées à....., rue...,

Sont convenus de ce qui suit :

1° Il sera fait à frais communs, et à la limite divisoire de leursdites propriétés, un mur de six mètres de hauteur, fondations comprises, et de cinquante centimètres d'épaisseur.

2° Ce mur sera établi à la première réquisition d'un des soussignés ; ou bien on commencera à l'établir le...., en se conformant aux articles 653 et suivants du Code Napoléon.

Fait double à....., le.....

(Signatures.)

NOTAIRE. — Le notaire, dit l'article premier de la loi du 25 ventose an XI, est un fonctionnaire établi pour recevoir tous les actes auxquels les parties doivent ou veulent faire imprimer le caractère d'authenticité attaché aux actes de l'autorité publique, et pour en assurer la date, en conserver le dépôt, en délivrer des grosses et expéditions.

Nous n'avons pas à nous occuper ici de tous les mille détails relatifs à la nomination des notaires, à leur cautionnement, à leur nombre, à leur destitution, à leur chambre de discipline, à toutes leurs obligations enfin vis-à-vis de l'autorité publique. Fidèles à la loi que nous nous sommes imposée, de n'exposer dans ce livre que les notions de droit usuelles et qu'il est nécessaire que tous possèdent afin de faire leurs affaires et défendre leurs intérêts le mieux possible, nous ne nous occuperons donc que des devoirs du notaire et de sa responsabilité vis-à-vis du client, et puis des honoraires divers auxquels il a droit.

Devoirs et responsabilité du notaire vis-à-vis du client. — Les notaires sont tenus de prêter leur ministère lorsqu'ils en sont requis, — à moins pourtant qu'il ne s'agisse d'une opération répréhensible, comme par exemple d'un prêt usuraire, auquel cas le notaire devrait se refuser (Arrêt de la Cour de cassation du 15 décembre 1828); — ou bien à moins que les parties ne refusent de consigner d'avance entre les mains du notaire les droits d'enregistrement de l'acte qu'elles se proposent de faire. (Arrêt de la Cour de Paris du 30 mars 1832.)

Les notaires doivent tenir répertoire de tous les actes qu'ils reçoivent. — Il leur est défendu de devenir cessionnaires des procès, droits et actions litigieux qui sont de la compétence du tribunal dans le ressort duquel ils exercent leurs fonctions, sous peine de dommages-intérêts.

Le notaires ne sont pas responsables des erreurs et des fautes légères qu'ils peuvent commettre ; mais ils le sont des fautes lourdes, des erreurs grossières qu'on ne peut imputer qu'à une grande négligence ou à une ignorance impardonnable. Ce sont les tribunaux qui apprécient quand il y a erreur grossière, faute lourde. — Ainsi, un notaire peut être déclaré responsable de la nullité d'un testament dans lequel il a omis la mention de la déclaration faite par le testateur qu'il ne savait ou ne pouvait signer. (Arrêt de la Cour de cassation du 14 mai 1822.) — Ainsi encore, un notaire qui rédige les conventions de ses clients d'une manière conforme à la vérité, mais qui en cela donne lieu à des droits d'enregistrement qu'il aurait pu éviter au moyen d'une rédaction différente, ne commet point une faute qui le rende responsable envers ses clients du droit d'enregistrement qui aurait pu être évité. (Arrêt de la Cour de cassation du 24 août 1815.)

OUVRIER. — Homme occupé de travaux manuels.

Quand un ouvrier a fourni la matière pour un travail mobilier, et qu'il n'est pas payé par celui qui lui a commandé ce travail, il a le droit de réclamer l'objet livré tant qu'il reste en la possession de la personne avec laquelle il a traité, et il peut même s'opposer à la vente, pourvu qu'il revendique l'objet dans la huitaine de la livraison qui en a été faite à un tiers. Cette revendication doit être faite par exploit d'huissier. — L'ouvrier qui, en paiement du prix de réparations par lui faites à un objet mobilier, accepte un billet à ordre, fait novation à sa créance, et perd par suite tout privilége sur l'objet réparé. (Cour de Lyon, 27 mars 1833.)

On a longtemps agité la question de savoir si l'ouvrier en général jouit du privilége assuré aux salaires des gens de service par la loi sur la totalité des meubles du maître. Après quelques variations dans la jurisprudence, cette question a fini par être résolue d'une manière négative par les tribunaux et les Cours, qui ont jugé que les mots *salaires* et *gens de services* ne pouvaient s'appliquer qu'aux domestiques. (Cour de Bourges, 31 janvier 1833 et 19 juillet 1836 ; Cour de Montpellier, 8 février 1834, et Cour de Paris, 24 mars 1831 et 1er août 1834.)

Le maçon et tout autre ouvrier employés pour la construction ou la réparation d'un bâtiment ou autre ouvrage quelconque, ont un privilége sur la valeur des choses auxquelles ils ont travaillé, c'est-à-dire qu'ils ont le droit d'être payés avant tous les autres créanciers, pourvu que, par un expert nommé d'office par le tribunal, il ait été dressé préalablement un procès-verbal pour constater l'état des lieux relativement aux ouvrages que le propriétaire avait dessein de faire, et que les ouvrages aient été, dans les six mois au plus de leur perfection, reçus par un expert également nommé d'office.

De la compétence dans les contestations entre les ouvriers et les maîtres. — Ces contestations, soit qu'elles aient pour cause le paiement des salaires des ouvriers, soit qu'elles aient un objet différent, sont de la compétence du juge de paix.

De la prescription des salaires des ouvriers. — Ils se prescrivent par six mois à partir de l'achèvement des travaux. Pour interrompre cette prescription, il faut citer en justice le débiteur.

ENREGISTREMENT ET TIMBRE. — Les quittances produites par les ouvriers dans un compte sont dispensées de l'enregistrement. — Leurs mémoires sont soumis au timbre quand ils sont produits en justice.

FORMULES.

Engagement d'ouvrier.

Entre nous soussignés, N....., d'une part ;

Et R...., d'autre part ;

Moi, R...., m'engage à entrer chez N...., en qualité d'ouvrier..., pour y travailler pendant..... mois consécutifs, à partir de ce jour, moyennant la somme de.... par jour ; et, dans

4.

le cas où je ne resterais pas chez lui pendant le temps ci-dessus fixé, à moins que ce ne fût pour cause de maladie ou de
réquisition du gouvernement, je consens qu'il retienne la paie
d'un mois de mon travail, ou la somme de.....

Moi, N..., de mon côté, m'oblige à occuper ledit sieur R....
pendant.... mois consécutifs, au prix de.... par jour, et dont le
paiement lui sera fait tous les mois ; et, dans le cas où je con-
gédierais ledit sieur... avant la fin du temps fixé, à moins que
ce ne fût pour cause d'inconduite, je m'engage à lui payer un
mois de travail en sus de ce qui pourra lui être dû.

Fait et signé double à......, ce.....

(Signatures.)

Engagement d'un ouvrier avec un commerçant qui lui fournit
la matière pour travailler.

Entre nous soussignés, P....., d'une part ;
Et V...., d'autre part ;
A été convenu ce qui suit, savoir :
Moi, dit P...., m'engage à livrer audit sieur V...., en son
domicile, d'ici au mois de.. ., la quantité de... (désigner la
nature, le nombre, le poids, la qualité de la marchandise), au
prix de...., à condition que ledit sieur V... me fournira...
(énoncer les matières à fournir) et me paiera la somme convenue pour chaque....., au fur et à mesure de chaque livraison
que je lui ferai ; consentant que, dans les livraisons que je ferai
audit sieur V..., toutes les marchandises de...., par moi fabri-
quées, qui ne seront pas de qualité conforme à celle dont nous
convenons par le présent, soient par lui rejetées et restent
pour mon compte, en faisant toutefois raison audit sieur V....
des matières par lui fournies et employées dans lesdites marchandises rejetées ; consentant pareillement que, dans le cas
où la totalité de la livraison ne serait pas effectuée à l'époque
ci-dessus désignée, il soit fait sur chaque...., qui seront livrés
après ladite époque, une diminution de la somme de... par...,
m'obligeant, en outre, après la livraison entière ci-dessus con-

venue, remettre audit sieur V.... le surplus des matières qu'il m'aura fournies, qui n'auront point été employées dans la fabrication des ouvrages que je m'oblige, par le présent, à lui livrer.

Moi, dit V...., de mon côté, m'engage à fournir et livrer, sous le délai de..., au sieur P... (énoncer la matière à fournir, son poids ou sa mesure et sa qualité), qui lui sont nécessaires pour la fabrication de...., qu'il s'oblige à me livrer comme est dit ci-dessus, et à lui payer, pour ladite fabrication, la somme de....., de la manière et sous les exceptions ci-dessus pareillement exprimées.

Fait et signé double, à... ce...

(Signatures.)

PARTAGE DE PÈRE OU MÈRE OU AUTRES ASCENDANTS. — Le droit accordé par la loi aux père et mère ou autres ascendants de répartir de leur vivant leurs biens entre leurs enfants, a pour objet de prévenir les contestations auxquelles pourrait donner lieu, après leur mort, la répartition des biens de leur succession.

Les père et mère ou autres ascendants, dit l'article 1075 du Code Napoléon, peuvent faire entre leurs descendants la distribution de leurs biens. — Ces partages peuvent être faits par actes entre vifs ou testamentaires, avec les formalités, conditions et règles prescrites pour les donations entre vifs et les testaments. — Les partages faits par actes entre vifs ne peuvent avoir pour objet que les biens présents. (Voyez les mots DONATION et TESTAMENT.) — Si tous les biens laissés par l'ascendant au jour de son décès n'ont pas été compris dans le partage, ceux de ces biens qui n'y ont pas été compris sont partagés selon les prescriptions de la loi. — Si le partage n'est pas fait entre tous les enfants qui existent à l'époque du décès et les descendants des enfants prédécédés, le partage est nul et peut être attaqué soit par ceux qui n'y ont pas figuré, soit même par les autres.

Le partage fait par un ascendant peut être attaqué pour cause de lésion de plus du quart, c'est-à-dire quand une des parties a reçu pour sa part une chose qui vaut un quart de moins que ce qui lui revient. — Quoiqu'on puisse l'attaquer, un partage fait par un père entre ses enfants, contenant lésion de plus d'un quart, n'est pas nul, il est seulement réductible à la quotité disponible. (Cour de Riom, 28 avril 1818.) — Le partage peut aussi être attaqué, dans le cas où il en résulterait que l'un des copartageants aurait un plus grand avantage que celui que la loi permet.

L'enfant qui attaque le partage fait par l'ascendant doit faire l'avance des frais de l'estimation, et il les supporte, ainsi que les dépens de la contestation, si sa réclamation n'est pas fondée.

ENREGISTREMENT. — Les donations portant partage entre vifs, faites par les père ou mère ou autres ascendants entre leurs enfants ou descendants, de même que les partages testamentaires faits par eux, sont soumises au droit proportionnel de 1 franc pour 100, pour les meubles comme pour les immeubles; plus, pour les immeubles, 1 fr. 50 c. pour la transcription au bureau des hypothèques (1 fr. 50 c. pour 100).

FORMULE D'UN PARTAGE D'ASCENDANT FAIT BAR TESTAMENT OLOGRAPHE.

Voulant éviter des contestations entre mes enfants sur le partage de mes biens après mon décès, je les ai divisés et partagés comme il suit, entre tous mes enfants ci-après nommés :

Joseph A..., mon fils aîné, cultivateur, demeurant à...;

François A..., mon fils cadet, horloger, demeurant à...;

Et Julie A..., ma fille, épouse du sieur R..., demeurant à...

Mes biens consistent :

1° Dans une ferme située à...., composée de divers bâtiments, tant pour le logement du fermier que pour l'exploitation des terres labourables, prés et bois; le tout affermé au sieur...; ladite ferme évaluée à la somme de. . . 0,000 fr.

2° Une maison située à..., rue..., n°..., que j'évalue à la somme de. - 0,000

3° Une rente perpétuelle constituée à mon profit sur le grand livre de l'État, au capital de. . . . 0,000

(Énoncer ainsi toutes les valeurs.)

Quant à mon mobilier et à l'argent comptant que je pourrais avoir au jour de mon décès, mes enfants se le partageront entre eux, ou ils le feront vendre publiquement, pour se partager le produit de la vente.

J'estime ces objets à. 0,000

Total. . . . 0,000

Sur cette somme, je donne et lègue par préciput et hors part à Joseph A...., mon fils aîné...(Énoncer l'objet donné par préciput, si le testateur juge à propos de faire cet avantage.)

Ledit... (l'objet donné), estimé à. 0,000

Les objets à partager ou leur valeur montent donc à. 0,000

Je veux que cette somme soit divisée en trois parties égales, ce qui fera pour chacun d'eux le tiers, montant à la somme de. 0,000

Lotissement.

Le premier lot sera composé (indiquer exactement cette composition avec l'évaluation); il appartiendra à mon fils aîné, Joseph A.., auquel je le lègue en toute propriété.

Le deuxième lot (indiquer de la même manière) appartiendra à mon fils cadet, François A..., auquel je le lègue en toute propriété.

Le troisième lot (même indication) appartiendra à ma fille, Julie A..., épouse du sieur R..., à laquelle, etc. (comme plus haut).

Chacun de mes enfants jouira des objets compris dans son lot, à partir du jour de mon décès.

Les sommes nécessaires à l'acquittement de mes dettes seront prélevées sur les deniers comptants et les valeurs mobilières.

Je charge mes enfants de payer les legs particuliers ci-après, savoir :

1° La somme de.... à... ;

2° La somme de.... à...

Fait à..., le...

(Signature du testateur.)

Procuration spéciale à l'effet de recueillir une succession.

Nous soussignés, Jérôme G...., propriétaire-rentier, et dame Louise-Clémentine B....., mon épouse, de moi spécialement autorisée à l'effet des présentes, demeurant ensemble à Amiens ; cette dernière agissant en qualité d'héritière pour une moitié dans les biens meubles et immeubles délaissés par feu Joseph B..., son père, de son vivant propriétaire-rentier à Lyon, rue..., décédé ab intestat, déclarons par les présentes, sous la renonciation au bénéfice de toute division et discussion de biens entre nous, constituer pour notre mandataire spécial le sieur Alexandre M..., rentier, demeurant à Lyon, rue.. ;

Auquel nous donnons pouvoir de, pour nous et en notre nom, recueillir pour la moitié concernant mon épouse la succession dudit feu Joseph B..., consistant, outre les objets mobiliers, en, etc... (spécifier autant que possible les immeubles qui en dépendent) ;

En conséquence, requérir toutes oppositions, reconnaissances et levées de scellés, avec ou sans description ; faire procéder à l'inventaire des objets mobiliers dépendant de ladite succession ; faire tous dires, réquisitions, déclarations et réserves ; choisir tous officiers, gardiens ou dépositaires ; signer tous procès-verbaux, introduire tous référés, faire procéder à la vente du mobilier de ladite succession : à cet effet, obtenir les autorisations nécessaires ; choisir l'officier public qui procédera à cette vente ; entendre son compte, en fixer le reliquat, le toucher, en donner décharge ;

Prendre connaissance des valeurs immobilières de ladite succession, ainsi que des charges dont elle peut se trouver grevée ; par suite de cette connaissance, accepter ladite succession purement et simplement ou sous bénéfice d'inventaire : y renoncer si elle nous est plus onéreuse que profitable ; à cet effet, faire telles déclarations et affirmations qu'il appartiendra ;

Procéder au partage et à la liquidation des immeubles de ladite succession ; former les masses, y faire et exiger tous rapports ; consentir tous prélèvements ou déductions tant en principal qu'intérêts ; dresser les lots et les tirer au sort, accepter ceux qui écherront à mon épouse ; faire ou accepter tous abonnements ; payer ou recevoir soultes et retours ; laisser tous objets en commun ; conférer les pouvoirs nécessaires pour leur gestion et pour le recouvrement des créances qui en pourraient faire partie ;

Vendre à l'amiable ou judiciairement, ou même de toute autre manière, les immeubles qui seront laissés en commun ou ceux qui seront abandonnés à mon épouse ; faire ces ventes aux meilleures conditions que faire se pourra, sous réserves de toutes garanties et solidarités ; exiger de nous toutes mainslevées et certificats de radiation d'inscriptions qui pourraient grever les biens vendus ;

Recevoir toutes les sommes qui pourraient être dues à ladite succession ; payer celles qu'elles pourraient légitimement devoir ; le tout tant en principal, qu'intérêts et accessoires, à quelque titre et pour quelque cause que ce soit ;

A l'effet de ce que dessus, compter avec tous débiteurs, créanciers et autres qu'il appartiendra ; représenter ou se faire fournir tous titres de créances, les approuver ou critiquer ; entendre, débattre, clore ou arrêter tous comptes, en fixer le reliquat, le recevoir ou le payer ; demander ou accorder termes et délais ; prendre tous arrangements, traiter, transiger, faire même ou accepter toutes remises ;

Louer et affermer aux meilleures conditions possibles tout ou partie des biens immeubles appartenant à mon épouse ; à cet effet, passer et signer tous baux, les résilier, en passer de nouveaux, donner ou accepter tous congés, faire faire aux immeubles toutes réparations ou améliorations nécessaires, arrêter tous devis et marchés, faire régler tous mémoires, en acquitter le montant ;

Recevoir tous loyers, fermages ou arrérages de rentes échus ou à échoir ; de toutes sommes reçues ou payées donner ou retirer bonnes et valables quittances ; consentir toutes mentions ou subrogations ; faire ou accepter tous transports, cessions ou délégations, avec ou sans garantie ; remettre ou se faire remettre tous titres et pièces ; en donner ou retirer décharges ;

En cas de non-paiement ou de contestation au sujet de ce que dessus, exercer toutes poursuites, contraintes et diligences nécessaires contre qui il appartiendra, etc.

Élire tous domiciles ; substituer à tout ou partie du présent pouvoir ; faire en un mot pour l'objet à raison duquel il a été conféré tout ce que les circonstances exigeront, quoique non non prévu ni exprimé en icelui ; promettant d'avoir le tout pour agréable, et de le ratifier au besoin.

Fait à Amiens, le..... (la date).

(Signatures des mariés B..... et G...)

Procuration à l'effet d'acquérir.

Auquel je donne pouvoir de, pour moi et en mon nom, acquérir de M. B..., etc., une maison de campagne avec toutes les terres qui en dépendent, située à..., et appartenant audit sieur B...; m'obliger, si le cas l'exige, soit au paiement du prix et des intérêts, soit à l'exécution de toutes les autres charges qui me seront imposées; se faire remettre tous titres et pièces, en donner décharge, signer tous contrats de vente ou tous procès d'adjudication; faire toutes offres de paiement; faire faire toute transcription, notification ou dénonciation de contrat; provoquer tous ordres; payer les créanciers colloqués en rang utile; faire faire toutes consignations; former toutes demandes en main-levée ou en radiation d'hypothèques; constituer tous avoués, élire tous domiciles, substituer et faire généralement, etc... (comme la procuration générale, page 240).

QUITTANCE. — Acte par lequel on déclare une dette payée en tout ou en partie.

Excepté dans le cas du paiement avec subrogation du prêteur des deniers payés aux droits du créancier (voyez le mot PAIEMENT), la quittance peut généralement être donnée sous seing privé. — Il faut toujours que le créancier qui la donne soit capable de recevoir. (Voyez CONVENTION, paragraphe *sur la capacité de contracter.*)

Quand la quittance mentionne la somme payée, sans accuser la cause de la dette, le débiteur peut la faire porter sur la dette, s'il en a plusieurs, qu'il a le plus d'intérêt à payer. — Si la quittance ne mentionne que la cause de la dette, sans préciser le chiffre de la somme payée, elle constate le paiement intégral de la dette dont il s'agit. (Cour de Paris, 11 mars 1835 et 8 juin 1840.)

Lorsqu'une quittance ne s'explique ni sur la cause de

la dette, ni sur le quantum de la somme payée, elle embrasse tout ce qui était dû par le débiteur au créancier qui l'a donnée, à l'exclusion pourtant des dettes non échues au temps de la date de la quittance. (Cour de Paris, 4 avril 1846.)

Les frais de quittance sont à la charge du débiteur. C'est donc à lui, s'il veut une quittance notariée, à payer le notaire, mais c'est aussi à lui à le choisir.

TIMBRE. — Les quittances devant notaire sont sujettes au timbre sans distinction. — Quant aux quittances sous seing privé entre particuliers, elles doivent aussi être timbrées, excepté celles des sommes non excédant dix francs, quand il ne s'agit pas d'un à-compte ou d'une quittance finale sur une plus forte somme. — Il peut être donné quittance plusieurs fois sur une même feuille de papier timbré, pour à-comptes divers d'une seule et même créance, ou d'un seul terme de fermage ou loyer. Toutes autres quittances qui seraient données sur une même feuille de papier timbré n'auraient pas plus d'effet que si elles étaient sur papier non timbré. (Loi du 13 brumaire an VII.) — En cas de contravention à ces prescriptions, dans des actes sous seing privé, les contrevenants sont tenus de payer les droits de timbre, et en outre une amende de cinq francs. Le paiement de ces droits et amendes est dû solidairement par le débiteur et le créancier. (Loi du 16 juin 1824.)

ENREGISTREMENT. — Il est dû 25 centimes par 100 francs sur les quittances et tous actes et écrits portant libération de sommes et valeurs mobilières. — Le droit doit être perçu sur le total des sommes dont le débiteur est libéré. (Article 9 de la loi du 14 août 1850.) — Sont dispensés de l'enregistrement les acquits de lettres de change, billets à ordre ou autres effets négociables.)

FORMULES DE QUITTANCES.

Quittance sur remboursement d'obligation.

Je soussigné, Pierre D..., propriétaire, et Dorothée-Louise K..., mon épouse que j'autorise, demeurant ensemble à Saint-Genis-Laval, reconnaissons et déclarons avoir reçu du sieur Étienne M..., propriétaire en la même commune, la somme de quinze cent soixante-quinze francs, savoir celle de quinze cents francs pour le remboursement du capital d'une obligation sous signature privée, que ce dernier a consentie en ma faveur, le... (mettre la date de l'obligation), et celle soixante-quinze francs pour l'annuité des intérêts échus depuis le..... jusqu'à ce jour, dont quittance avec promesse de ne jamais rien réclamer au sieur M..., à raison du montant de la présente obligation.

Saint-Genis-Laval, le... (en mettre la date).

(Signatures des mariés D... et K..., créanciers.)

Quittance d'un terme de loyer avec arrérages.

Je soussigné, Étienne M....., propriétaire à Reims, reconnais et déclare avoir reçu du sieur Bonott D....., rentier dans la même ville, 1° la somme de trois cents francs pour le semestre échu à..... (rappeler l'époque à laquelle ce terme de loyer est exigible), du loyer de l'appartement que je lui ai verbalement loué au premier étage de ma maison située à Reims, rue de la Belle-Étoile, 15; 2° et celle de deux cent quarante francs pour les arrérages de loyer qui me sont dus depuis.... (énoncer depuis quelle époque sont dus ces arrérages); lesdites deux sommes formant la totale de cinq cent quarante francs, dont quittance sans préjudice du terme à échoir.

Reims, le... (en mettre la date).

(Signature du sieur M..., propriétaire.)

Quittance d'un prix de ferme.

Je soussigné , Thomas-Paul T....., propriétaire, à Sainte-Foy-lès-Lyon, reconnais et déclare avoir reçu du sieur Edouard K....., mon fermier, la somme de quinze cents francs , pour l'annuité échue à la Saint-Martin dernière du domaine que je lui ai verbalement affermé par bail sous seing privé du ... (en rappeler la date); ledit domaine situé en la commune de Sainte-Foy au lieu dit le Grand-Verger, consistant en terres, vignes et prés , dont quittance.

Lyon, le... (en mettre la date).

(Signature du sieur T..., propriétaire.)

Quittance d'un prix de vente d'une terre.

Je soussigné , Pierre-Adolphe G....., rentier à Lyon , rue Saint-Eustache , reconnais et déclare avoir reçu de M. Isidore K....., propriétaire en la commune de Chombost , la somme de dix mille francs pour le dernier terme échu du prix de la vente que je lui ai passée le... (rappeler la date de l'acte de vente), par acte aux minutes de Me B....., notaire à Saint-Laurent-de-Chamousset, d'un tènement de pré-verger et terre labourable dont j'étais propriétaire sur ladite commune de Chambost, au lieu dit l'Ermitage, laquelle somme; réunie à celle de vingt mille francs que j'ai reçue de lui en diverses fois antérieurement exigibles, forme le total de trente mille francs, prix moyennant lequel je lui ai vendu le tènement dont il s'agit; dont quittance finale.

Lyon, le... (en mettre la date).

(Signature du sieur G..., vendeur.)

Quittance d'un terme de rente viagère et arrérages.

Je soussigné , Robert M....., marchand épicier, demeurant à Lyon, rue de la Préfecture, en ma qualité de légataire d'une rente annuelle et viagère de quinze cents francs au capital de trente mille francs, créée et constituée sur ma tête par un testament fait par feu Mardochée M....., mon frère aîné, de son vivant propriétaire à Lyon , à la forme d'un acte reçu Mᵉ P... et son collègue, notaires en la même ville , le... (rappeler ici la date du testament), enregistré , reconnais et déclare avoir reçu du sieur Polydore M..., mon neveu, payant en sa qualité d'héritier de droit dudit feu Mardochée M..., son père : 1ᵉ la somme de sept cent cinquante francs pour le semestre échu au... (énoncer ici la date de l'exigibilité du semestre), de la rente viagère dont il s'agit ; 2ᵒ et celle de cent cinquante francs pour arrérages de la même rente, dus depuis, etc... (énoncer depuis quand ils sont dus), dont quittance sans préjudice du terme à écheoir.

Lyon, le...

(Signature du sieur M..., légataire.)

RAPPORT D'EXPERTS. — Un expert est un homme spécial chargé d'éclairer la justice sur des questions ou des faits que les juges ne peuvent connaître personnellement, parce qu'ils réclament ou des connaissances étrangères à la profession du magistrat, ou un déplacement qu'il ne peut pas toujours se permettre. — *L'expertise* est l'opération à laquelle se livrent les experts, et le *rapport* est l'exposé qu'ils présentent de leurs opérations.

Tout rapport d'experts est ordonné par un jugement , et l'expertise est confiée à trois experts nommés par les parties, ou d'office par la justice. Il ne peut être procédé par un seul, à moins que les parties n'y consentent. — Les experts nommés d'office peuvent seuls être récusés.

Les experts prêtent serment, et, quoique leur ministère soit libre, une fois leur serment prêté ils ne peuvent plus décliner l'accomplissement de leur mandat, sous peine de dommages et intérêts. (Cour de Paris, 19 décembre 1850.) — Ils ne peuvent examiner d'autres objets que ceux énoncés dans le jugement qui les commet, lors même que les parties leur en feraient la réquisition, à moins que les objets nouveaux ne se rattachent aux premiers. (Cour de Lyon, du 5 janvier 1835.)

Pendant leur examen, les experts doivent prendre tous les renseignements nécessaires à la découverte de la vérité, consulter, par exemple, des personnes mieux informées qu'eux sur les faits et sur les localités. (Pigeau, *Cours d eprocédure.*)

Les experts écrivent et signent leur rapport. Ils forment leur avis à la pluralité des voix, sauf, en cas d'opinions diverses, à indiquer les motifs de chacune, mais sans nommer ceux qui les ont émises. Ce rapport est ensuite remis au greffe.

Les experts ne sont ni juges, ni arbitres ; ce sont des hommes appelés à donner de simples renseignements. Aussi le juge, si sa conviction n'est pas formée, n'est-il pas obligé de suivre leur avis, et peut-il ordonner un deuxième rapport à faire par de nouveaux experts, qui sont toujours, en ce cas, nommés d'office.

ENREGISTREMENT. — Les actes par lesquels les parties choisissent elles-mêmes des experts sont passibles du droit fixe de 2 francs. — Les nominations en justice sont passibles du même droit en justice de paix, de celui de 3 francs pour les tribunaux de première instance, et de celui de 5 francs pour les cours d'appel.

RÉDHIBITOIRES (ACTION ET VICES.) — Les vices rédhibitoires, dit l'article 1649 du Code, sont les défauts cachés de la chose vendue qui la rendent impropre à l'usage auquel on la destine, ou qui diminuent tellement cet usage, que l'acheteur ne l'aurait pas acquise ou n'en aurait donné qu'un moindre prix, s'il les avait connus.

Vices rédhibitoires en matière de vente d'animaux. — La loi du 26 mars 1838 ne reconnaît comme tels que les maladies ou défauts ci-après, savoir : — « *Pour le cheval, l'âne et le mulet*, la fluxion périodique des yeux, l'épilepsie ou mal caduc, la morve, le farcin, les maladies anciennes de poitrine, les vieilles courbatures, l'immobilité, la pousse, le cornage chronique, le tic sans usure des dents, les hernies inguinales intermittentes, la boiterie intermittente pour cause de vieux mal. — Pour l'espèce bovine, la phthisie pulmonaire, l'épilepsie ou mal caduc, les suites de la non-délivrance et le renversement du vagin ou de l'utérus après la mise bas chez le vendeur. — Pour l'espèce ovine, la clavelée : cette maladie, reconnue chez un seul animal, entraînera la rédhibition de tout le troupeau. La rédhibition n'aura lieu que si le troupeau porte la marque du vendeur. — Le sang de rate : cette maladie n'entraînera la rédhibition du troupeau qu'autant que, dans le délai de la garantie, la perte constatée s'élèvera au quinzième au moins des animaux achetés. Dans ce dernier cas, la rédhibition n'aura lieu également que si le troupeau porte la marque du vendeur. »

De la garantie des vices rédhibitoires due par le vendeur. — Le vendeur n'est pas tenu des vices *apparents* et dont l'acheteur aurait pu se convaincre lui-même ; mais il est tenu des vices cachés, lors même qu'il ne les aurait pas connus, à moins que, dans ce cas, il n'ait stipulé qu'il ne sera obligé à aucune garantie.

Si l'animal ou la chose vendue a péri par suite de sa mauvaise qualité ou d'une des maladies ci-dessus désignées, la perte est à la charge du vendeur, qui doit restituer le prix à l'acheteur, et peut être condamné envers lui à des dommages-intérêts. (Cour de Lyon, 9 août 1849.)

L'acheteur trompé a le choix de contraindre le vendeur à reprendre l'objet vendu et de se faire restituer le prix, ou de garder l'objet et de se faire rendre une partie du prix, à dire d'experts.

Dans quel délai doit être intentée la demande résultant des vices rédhibitoires ? — L'article 1648 du Code porte qu'elle doit l'être *dans un bref délai*, suivant la nature des vices rédhibitoires et l'usage des lieux. A défaut de fixation précise par les usages locaux du délai dans lequel devrait s'exercer l'action rédhibitoire, elle serait, dans tous les cas, non recevable après le déla d'une année. (Cour de Bourges, 24 décembre 1830.)

En ce qui touche particulièrement les ventes d'animaux domestiques, la loi de mai 1838 a fixé avec précision les délais. Ils sont de trente jours pour le cas de fluxion périodique des yeux et d'épilepsie ou mal caduc ; de neuf jours pour les autres cas. — L'acheteur, sous peine d'être déclaré non recevable, doit provoquer, dans les délais ci-dessus, la nomination d'experts chargés de dresser un procès-verbal. La requête doit être présentée au juge de paix du lieu où l'animal se trouve.

SERVITUDE. — Une servitude est une chose incorporelle, une charge imposée sur un héritage pour l'usage et l'utilité d'un héritage appartenant à un autre propriétaire. — La servitude ne peut donc exister que sur un fonds, et en faveur d'un autre fonds ; elle ne peut être imposée à une personne en faveur d'une autre personne.

L'héritage auquel la servitude est due s'appelle héritage *dominant ;* celui qui la doit, héritage *servant.* — Les servitudes se transmettent de plein droit à tous les possesseurs, soit de l'héritage qui le doit, soit de celui à qui elles sont dues : elles dérivent ou de la situation naturelle des lieux, ou de la volonté de la loi, ou des conventions entre particuliers.

Servitudes qui dérivent de la situation des lieux. — Les fonds inférieurs sont assujétis, envers ceux qui sont plus élevés, à recevoir les eaux qui en découlent naturellement, sans que la main de l'homme y ait contribué. Le propriétaire inférieur ne peut point élever de digue qui empêche cet écoulement ; le propriétaire supérieur ne peut rien faire qui aggrave la servitude du fonds inférieur. — Le principe que le propriétaire du fonds supérieur ne peut rien faire qui aggrave la servitude dont est grevé le fonds inférieur, quant à l'écoulement naturel des eaux, est applicable alors même que les deux fonds sont séparés par la voie publique : dans ce cas, comme dans celui où les deux héritages se joignent, il n'est pas permis au propriétaire supérieur de faire sur son fonds des travaux qui, en dirigeant les eaux sur la voie publique, ont pour résultat de porter dommage aux propriétés inférieures. (Cour de cassation, 8 janvier 1834.)

Celui qui possède une source dans son fonds peut en user comme il le veut, sauf le droit que pourrait avoir acquis, soit par titre, soit par prescription, le propriétaire du fonds inférieur. La prescription, dans ce cas, s'acquiert par une jouissance continue de trente années, à compter du moment où le propriétaire du fonds inférieur a terminé des ouvrages apparents destinés à faciliter la chute et le cours de l'eau dans sa propriété. — Le propriétaire de la source ne peut en changer le cours, lorsqu'il fournit aux habitants d'une commune l'eau qui leur est nécessaire, sauf l'indemnité que lui doivent les habitants, s'ils n'en ont pas acquis ou bien prescrit l'usage.

Celui dont la propriété borde une eau courante peut

s'en servir à son passage pour l'irrigation de ses propriétés. Celui dont l'héritage est traversé par cette eau peut même en user dans l'intervalle qu'elle y parcourt, mais à la charge de la rendre, à la sortie de ses fonds, à son cours ordinaire.

Tout propriétaire peut obliger son voisin au bornage de leurs domaines contigus. Le bornage se fait à frais communs. — Tout propriétaire peut clore sa propriété, sauf ce qui est relatif au droit de passage.

Servitudes établies par la loi. — L'article 649 porte que les servitudes établies par la loi ont pour objet, soit l'utilité publique ou communale, soit celle des particuliers. — La loi assujétit les propriétaires à certaines obligations. Indépendamment de toutes conventions, ces obligations les lient les uns envers les autres. — Ces obligations sont relatives au mur mitoyen, au fossé mitoyen, aux vues sur le voisin, au droit de passage.

Servitudes établies par le fait de l'homme. — Il est permis, dit l'art. 686, aux propriétaires d'établir sur leurs propriétés, telles servitudes que bon leur semble, pourvu que, néanmoins, les services établis ne soient imposés ni à la personne, ni en faveur de la personne, mais seulement à un fonds et pour un fonds, et pourvu que ces services n'aient d'ailleurs rien de contraire à l'ordre public.

Les servitudes sont établies, ou pour l'usage des bâtiments, ou pour celui des fonds de terre. Celles de la première espèce s'appellent urbaines; celles de la seconde se nomment rurales.

Les principales servitudes urbaines sont : que le bâtiment d'un voisin soutiendra le bâtiment de l'autre ; qu'on pourra appuyer des poutres sur son mur ; qu'il recevra sur son terrain l'égout des toits; qu'on pourra avoir des fenêtres, des balcons donnant sur sa propriété, sans conserver la distance ordinaire; qu'il ne pourra pas élever son bâtiment de manière à nuire à la vue.

Les servitudes rurales sont celles qui résultent du droit de passage sur le fonds voisin, servitude qui varie selon qu'on a le droit de passer à pied, avec des troupeaux ou des charettes; le droit d'aqueduc, c'est-à-dire le droit de conduire de l'eau par le terrain d'autrui; celui de puiser de l'eau, de mener boire un troupeau, etc.

Les servitudes sont ou continues, ou discontinues. Les premières sont celles dont l'usage est ou peut être continuel sans avoir besoin du fait actuel de l'homme : tels sont les conduites d'eau, les égouts, les vues et autres de cette espèce. Les servitudes discontinues sont celles qui ont besoin du fait actuel de l'homme pour être exercées : tels sont les droits de passage, puisage, pacage et autres semblables.

Les servitudes sont apparentes ou non apparentes. Les servitudes apparentes sont celles qui s'annoncent par des ouvrages extérieurs, tels qu'une porte, une fenêtre, un aqueduc. Les servitudes non apparentes sont celles qui n'ont pas de signe extérieur de leur existence, comme, par exemple, la prohibition de bâtir sur un fonds, ou de ne bâtir qu'à une hauteur déterminée.

Les servitudes continues et apparentes s'acquièrent par titres ou par une possession de trente ans. Les servitudes continues non apparentes, et les servitudes discontinues apparentes ou non apparentes, ne peuvent s'établir que par titres. La possession même immémoriale ne suffit pas pour les établir.

Quand on établit une servitude, on est censé accorder

tout ce qui est nécessaire pour en user. Ainsi, la servitude de puiser de l'eau à la fontaine d'autrui emporte nécessairement le droit de passage.

Celui auquel une servitude est due a droit de faire tous les ouvrages nécessaires pour en user et pour la conserver. Ces ouvrages sont à ses frais, sauf stipulation contraire.

Si l'héritage pour lequel la servitude a été établie vient à être divisé, la servitude reste due pour chaque portion, sans, néanmoins, que la condition du fonds assujéti soit aggravée. Ainsi, par exemple, s'il s'agit d'un droit de passage, tous les copropriétaires sont obligés de l'exercer par le même endroit. (Cour de Paris, 4 juin 1839.)

Le propriétaire du fonds débiteur de la servitude ne peut rien faire qui tende à en diminuer l'usage, ou à le rendre plus incommode. De son côté, celui qui a un droit de servitude ne peut en user que suivant son titre, sans pouvoir faire, ni dans le fonds qui doit la servitude, ni dans le fonds auquel elle est due, de changement qui aggrave la condition du premier. — Une servitude acquise par prescription ne peut être employée à un autre usage que celui qui a servi à l'acquéreur, si cette innovation est nuisible au propriétaire du fonds asservi. Ce serait là une aggravation de la servitude. (Cour de cassation, 15 janvier 1834.)

Les servitudes établies par le fait de l'homme cessent lorsque les choses se trouvent en tel état, qu'on ne peut plus en user. Elles cessent également, soit que les deux héritages ne puissent plus servir à l'usage auquel ils étaient destinés, soit que la cause de la servitude disparaisse, quoique les héritages continuent d'exister dans le même état. Ainsi, dans le cas de droit de puisage, si la source vient à se tarir, non-seulement le droit s'évanouit, mais encore on n'a pas celui de passage, lequel n'était dû que pour arriver à la source. (Cour de Lyon, 14 février 1836.)

Les servitudes revivent, si les choses sont rétablies de façon qu'on puisse en user, à moins qu'il ne se soit déjà écoulé un espace de temps suffisant pour faire présumer l'extinction de la servitude.

Toute servitude est éteinte par le non-usage pendant trente ans.

Les trente ans exigés pour pouvoir prescrire une servi-tude établie par le fait de l'homme commencent à courir ou du jour où l'on a cessé d'en jouir lorsqu'il s'agit de servitudes discontinues, ou du jour où il a été fait un acte contraire à la servitude, lorsqu'il s'agit de servitudes con-tinues.

TESTAMENT. — Acte par lequel on dispose de tout ou partie de ses biens pour l'époque où on sera mort.

De la capacité de disposer par testament. — La première condition exigée par la loi pour qu'on puisse tester, c'est que le testateur soit *sain d'esprit.* — L'im-bécilité, la démence, la fureur du testateur, lesquelles rendent inhabile à tester, n'ont pas besoin d'être cons-tatées par une interdiction judiciaire qui aurait précédé l'époque du décès. (Cour de Paris, 6 juin 1834 et 15 mars 1839.)

La captation, la suggestion, tout ce qui prive un homme de sa liberté morale, toutes les manœuvres qui peuvent avoir eu pour résultat d'enchaîner sa raison et son indépendance d'esprit, peuvent faire annuler le testa-ment entaché de ces vices. (Cour de Paris, 18 avril 1842.)

Lors même que l'interdiction du testateur aurait été prononcée, son testament doit être exécuté, s'il est évident qu'il a été rédigé dans un moment lucide. (Cour de Bordeaux, 9 février 1845.)

Sont incapables de tester :

1° Le mineur âgé de moins de seize ans ; parvenu à l'âge de seize ans, il ne peut tester que jusqu'à concurrence de la moitié des biens dont la loi permet au majeur de disposer ; 2° les personnes frappées de mort civile.

De la capacité de recevoir par testament. — Sont incapables de recevoir :

1° L'enfant qui n'est pas né viable ; —2° les personnes frappées de mort civile, si ce n'est pour cause d'aliments ; — 3° les enfants naturels, adultérins et incestueux, qui ne peuvent recevoir au-delà de ce que la loi leur accorde ; 4° le tuteur vis-à-vis de son pupille, si le compte définitif de tutelle n'a pas été encore rendu et apuré, à moins que le tuteur ne soit un ascendant du testateur ; — 5° les docteurs en médecine ou en chirurgie, les officiers de santé et les pharmaciens, qui ne peuvent recevoir de la personne qu'ils ont traité pendant la maladie dont elle meurt, non plus que les ministres du culte qui l'ont assistée. La loi, à cet égard, excepte toutefois 1° les dispositions rémunératoires faites à titre particulier, eu égard aux facultés du disposant et aux services rendus ; 2° les dispositions universelles au cas de parenté jusqu'au quatrième degré inclusivement, pourvu cependant que le décédé n'ait pas d'héritiers en ligne directe, à moins que celui au profit de qui la disposition a été faite ne soit lui-même au nombre de ces héritiers.

Toute disposition au profit d'un incapable est nulle, soit qu'on la déguise sous la forme d'un contrat onéreux, soit qu'on la fasse sous le nom de personnes interposées. Sont réputées personnes interposées : les père et mère, les enfants et descendants, et l'époux de la personne in-capable.

Règles générales sur la forme des testaments. — Espèces diverses de testaments. — La loi ne connaît pas de testament verbal. Elle en autorise trois espèces, entre lesquelles toute personne peut choisir :

1° Le testament olographe ; 2° le testament notarié ou par acte public ; 3° le testament mystique.

Du testament olographe. — Le testament olographe est celui que le testateur rédige de sa propre main ; il doit *sous peine de nullité*, être écrit en entier, daté et signé de la main du testateur. Il n'est assujéti à aucune autre forme. Il peut donc être fait par lettre missive. (Arrêt de la Cour de Rouen du 7 janvier 1836) — Il peut être écrit sur un papier quelconque, même non timbré. — Il peut être consigné sur un livre de compte. (Cour de Nîmes, 20 janvier 1810.) — Il est assimilé aux actes sous signatures privées, et, si l'écriture du testateur est déniée par les héritiers légitimes, la vérification en est ordonnée en justice.

Du testament notarié ou par acte public. — C'est celui qui est reçu par deux notaires en présence de deux témoins, ou bien par un notaire devant quatre témoins. — C'est le testateur qui le dicte, et le notaire, ou bien l'un d'eux l'écrit sous sa dictée. — Le testament notarié ne peut donc émaner d'un muet, car la loi veut qu'il soit dicté verbalement, mot pour mot, et non pas par si-gnes. (Cour d'Orléans, 5 avril 1827.

Il doit être signé par le notaire, le testateur et les té-moins.

Les témoins appelés au testament notarié doivent être

mâles, majeurs, Français, et jouissant des droits civils. On ne peut prendre pour tels ni les légataires à quelque titre qu'ils soient, ni leurs parents ou alliés jusqu'au quatrième degré inclusivement, ni les clercs des notaires par lesquels le testament est reçu, non plus que les parents jusqu'au degré d'oncle ou de nevee, soit du notaire, soit du testateur.

RÉVOCATION DES TESTAMENTS.

Il existe deux sortes de révocations :

1° Celle que fait le testateur lui-même ; 2° celle qui résulte de l'ingratitude du légataire ou de l'inexécution des conditions qui lui sont imposées.

Révocation opérée par le testateur. — Cette révocation est expresse ou tacite. — Les testaments peuvent être révoqués expressément, dit l'article 1035, soit en totalité, soit en partie, par un testament postérieur ou par un acte devant notaire portant déclaration du changement de volonté. La révocation faite dans un testament postérieur n'en a pas moins tout son effet, quoique ce nouvel acte reste sans exécution par l'incapacité de l'héritier institué ou du légataire, ou bien par leur refus de recueillir.

La révocation tacite a lieu, lorsque le testateur fait un nouveau testament qui contient des dispositions contraires à celles que renfermait un testament antérieur, ou bien incompatibles avec elles. Les dispositions contraires ou incompatibles du premier testament sont annulées par le testament postérieur.

Révocation pour cause d'ingratitude ou d'inexécution des conditions. — L'inexécution des conditions sous lesquelles un legs a été fait est une cause de révocation des testaments comme des donations.

L'ingratitude du légataire en est une autre cause dans les deux cas suivants :

1º Si le légataire a attenté à la vie du testateur, 2º s'il s'est rendu coupable envers lui de sévices, délits ou injures graves.

FORMULES.

Testament olographe.

Je soussigné, Ferdinand B..., propriétaire, demeurant à Bordeaux, rue..., déclare que le présent est mon testament, et qu'écrit, daté et signé de ma main, il contient les dispositions suivantes :

Je donne et lègue à Pierre B..., mon neveu, cafetier dans cette ville, une somme de soixante mille francs qu'il recevra dans l'année qui suivra mon décès. Je lui donne en outre ma montre en or à répétition, ornée de sa chaîne et clef du même métal, ainsi que tous les titres constitutifs de créance que l'on trouvera dans mes papiers (en faire la désignation, autant que possible); le tout sans préjudice de la somme ci-dessus léguée.

Je donne et lègue à la demoiselle Eugénie-Clémentine B..., la plus jeune de mes nièces, une rente annuelle et viagère de neuf cents francs, au capital de dix-huit mille francs, laquelle lui sera payée par quart de trois mois en trois mois, à titre de pension alimentaire insaisissable, et ce aussitôt après mon décès, et demeurera hypothéquée sur les biens que je délaisserai à mon décès, lesquels consistent actuellement dans les meubles, effets mobiliers, argenterie, linge, etc., dont l'état est annexé au présent... (Si le testateur le juge à propos, il peut faire un état de tout son mobilier qu'il annexe au testament), et en une maison et terres, etc. (Le testateur doit faire ici la désignation exacte des immeubles qu'il possède, des lieux où ils sont situés, de la contenance des immeubles, de leurs confins et de leur valeur ; le tout en examinant ses titres de propriété.

(Après quoi il peut continuer son testament en ces termes :)

J'institue Georges B..., mon fils, rentier à Bordeaux, pour mon héritier, à l'effet de recueillir l'universalité des biens meubles et immeubles ci-dessus désignés, à la charge par lui : 1º d'acquitter le legs de la somme de soixante mille francs présentement fait, et de remettre à mon neveu susdénommé, pour qu'il puisse les faire valoir, soit les titres constitutifs de créances, soit la montre en or ci-dessus mentionnée ; 2º de payer à ladite Eugénie-Clémentine B..., ma nièce, la rente dont se trouvera grevée la succession qu'il recueillera ; 3º et d'acquitter encore toutes les dettes de la même succession, en quoi qu'elles consistent ou puissent consister, et de, etc.

(Le testateur doit énoncer toute autre espèce de don qu'il entend faire, soit aux pauvres, soit à tout autre établissement de bienfaisance.

Ensuite de quoi il continue en ces termes, quand il est dans l'intention de révoquer un testament qu'il aurait pu faire antérieurement, ou une disposition seulement de ce testament :)

Je révoque tous testaments, authentiques ou non, que je pourrais avoir faits antérieurement à celui-ci, voulant que celui-ci, auquel je m'arrête comme renfermant mes dernières volontés, soit seul valable et exécuté dans toutes ses dispositions.

(Ou bien, si le testateur n'a à révoquer qu'une seule disposition d'un testament antérieur, il doit l'exprimer en ces termes :)

Je révoque la disposition du testament que j'ai fait devant Me..., notaire à..., par laquelle j'ai donné et légué à Frédéric B..., mon frère, la somme de vingt mille francs ; voulant et entendant que cette disposition soit de nul effet, je lui donne et lègue la somme de huit cents francs par an, etc.

(Après la révocation qui précède, le testateur fait la clôture de son testament en ces termes :)

Fait et écrit de ma main, en ma demeure, à Bordeaux, le... (mettre la date du testament).

(Signature du sieur Ferdinand B..., testateur.)

Autre formule de testament olographe.

(Le testateur doit faire précéder son testament du préambule ordinaire énoncé dans la formule ci-dessus : *Je soussigné*, etc. ; ensuite de quoi il continue en ces termes :)

J'institue, par les présentes, le sieur Adolphe S..., mon fils, maître menuisier à Lyon, pour mon héritier universel, à l'effet de recueillir tous les biens meubles et immeubles que je laisserai à mon décès, lesquels consistent actuellement dans les effets mobiliers meublants qu'il trouvera dans l'appartement que j'habite, ainsi que dans un domaine situé à... (faire ici la désignation des immeubles possédés par le testateur), à la charge par lui d'acquitter toutes les dettes quelconques, hypothécaires ou non, dont ma succession se trouvera grevée à mon décès.

(Quand le testateur a rédigé son testament selon la forme ci-dessus, il doit en faire la clôture selon la formule du testament qui précède.)

TOITS (ÉGOUTS DES). — Ecoulement des eaux qui suivent l'inclinaison des toits. — Celui qui fait construire doit établir ses toits de manière que les eaux s'écoulent sur son terrain ou sur la voie publique ; il ne peut les faire verser sur la propriété de son voisin, qui n'est tenu de recevoir les eaux que lorsqu'elles coulent naturellement et sans le fait de l'homme.

On peut néanmoins acquérir, par un titre ou par prescription, le droit de laisser couler les eaux de son toit sur la propriété voisine. Ce serait, en ce cas, une véritable servitude

TUTELLE, TUTEUR. — La tutelle est la charge imposée à quelqu'un, soit par la loi, soit par la volonté de l'homme, de gérer gratuitement la fortune et de surveiller la personne d'un incapable.

On appelle *tuteur* celui qui supporte cette charge.

On donne un tuteur au *mineur* non émancipé. On en donne également à l'*interdit*.

Il y a trois sortes de tutelles :

1° La tutelle *légale* ou *légitime;*

2° La tutelle *testamentaire ;*

3° La tutelle *dative.*

DE LA TUTELLE LÉGITIME.

C'est la tutelle des père ou mère, et celle des ascendants.

De la tutelle des père ou mère. — Le père est, durant le mariage, administrateur des biens personnels de ses enfants mineurs. Après la dissolution du mariage, arrivée par la mort naturelle ou civile de l'un des époux, la tutelle des enfants mineurs et non émancipés appartient de plein droit au survivant des père et mère. — Le père ne peut jamais refuser la tutelle de ses enfants mineurs : c'est un devoir qu'il ne peut décliner. (Cour de Paris, 9 juillet 1836.) — Il n'en est pas de même de la mère ; elle n'est pas tenue d'accepter la tutelle ; seulement, lorsqu'elle refuse, elle doit en remplir les obligations, jusqu'à ce qu'elle ait fait nommer un tuteur.

Le père peut soumettre à certaines conditions la tutelle

de la mère , s'il la juge incapable d'administrer seule les biens de ses enfants. Il peut lui imposer un conseil spécial, mais il faut qu'il le fasse soit par un acte de dernière volonté, soit par une déclaration devant notaire ou devant le juge de paix.

Si la mère tutrice veut se remarier, elle doit, avant son nouveau mariage, convoquer le conseil de famille, qui décidera si la tutelle doit lui être conservée. À défaut de cette convocation, elle perd la tutelle de plein droit, et son nouveau mari est solidairement responsable de toutes les suites de la tutelle qu'elle a indûment conservée. (Cour de Lyon, 2 août 1844.) — Quand le conseil de famille, convoqué par la mère, lui conserve la tutelle, celle-ci a nécessairement pour cotuteur le second mari, qui devient responsable de la gestion de sa femme.

De la tutelle des ascendants. — Lorsqu'il n'a pas été choisi au mineur un tuteur par le dernier mourant de ses père et mère, la tutelle appartient de droit à son aïeul paternel ; à défaut de celui-ci, à son aïeul maternel, et ainsi en remontant, de manière que l'ascendant paternel soit toujours préféré à l'ascendant maternel du même degré. — Si, à défaut de l'aïeul paternel et de l'aïeul maternel du mineur, la concurrence se trouvait établie entre deux ascendants du degré supérieur qui appartinssent tous deux à la ligne paternelle du mineur, la tutelle passera de droit à celui des deux qui se trouvera être l'aïeul paternel du père du mineur. — Si la même concurrence a lieu entre deux bisaïeuls de la ligne maternelle, la nomination est faite par le conseil de famille, qui ne peut choisir néanmoins que l'un de ces deux ascendants.

FORMULES.

Compte sommaire que présente, en exécution de l'article 457 du Code civil, M. Alexandre D..., propriétaire à Grenoble, en sa qualité de tuteur de Pierre G..., fils mineur de feu Adolphe G..., au conseil de famille dudit mineur.

RECETTES.

Les recettes consistent :

1° Dans une somme de cent francs pour l'intérêt provenant du produit de la vente de partie du mobilier dépendant de la succession de feu Adolphe G... père ; ce produit s'élève à une somme de deux mille francs, qui a été empruntée par le sieur Nicolas F... à la forme d'une obligation reçue par Me N..., notaire à Grenoble, enregistrée et inscrite au bureau des hypothèques ;

2° Dans une autre somme de cent francs pour l'intérêt annuel de celle de deux mille francs due par le sieur Étienne R..., à la forme d'une obligation reçue par ledit Me N..., aussi enregistrée et inscrite au bureau des hypothèques ;

3° Et dans une somme de huit cents francs pour le revenu annuel que produit une maison appartenant au mineur G..., située à Grenoble, rue des Remparts, 10.

En tout mille francs.

DÉPENSES.

Les dépenses consistent :

1° Dans une somme de neuf cents francs pour frais de nourriture, entretien et habillement du mineur Pierre G..., dans le collége de Grenoble ;

2° Dans celle de trois cents francs nécessaire pour subvenir aux frais d'instruction et d'éducation dudit mineur dans le même collége ;

3° Et dans pareille somme de trois cent francs pour frais

d apposition et de levée de scellés, ainsi que l'inventaire dressé par ledit Me N..., pour constater les valeurs mobilières de la succession.

BALANCE.

Les dépenses s'élèvent à la somme de. . . . 1,500 »
Et les recettes à celle de. . . . . 1,000 »

Les dépenses excèdent les recettes de la somme
de cinq cents francs. . . . . , . . 500 »

J'affirme sincère et véritable le présent compte sommaire·

A Grenoble, le...

(Énoncer la date du jour où le tuteur produit le compte sus-relaté.)

Signature du sieur D. ., tuteur.)

VENTE. — Convention, dit l'article 1582, par laquelle l'un s'oblige à livrer une chose, l'autre à la payer.

Nature de la vente. — L'article 1583 dispose que la vente est parfaite dès qu'on est convenu de la chose et du prix, quoique la chose n'ait pas encore été livrée, et que le prix n'ait pas été payé. — Cette règle, comme nous l'avons vu déjà au mot TRADITION, souffre pourtant exception à l'égard des *meubles*, qui ne sont réputés réellement vendus qu'autant qu'ils ont été livrés. Elle s'applique exclusivement aux immeubles. (Cour de cassation, 5 avril 1837.) Pareillement, lorsque des marchandises ne sont pas vendues en bloc, mais au poids, au compte, ou à la mesure, la vente n'est point parfaite, en ce sens que les choses vendues sont aux risques du vendeur, jusqu'à ce qu'elles soient comptées, pesées ou mesurées ; mais l'acquéreur peut en demander ou la délivrance ou des dommages-intérêts s'il y a lieu, en cas d'inexécution de l'engagement. — Si, au contraire, les marchandises ont été

vendues en bloc, la vente est parfaite, quoique les marchandises n'aient pas encore été pesées, comptées et mesurées.

Quant au vin, à l'huile, ou autres objets qu'on est dans
l'usage de goûter avant d'en faire l'acquisition, il n'y a
pas de vente tant que l'acheteur ne les a pas goûtées et
agréées.

De la simple promesse.—La promesse de vente, dit l'article 1589, vaut vente lorsqu'il y a consentement réciproque des deux parties sur la chose vendue et sur le prix.
— Néanmoins, la vente d'un immeuble faite à une personne postérieurement à la promesse de vendre à une
autre serait valable, si l'acquéreur était de bonne foi, sauf
à celui qui a reçu la promesse de vendre à demander à
son vendeur des dommages et intérêts. — Si la promesse
de vendre a été faite avec des arrhes, chacun des contractants est maître de s'en départir, celui qui les a données
en les perdant, celui qui les a reçues en restituant le
double.

Il est bien entendu que nous parlons ici de la promesse
écrite, car une promesse de vente verbale, si elle était
niée, n'aurait aucune valeur.

Forme de la vente. — La vente peut être faite soit par
acte authentique, soit par acte sous seing privé. Elle pourrait même avoir lieu verbalement ; mais, dans ce dernier
cas, si elle était niée, la preuve par témoins n'en serait
admissible qu'autant qu'il s'agirait d'une valeur de moins
de 150 francs, à moins qu'il n'y eût un commencement
de preuve écrite. (Voyez ce mot.) — La vente faite par
lettre est valable. (Cour de Lyon, 6 février 1839, et Cour
de Toulouse, 23 juin 1843.)

Il est très utile, quand la vente se fait sous seing privé,

de faire enregistrer l'acte qui la constate. (Voyez ACTE SOUS SEING PRIVÉ.)

Quelles sont les personnes qui peuvent acheter ou vendre. — La vente est un contrat de droit commun ; c'est pourquoi tout le monde peut acheter ou vendre, à moins d'être dans un cas d'incapacité légale. — Il n'est pas interdit au mort civilement de vendre et d'acheter, parce que la vente est un contrat du droit des gens. (Cour de cassation, 28 frimaire an XIII.)

Les incapacités générales sont celles dont l'interdit le mineur, la femme mariée, sont frappés. La femme marchande publique peut cependant aliéner ses immeubles dans l'intérêt de son commerce.

Il y a aussi des incapacités spéciales : celui dont les immeubles ont été saisis ne peut plus les vendre, du jour où la saisie lui a été dénoncée. — Le failli ne peut vendre à partir du jour de la faillite. — Le mandataire ne peut acheter l'immeuble qu'il est chargé de vendre. (Cour de Liége, 3 décembre 1806.)

Les personnes notoirement insolvables ne peuvent, à peine de dommages et intérêts, acheter, ou du moins enchérir lors de l'adjudication des biens vendus judiciairement.

Les tuteurs ne peuvent acheter, ni par eux-mêmes, ni par personnes interposées, les biens de ceux dont ils ont la tutelle.

Quelles sont les choses qui peuvent être vendues ? — En général, on peut vendre tout ce qui est dans le commerce.

On ne peut vendre néanmoins les blés en herbes ou grains en vert (loi du 6 messidor an III) ; — la succession d'une personne vivante, même de son consentement ; —

la chose d'autrui.: — cette dernière vente, si l'acquéreur ne savait pas que la chose fût à autrui, lui donnerait le droit de demander des dommages et intérêts à son vendeur. (Cour de Paris, 19 avril 1844.)

DES OBLIGATIONS DU VENDEUR.

Le vendeur est tenu d'expliquer clairement ce à quoi il s'oblige. Tout pacte obscur ou ambigu s'interprète contre lui. Il contracte deux obligations capitales : celle de délivrer, et celle de garantir la chose qu'il vend.

De la délivrance. — La délivrance est le transport de la chose vendue en la possession de l'acheteur. La délivrance d'un immeuble s'opère par la remise des clefs, s'il s'agit d'un bâtiment ; par celle des titres, s'il s'agit d'un fonds de terre. Pour les meubles, voyez le mot TRADITION.

La délivrance doit se faire, sauf convention contraire, au lieu où était, au moment de la vente, la chose qui en a fait l'objet. — Le vendeur n'est pas obligé de délivrer la chose, si l'acheteur n'en paie pas le prix, et qu'il ne lui ait pas été acordé un délai pour le paiement. Il en sera it de même, dans le cas d'un délai accordé, si, depuis la vente, l'acquéreur était tombé en faillite ou en déconfiture. — Le vendeur doit délivrer la chose à l'époque convenue, sous peine de dommages et intérêts, ou de résiliation du contrat.

La chose doit être délivrée telle qu'elle se trouvait au moment de la vente, et avec tous ses accessoires.

Le vendeur est tenu de donner la contenance telle qu'elle est portée au contrat, sous les modifications ci-après : — Si la vente d'un immeuble a été faite avec indication de la contenance, à raison de tant la mesure, le vendeur doit donner à l'acquéreur, s'il l'exige, la quantité indiquée au contrat ; et, si la chose ne lui est pas possible, ou si l'acquéreur ne l'exige pas, le vendeur est obligé de souffrir une diminution proportionnelle du prix.

— Dans le cas où il existerait une contenance plus grande que celle indiquée au contrat, l'acquéreur aurait le choix de fournir le supplément du prix ou de se désister du contrat, pourvu que l'excédant fût d'un vingtième au-dessus de la contenance déclarée.

Dans tous les cas où l'acquéreur a droit de se désister du contrat, le vendeur est tenu de lui restituer, outre le prix, s'il l'a reçu, les frais du contrat.

Les frais de délivrance sont à la charge du vendeur, et ceux d'enlèvement à la charge de l'acheteur, à moins de convention contraire.

De la garantie. — Le vendeur garantit de droit à l'acquéreur :

1° La propriété de la chose vendue et sa paisible possession ;

2° Les défauts cachés de cette chose ,

La première de ces deux garanties s'appelle *garantie en cas d'éviction ;*

La deuxième s'appelle *garantie des défauts cachés.*

De la garantie en cas d'éviction. — L'éviction consiste à être dépouillé d'une chose dont on avait acheté la propriété.

Nous avons dit que la garantie est de droit, c'est-à-dire qu'elle n'a pas besoin d'être expressément stipulée. — Quant le contrat ne contient aucune stipulation particulière à cet égard, ou si la garantie a été simplement promise en termes généraux, l'acquéreur, en cas d'éviction de la totalité de la chose, a droit d'exiger du vendeur : 1° la restitution du prix ; 2° celle des fruits ou revenus, lorsqu'il est obligé de les rendre à la personne qui l'évince ; 3° les frais de contrat ; 4° les frais de justice faits, soit à l'occasion de la demande originaire, soit sur la demande en garantie ; 5° des dommages et intérêts, à moins que l'acquéreur ne sût que la chose achetée par lui n'appartenait pas à son vendeur.

Si l'éviction, au lieu d'être totale, n'est que partielle, il peut se présenter deux cas : ou la partie dont il est évincé est telle, relativement au tout, qu'il est évident qu'il n'eût point acheté s'il eût prévu l'éviction, et , dans ce cas, il peut faire résilier la vente en justice ; — ou bien il n'en est pas ainsi, et alors il ne peut exiger le remboursement de la valeur de la partie dont il est évincé que d'après l'estimation faite à l'époque de l'éviction, sans égard au prix de la vente. — Il en serait de même si la partie était telle que l'acquéreur n'eût certainement pas acheté, et qu'en ce cas il ne voulût cependant pas user de son droit de demander la résiliation de la vente.

Lorsque l'acquéreur évincé en partie peut demander la résiliation de la vente, il a contre son vendeur les mêmes droits que s'il avait été évincé en totalité.

L'acquéreur ne doit pas attendre qu'il ait été évincé pour agir contre son vendeur ; aussitôt qu'il est troublé dans sa possession, il doit se hâter de l'appeler en garantie sans quoi il perdrait tout recours contre lui, si le vendeur prouvait qu'il possédait des moyens suffisants pour faire repousser la demande.

Lorsque l'immeuble a été successivement vendu par plusieurs, le dernier acquéreur évincé ne doit pas s'adresser au vendeur originaire, ou aux vendeurs intermédiaires, mais bien à son vendeur immédiat, qui, à son tour, exerce son recours contre ceux qui lui ont transmis. (Cour de Bruxelles, 6 janvier 1808, et Cour de Paris, 25 mars 1825.)

La principale obligation de l'acheteur est de payer le prix. Il le paie au jour et au lieu convenus. — S'il n'a rien été convenu à cet égard, il paie au lieu et dans le temps où se doit faire la délivrance. Si un délai a été accordé, c'est au domicile de l'acheteur que se fait le paiement. (Cour de Douai, 5 octobre 1827.)

Outre son prix, l'acheteur doit payer l'intérêt jusqu'au paiement du capital, dans les trois cas suivants : — 1° si cela a été convenu lors de la vente; — 2° si la chose vendue et livrée produit des fruits ou revenus quelconques ; — néanmoins, le vendeur et l'acheteur pourraient convenir dans le contrat que ce prix ne produira pas d'intérêts, quoique la chose vendue produise des fruits ou revenus; ils le peuvent même quand il existe des créanciers inscrits sur l'immeuble (Cour de cassation, 17 février 1820); — 3° si l'acheteur a été sommé de payer. Dans ce dernier cas, l'intérêt ne court qu'à partir de la sommation.

Si l'acheteur ne paie pas le prix, le vendeur a le droit de demander la résolution de la vente. (Voyez RÉSILIATION, RÉSOLUTION.)

En matière de vente de denrées et effets mobiliers, la résolution a lieu de plein droit, et sans sommation au profit du vendeur, après l'expiration du terme convenu pour le retirement. — Lorsque la convention ne porte aucune époque pour l'enlèvement des choses mobilières vendues, l'acheteur n'est constitué en retard d'opérer cet enlèvement qu'autant qu'il a été sommé judiciairement. (Cour de Paris, 13 avril 1837.) — Et le vendeur peut le sommer immédiatement de prendre livraison. (Cour de Lyon, 4 juillet 1832.)

De la rescision de la vente pour cause de lésion. — Rescision est synonyme d'annulation. — La demande en rescision pour cause de lésion ne peut être formée que par le vendeur, que la loi présume avoir pu, dans un moment de gêne et de détresse, souscrire à une vente onéreuse. Elle ne peut l'être par l'acheteur, qui, quel que soit le prix, a toujours acheté librement, et ne peut accuser que lui-même s'il a payé la chose au-dessus de sa valeur réelle. — Les demandes en rescision pour cause de lésion ne sont, d'un autre côté, recevables que lorsqu'elles concernent des immeubles; elles ne le sont pas pour les ventes de meubles.

Si le vendeur a été lésé de plus des sept douzièmes dans le prix d'un immeuble, il a le droit de demander la rescision de la vente, lors même qu'il aurait expressément renoncé, dans le contrat, à la faculté de demander cette rescision, et qu'il aurait déclaré donner la plus-value. — Pour savoir si, au moment de la vente, il y a eu lésion, il faut estimer l'immeuble tel qu'il était alors, et d'après la valeur des immeubles à cette époque.

Pour que le vendeur soit admis à prouver l'existence de la lésion, il faut le concours de trois conditions : — 1° qu'il s'agisse d'une vente volontaire, et non d'une vente judiciaire; — 2° que les faits articulés par le vendeur soient assez vraisemblables et assez graves pour faire présumer la lésion; — 3° que la demande soit formée dans le *délai de deux années* à compter du jour de la vente. — Ce délai, dit l'article 1676, court même contre les femmes mariées, contre les absents, les interdits et les mineurs venant au nom d'un majeur qui a vendu. Ce délai court aussi et n'est pas suspendu pendant la durée du temps stipulé pour le pacte de rachat.

Il faut qu'un jugement autorise le vendeur à faire cette preuve ; laquelle ne peut se faire que par un rapport de trois experts nommés d'office ou désignés par les parties, si elles sont d'accord sur les choix.

Lorsque l'action en rescision est admise, l'acquéreur a le choix ou de rendre la chose en retirant le prix qu'il en a payé, ou de garder le fonds en payant le supplément du juste prix, sous la déduction du dixième du prix total. — S'il préfère garder la chose en fournissant le supplément du juste prix, il doit l'intérêt de ce supplément du jour de la demande en rescision ; s'il préfère la rendre et recevoir le prix, il rend les fruits ou revenus du jour de la demande, et l'intérêt du prix qu'il a payé lui est aussi compté du jour de la même demande, ou du jour du paiement s'il n'a perçu aucuns fruits ou revenus.

Les mêmes droits appartiennent au tiers possesseur auquel l'acquéreur aurait transmis la propriété de l'immeuble ; ce tiers possesseur est soumis, comme son vendeur, à l'action en rescision, mais il peut appeler celui-ci en garantie contre le vendeur originaire.

ENREGISTREMENT. — Les ventes, reventes, adjudications, cessions, rétrocessions, et tous autres actes civils et judiciaires translatifs de propriété ou d'usufruit de biens immeubles à titre onéreux, donnent ouverture à un droit proportionnel de 5 1/2 pour 100. (Loi du 28 avril 1816.)

Les ventes d'immeubles faites sous seing privé doivent être enregistrées dans les trois mois de leur date, sous peine de paiement d'un double droit.

Les ventes de meubles, récoltes de l'année sur pied, coupe de bois taillis et de haute-futaie, et autres objets mobiliers généralement quelconques, sont passibles du droit proportionnel de 2 pour 100. (Loi du 22 frimaire an VII.) — Il n'y a pas de délai de rigueur pour faire enregistrer ces ventes quand elles sont faites par acte sous seing privé.

Acte de vente d'un fonds de commerce.

Entre les sousignés ,

Le sieur Louis-Ferdinand C..., marchand épicier, demeurant à Toulon, sur le Port-du-Roi, d'une part ;

Et le sieur Pierre-Adolphe E..., cabaretier, demeurant dans la même ville, cours du Midi, d'autre part ;

Ont été faites les conventions suivantes :

Le sieur Louis-Ferdinand C... vend par les présentes, cède et transmet au sieur Pierre-Adolphe E..., acceptant, le fonds de commerce d'épicerie qu'il exerce sur le port de Toulon, dans un magasin situé au rez-de-chaussée de la maison N..., portant le n° 10, l'achalandage qui en dépend, ainsi que les marchandises qui en font partie dont suit le détail.

(Faire ici le détail des objets mobiliers composant le fonds, et des marchandises avec leur estimation.)

Le sieur E... sera dès ce jour propriétaire du fonds à lui présentement vendu ; mais il n'en entrera en possession et jouissance réelle qu'à compter du..., jour auquel le sieur C... lui en fera la livraison.

Cette vente ainsi faite est convenue moyennant la somme de dix mille francs, savoir : trois mille francs pour les objets composant le fonds, ainsi que pour l'achalandage, et sept mille francs pour les marchandises, laquelle somme le sieur C... reconnaît avoir reçue à l'instant en bonnes espèces du cours du sieur E..., auquel il en passe quittance.

(Ou bien, lorsque le vendeur accorde à l'acquéreur des facilités pour le paiement :)

Que le sieur E... promet et s'oblige de payer au vendeur, en son domicile, en trois paiements, le premier desquels, de la somme de trois mille francs, aura lieu le...; le second, de la somme de deux mille francs, sera fait le...; et le troisième, de pareille somme de deux mille francs, sera fait le... (indiquer successivement les époques de chaque terme), avec intérêts à raison de six pour cent pour chacun des paiements ci-dessus stipulés, payables à l'exigibilité de chacun d'eux.

(Lorsque le vendeur conçoit des doutes sur la solvabilité de son acquéreur, et qu'il exige dans l'acte l'intervention d'une caution, celui qui se rend caution du paiement doit signer la vente, et dans ce cas on rédige d'après la formule que voici, la clause qui a pour objet cette intervention :)

Aux présentes est intervenu le sieur Jean-Pierre G..., propriétaire rentier, demeurant à Toulon, lequel a déclaré se rendre caution du sieur E..., et de payer en conséquence au sieur C... tout ou partie de la somme de... sus-énoncée, pour le cas où ledit sieur E... ne serait pas en mesure d'y faire honneur, mais seulement après discussion préalable de ses biens.

(Après quoi on continue la rédaction de l'acte en ces termes :)

M. C.. s'engage par les présentes à n'élever aucun établissement du genre de celui qui fait l'objet de la présente vente, soit dans Toulon, soit dans ses environs, à peine de payer au sieur E... la somme de douze cents francs à titre de dommages-intérêts.

De plus, le sieur C... cède à M. E... son droit au bail du magasin et de l'appartement où il exerce le commerce d'épicier, composé de trois pièces sur le devant, et ce pour tout le temps qui en reste à courir, c'est-à-dire pour un laps de... années, à la charge par lui de se conformer à toutes les obligations qui lui sont imposées par cet acte, dont il a donné une

6

connaissance exacte à l'acquéreur par la remise qu'il lui a faite de.....

(Énoncer ici la remise que le vendeur est obligé de faire à l'acquéreur de l'expédition du bail authentique, ou de l'original de ce même acte sous seing privé.)

L'enregistrement des présentes sera supporté par celle des parties qui y donnera lieu en n'observant pas ses engagements.

Ainsi convenu, respectivement accepté et promis d'être observé à peine de tous dépens.

Dont acte, fait et signé en deux originaux.

Ou *en trois originaux*, si on fait intervenir une caution dans la vente.)

Après lecture faite entre les parties contractantes.

A Toulon, le..... (mettre la date).

(Signatures des sieurs C..., vendeur, et E..., acquéreur, et de la caution s'il en intervient une dans l'acte.)

Contrat de vente d'une maison.

Entre les soussignés ,

M. Émile T....., propriétaire, demeurant à Lyon, rue de Bourbon, d'une part;

Et M. Louis C....., propriétaire, demeurant à Lyon, rue Sainte-Hélène, d'autre part;

Il a été convenu et stipulé ce qui suit:

M. Émile T..... vend par les présentes, cède, délaisse et aliène avec la maintenue et garantie de droit, au sieur Louis C..., acceptant et acquérant pour lui et les siens, héritiers ou ayant-droit, une maison dont il est propriétaire, située à Lyon, rue Saint-Joseph, ayant son issue principale sur ladite rue, composée de rez-de-chaussée, caves au-dessous, de quatre étages et greniers au-dessus, construite en maçonnerie, pierres de taille et pizay, sur une surface de cent vingt mètres cinquante centimètres carrés, couverte en tuiles creuses ; laquelle maison , portant le numéro... de la rue Saint-Joseph, est confinée au nord par la maison du sieur..., au midi par la maison du sieur..., et au couchant par ladite rue Saint-Joseph , telle au surplus qu'elle se contient et comporte, sans aucune exception ni réserve ; ladite maison bien connue du reste de l'acquéreur, qui l'a parcourue et examinée avec le vendeur.

M. C... sera dès ce jour propriétaire de la maison à lui vendue et de ses dépendances ; mais néanmoins il n'en entrera en possession et jouissance réelle par la perception des loyers qu'à compter du... (désigner ici l'époque de l'entrée en possession), époque où la délivrance lui sera faite avec tous les accessoires qui peuvent en dépendre, tels que les servitudes actives, issues, passages, mitoyenneté de murs , jours, aisances , appartenances et dépendances généralement quelconques, ainsi et de la même manière que le vendeur ou ses auteurs en ont joui, pu ou dû jouir.

M. T... est propriétaire de la maison présentement vendue pour l'avoir acquise de M. D..., rentier à Lyon, rue Saint-Joseph, par acte sous signatures privées du... (en rappeler la date), dûment enregistré ; ce dernier l'avait lui-même acquise de M. Pierre-Eustache K..., rentier à Lyon, place des Cordeliers, par acte aux minutes de Mᵉ R..., notaire à Lyon, reçu le... (en rappeler la date), et enregistré.

Cette vente est faite et convenue moyennant la somme de cent quarante mille francs que le sieur C... promet et s'oblige de payer au vendeur, ou pour lui à ses créanciers inscrits, privilégiés ou hypothécaires, selon l'ordre de leurs créances, et de la manière suivante : quarante mille francs aussitôt après la transcription du contrat au bureau des hypothèques de Lyon , et la purge des hypothèques qui pourraient grever la maison vendue, et les cent mille francs formant le complément du prix de la vente dans un an à compter de ce jour, avec intérêts à raison de cinq pour cent par an, payables de six en six mois; le vendeur se réservant, jusqu'au paiement intégral du prix de la présente vente, tous les droits, actions, priviléges et hypothèques résultant de l'art. 2103 du Code civil.

La présente vente est en outre faite à la charge de l'acquéreur, qui s'y oblige, de prendre possession de ladite maison, dans l'état où elle se trouve, avec toutes les servitudes passives qui peuvent la grever, étant bien expliqué par le vendeur que, etc.

(Désigner ici les espèces de servitudes dont l'immeuble vendu se trouve grevé.)

De payer les droits d'enregistrement et autres frais auxquels le présent contrat donnera lieu.

Outre les clauses ci-dessus énoncées, le sieur C... fera transcrire le présent contrat au bureau des hypothèques de Lyon dans le délai de... mois; il remplira également, s'il le juge convenable, toutes les formalités prescrites par la loi pour faire purger les hypothèques légales, judiciaires ou conventionnelles qui pourraient grever l'immeuble vendu; et, faute par lui d'avoir rempli lesdites formalités dans le délai sus-énoncé, il ne pourra légalement s'en prévaloir pour retarder le paiement en tout ou en partie du prix de la présente vente.

Et pour l'entière exécution du présent contrat, le sieur T... promet et s'oblige de remettre au sieur C..., lors de la délivrance de la maison par lui acquise, le contrat constitutif de la propriété qu'il en a eue... (en rappeler la date), avec les clefs de ladite maison, desquels contrat et clefs l'acquéreur s'engage à lui passer décharge.

Ainsi convenu, accepté et promis d'être observé à peine de tous dépens.

Dont acte, fait et signé en deux originaux, après lecture faite entre les parties contractantes.

A Lyon, le..... (mettre la date.)

(Signatures du sieur T..., vendeur, et du sieur C..., acquéreur.)

VUE (Droit de). — L'art. 675 du Code Napoléon dit que l'un des voisins ne peut, sans le consentement de l'autre, faire pratiquer dans le mur mitoyen aucune fenêtre ou ouverture, en quelque façon que ce soit, même à *verre dormant* (verre incrusté dans un châssis qui ne peut s'ouvrir).

Le propriétaire d'un mur non mitoyen (ajoute l'art. 676) joignant immédiatement l'héritage d'autrui, peut pratiquer dans ce mur des jours ou fenêtres *à fer maillé* (grillage ou treillis en fer) et à verre dormant. — Ces fenêtres doivent être garnies d'une treille de fer dont les mailles doivent avoir un décimètre (3 pouces 8 lignes environ) d'ouverture au plus, et d'un châssis à verre dormant. Ces fenêtres ou jours ne peuvent être établis qu'à vingt-six décimètres (8 pieds) au-dessus du plancher ou sol de la chambre qu'on veut éclairer, si c'est au rez-de-chaussée, et à dix-neuf décimètres (6 pieds) au-dessus du plancher pour les étages supérieurs. — Les art. 676 et 677 du Code, d'après lesquels les fenêtres pratiquées dans le mur non mitoyen attenant à l'héritage d'autrui doivent être garnies d'un treillis de fer et d'un châssis à vérre dormant, ne s'appliquent pas au cas où il y a possession et prescription contraires. (Cour de cassation, 9 août 1813.)

Il y a deux espèces de vues : les vues droites, qui s'exercent par des ouvertures faites dans un mur parallèle à la ligne de séparation des deux héritages, et les vues obliques ou par côté, qui s'exercent par des ouvertures pratiquées dans un mur qui fait angle avec cette ligne. — On ne peut avoir des vues droites ou fenêtres d'aspect, ni balcons ou autres semblables saillies, sur l'héritage clos ou non clos de son voisin, s'il n'y a dix-neuf décimètres (6 pieds) de distance entre le mur où on les pratique et ledit héritage. Quant aux vues obliques, la distance exigée par la loi est de six décimètres (2 pieds) de distance. — Les distances se comptent depuis le parement extérieur du mur où se fait l'ouverture, et, s'il y a balcons ou autres saillies semblables, depuis leur ligne extérieure jusqu'à la ligne de séparation des deux propriétés.

Le droit de vue, lorsqu'on n'a pas de titre qui en règle l'étendue et l'effet, ne s'étend sur le fonds voisin et n'emporte défense d'y bâtir qu'à la distance de dix-neuf décimètres (6 pieds). (Cour de cassation, 24 juin 1823 et 18 mars 1808.)

IIe PARTIE.

CODE DE COMMERCE.

ACTE DE COMMERCE. —Il est d'une extrême importance pour tout le monde de savoir distinguer les actes de commerce des actes civils qui n'ont pas ce caractère ; car tous les procès qui résultent des premiers sont de la compétence des tribunaux commerciaux, et généralement ils aboutissent à la contrainte par corps.

Pour qu'un acte soit commercial, il est nécessaire qu'il soit fait par un commerçant. — Un acte est commercial, soit par sa nature, soit en raison de la qualité des personnes qui s'y trouvent intéressées.

Des actes commerciaux par leur nature. — Les actes commerciaux par leur nature sont :

1° Tout achat de denrées et marchandises pour les revendre soit en nature, soit après les avoir travaillées et mises en œuvre, ou même pour en louer simplement l'usage.

De là il résulte d'abord qu'il n'y a que les choses mobilières qui puissent être l'objet d'un acte de commerce.

(Cour de cassation, 28 brumaire an XIII.) Et en effet, celui qui habituellement achète des immeubles pour les revendre, ne fait pas pour cela des actes de commerce. (Cour de Paris, 14 mai 1812.) — Celui qui achète des terrains pour y élever des constructions et les revendre, n'en fait pas davantage. (Cour de Lyon, 26 février 1829.) — Néanmoins, on doit ranger dans la classe des actes commerciaux plusieurs des faits qui sont la suite des achats d'immeubles destinés à être revendus en détail, tels que vente des bois, des bestiaux ou même des maté-riaux provenant de la démolition des bâtiments. (Cour de Bourges, 19 mars 1831.) — De même, celui qui extrait des matières minérales sur un terrain dont il n'est pas propriétaire, pour les convertir en objets qu'il revend, est réputé faire acte de commerce. (Cour de Montpellier, 15 décembre 1835.)

Des termes de l'article 932, cités plus haut, il résulte encore que l'achat ne constitue un acte de commerce que s'il a été fait avec l'intention de revendre ou de louer l'objet acheté ou son produit, et réciproquement, que la vente d'une chose n'est un fait commercial que si elle a été précédée d'un achat qui puisse être considéré lui-même comme commercial. C'est donc *l'intention au moment de l'achat* qu'il faut toujours examiner. Ainsi, celui qui met en vente, qui affiche, qui annonce des objets mobiliers, fait acte de commerce, quand même il n'aurait rien vendu encore. Celui-là au contraire, qui, ayant acheté des marchandises pour son usage per-sonnel et pour celui de sa famille, juge à propos plus tard les de revendre, ne fait pas un acte commercial. Il en est de même du vigneron, du cultivateur, qui vendent des denrées provenant de leur crû.

De ce que la loi dit que tout achat fait pour revendre, même après avoir travaillé et mis en œuvre, constitue un acte commercial, il ne faut pas conclure qu'un achat quel qu'il soit, suivi d'une mise en œuvre, soit toujours un acte de commerce. Pour que l'acte de commerce soit possible, il faut que la matière première ait conservé, après la mise en œuvre, toute sa valeur primitive, qu'elle ait encore son importance propre. Ainsi, un peintre qui achète une toile, des couleurs, un cadre pour en faire un tableau à vendre plus tard, ne fait pas acte de commerce (Cour de Paris, 1er décembre 1809) ; car la matière première, dans un tel cas, disparaît presque, et sa valeur est nulle comparée à celle que l'artiste a créée.

Si l'achat par un commerçant des choses qui sont l'objet de son commerce, constitue un acte de commerce, il n'en est pas ainsi de l'achat des choses qui, tout en servant à son commerce, n'en font cependant pas l'objet.

Ainsi, le distillateur qui achète les matières nécessaires à la confection de liqueurs qu'il prépare, fait acte de commerce ; mais l'achat des vases qui doivent renfermer la liqueur, du charbon, ou d'autres objets qui doivent servir à sa confection, reste dans la classe des faits civils ordinaires.

Sont comprises sous le mot de marchandises dont se sert l'article 632, les créances commerciales. La vente ou l'acquisition de ces créances constitue un acte de commerce. (Cour de cassation, 6 août 1806.)

Le fermier qui achète des bestiaux pour les engraisser avec les produits de sa ferme ou même avec ceux de prés affermés séparément, et les revendre ensuite, ne fait pas en cela un acte de commerce. (Cour de Bourges, 14 février 1840.)

6.

L'achat d'un fonds de commerce et des marchandises qui en dépendent, avec l'intention d'exploiter ce fonds de commerce, constitue un acte de commerce qui soumet à la juridiction commerciale. (Cour de Paris, 7 août 1832.)

Néanmoins, l'achat d'un fonds de commerce, considéré abstraction faite des marchandises, ne constitue pas un acte commercial qui rende l'acheteur justiciable des tribunaux de commerce, à raison des difficultés auxquelles la vente peut donner lieu. (Cour de Paris, 18 août 1834.)

Celui qui vend son fonds pour cessation de commerce ne fait pas acte de commerce. (Cour de cassation, 14 mars 1836.)

2° Tout louage de choses achetées pour être louées. — L'achat par un voiturier d'une charrette et de chevaux ou mulets pour effectuer le transport des marchandises et autres objets qui lui sont confiés, constitue un acte de commerce. (Cour d'Aix, 6 août 1829.)

L'ouvrier qui travaille à ses pièces ou à forfait, dans son domicile, ne fait pas d'acte de commerce. (Cour de Toulouse, 12 décembre 1836.) — Et généralement, le louage d'industrie n'est pas un acte de commerce qui rende les parties justiciables du tribunal de commerce pour les actions intentées à raison de l'exécution des clauses de ce contrat. (Cour de Nancy, 9 juin 1826.)

3° Toute entreprise de manufacture, c'est-à-dire toute opération consistant à faire l'acquisition de matières premières pour les mettre en œuvre et les revendre ensuite. — L'entreprise de confection, par exemple, ou de réparation des routes nationales, est une opération de commerce dans le sens de l'article 632. (Cour de Limoges, 21 novembre 1835.)

Mais, en général, l'entrepreneur d'ouvrages qui ne s'engage qu'à fournir son travail et à procurer des échafaudages ou autres objets nécessaires pour la construction de ces ouvrages, dont on lui fournit tous les matériaux, ne fait en cela aucun acte de commerce. (Cour de Caen, 27 mai 1818.)

4° Toute entreprise de fournitures, d'agences, bureaux d'affaires, ayant pour objet la gestion de fortunes mobilières, les recouvrements de capitaux, la perception de rentes sur l'État, l'achat et vente de créances, les poursuites d'affaires contentieuses ou autres opérations analogues. — L'entreprise de fournitures à faire, même au Gouvernement, n'en est pas moins un acte de commerce. (Cour de Lyon, 30 juin 1827.)

5° Toute entreprise d'assurances maritimes ou terrestres, d'établissement de ventes à l'encan, de spectacles publics, de commission. — Les lieux de danse, concerts publics et autres divertissements auxquels le public est admis moyennant rétribution, sont considérés comme spectacles publics. (Cour de Lyon, 7 avril 1832.)

6° Toute opération de change, banque ou courtage, ainsi que toutes les opérations des banques publiques. — Le mandat donné par un non-négociant à un négociant d'une autre ville de fournir à un tiers désigné l'argent nécessaire pour faire un voyage, ne constitue pas un acte de commerce, et, en conséquence, les tribunaux civils sont seuls compétents pour connaître des difficultés auxquelles donne lieu l'exécution de ce mandat. (Cour de Paris, 13 juin 1828.)

7° Les entreprises de transport par terre et par eau,

les lettres de change et les remises d'argent faites de place en place.

8° Toute entreprise de construction, et tous achats, ventes et reventes de bâtiments pour la navigation extérieure et intérieure ; — toutes expéditions maritimes ; — tout achat ou vente d'agrès, apparaux et avitaillements ; — tout affrètement ou nolissement, emprunt ou prêt à la grosse ; — toute convention pour salaires et loyers d'équipage ; — tous engagements de gens de mer, pour le service des bâtiments du commerce.

Des actes commerciaux par la qualité des personnes. — Sont actes de commerce toutes obligations entre négociants, marchands et banquiers. — Cependant, ne sont pas de la compétence des tribunaux de commerce les actions intentées contre un commerçant pour paiement de denrées et marchandises achetées pour son usage particulier, ou pour toute autre cause étrangère à son commerce. Ainsi quand il souscrit des billets pour paiement de dettes de ce genre, il doit avoir grand soin d'y énoncer la véritable cause de ces billets : car les billets souscrits par un commerçant sont censés faits pour son négoce, lorsqu'une autre cause n'y est point indiquée. (Art. 638 du Code de commerce, et arrêt de la Cour de Paris du 6 décembre 1814.) — Le prêt fait à un commerçant, sans titre écrit, n'est pas présumé fait pour son commerce. (Cour de Poitiers, 22 mai 1829.) — Le négociant qui se rend caution, même envers un autre négociant, d'une dette commerciale, ne fait point en cela une opération commerciale, si la cause du cautionnement est étrangère à son commerce. (Cour d'Angers, 8 février 1830.) Mais le cautionnement souscrit sous la forme d'un billet à ordre, par un négociant au profit d'un autre négociant, pour garantie d'une opération de commerce, constitue un engagement commercial qui rend le souscripteur justiciable du tribunal de commerce. (Cour de Paris, 18 février 1830.)

ACTION DE COMMERCE. — C'est le droit qu'un membre d'une société de cŏmmerce a dans les bénéfices et dans le fonds de cette société.

Sont réputés meubles les actions ou intérêts dans les compagnies de finances, de commerce ou d'industrie, encore que des immeubles dépendant de ces entreprises appartiennent aux compagnies.

L'immeuble social, tant que dure la société, n'appartient, en fait, qu'à la société même, qui seule peut en disposer, l'aliéner, l'hypothéquer dans l'intérêt des actionnaires. Chaque actionnaire, quoique copropriétaire par indivis de l'immeuble, quoique aussi il puisse, comme il lui plaît, disposer de son action, ne peut pourtant disposer de sa part dans ledit immeuble. La dissolution de la société peut seule lui donner ce droit. — De même, le créancier d'un des actionnaires n'a pas le droit de faire saisir l'immeuble de la société pour se faire payer, tandis que ce droit appartient au créancier de la société. (Cour de Lyon, 7 avril 1838.)

TIMBRE ET ENREGISTREMENT. — Tout titre ou certificat d'action dans une société, compagnie ou entreprise quelconque, financière, commerciale, industrielle ou civile, que l'action soit d'une somme fixe ou d'une quotité, qu'elle soit libérée ou non libérée, émis à partir du premier janvier 1851, est assujetti au timbre proportionnel de 50 centimes pour 100 francs du capital nominal pour les sociétés, compagnies ou entreprises dont la durée ne doit pas excéder dix ans, et à 1 pour 100 pour celles dont la durée doit dépasser ce terme. — A défaut de capital nominal, le droit se calcule sur le capital réel, dont la valeur est déterminée d'après les règles ordinaires.

Au moyen du droit ci-dessus, les cessions de titres ou de certificats d'actions sont exemptes de tout droit et de toute formalité d'enregistrement. (Art. 14 et 15 de la loi du 5 juin 1850 sur le timbre.)

MODÈLE DE CESSION D'ACTION PAR DÉCLARATION DE TRANSFERT.

Entre les soussignés,

A..., d'une part;

Et B..., d'autre part ;

A été convenu ce qui suit, savoir :

Moi, A..., propriétaire de l'action n°..., inscrite au fol... du registre de la compagnie de....., présent en personne (ou représenté par le sieur..., mon fondé de pouvoirs, par acte passé devant..., notaire, en date du..., enregistré le..., dont l'expédition est demeurée annexée au présent registre).

Je déclare céder et transporter mon action ci-dessus énoncée au sieur B..., demeurant à..., rue..., n°..., pour que ledit sieur B... en jouisse au même titre que j'avais droit moi-même d'en jouir, et conformément aux règlements de ladite compagnie; en foi de quoi, moi cédant, j'ai signé le présent.

(Signatures du cédant et du cessionnaire. Si le cédant est représenté par un fondé de pouvoirs, celui-ci signe, en faisant précéder sa signature de ces mots : *Pour et au nom d'A..., cédant.*

ACTIONNAIRE. — C'est le propriétaire ou le porteur d'une action dans une société commerciale.

L'actionnaire n'est passible que de la perte du montant

de son intérêt dans la société. Il supporte sa part proportionnelle, jusqu'à concurrence de ce montant, dans les pertes sociales, et il a droit à une part correspondante dans les bénéfices. Cette part s'appelle *dividende*.

L'actionnaire, quand il possède son titre, est réputé avoir versé. (Cour de Paris, 29 mai 1841.) — A moins de conventions contraires, il a toujours la faculté de vendre ses actions ou coupons d'actions. (Cour de Lyon, 3 juillet 1842.)

Quand les actions sont au porteur, la cession s'en opère par la simple livraison du titre. Quand la propriété des actions est établie par une inscription sur les registres de la société, la cession s'opère par une déclaration de transfert, inscrite sur les registres, et signée par celui qui fait le transfert, ou par un fondé de pouvoirs.

AGENT D'AFFAIRES. — Celui qui, par état, se charge des affaires d'autrui.

L'agent d'affaires est commerçant ; mais il faut pour cela qu'il tienne *bureau ouvert*, c'est-à-dire qu'il ait l'habitude constante de s'occuper des affaires qu'on lui confie. — On ne peut considérer comme agent d'affaires celui dont les occupations ordinaires consistent seulement à représenter les parties devant le juge de paix, et à donner des conseils pour la conduite des affaires. (Cour d'Amiens, 10 juin 1823.)

L'agent d'affaires est dès lors justiciable des tribunaux de commerce, et contraignable par corps à raison des actes de sa profession. — S'il ne fait pas honneur à ses engagements, il se met en état de faillite, et, s'il y a fraude, il est passible des peines portées contre les banqueroutiers frauduleux. Il en est de même s'il est coupable d'abus de confiance. (Cour de Paris, 7 juin 1832.)

Le mandat d'un agent d'affaires n'est jamais gratuit, et ceux qui exercent cette profession ont le droit de se faire payer de leurs services, même alors qu'aucune convention n'aurait été faite sur le prix. Ce prix, ce sont alors les tribunaux de commerce qui le fixent. — Au reste, tout salaire d'agent d'affaires est sujet à règlement par le juge, alors même que ce salaire est fixé par convention expresse. (Cour de Paris, 11 mars 1824.)

Les articles 2272 et 2273 du Code Napoléon, qui établissent une prescription d'un an ou de cinq ans pour les salaires dus aux médecins, chirurgiens, avoués, huissiers, notaires, ne sont pas applicables aux salaires dus à un agent d'affaires. Ces salaires ne se prescrivent que par trente ans. (Cour d'Amiens, 18 mars 1818.)

AGENT DE CHANGE. — Officier public institué par la loi pour servir d'intermédiaire dans les négociations d'effets publics et même de valeurs particulières, et pour en constater le cours d'une manière authentique.

Les agents de change sont soumis à un cautionnement, lequel varie de 4,000 à 125,000 francs, suivant l'importance des places. Ce cautionnement, qui est à Paris du *maximum* de 125,000 francs, est affecté, *par premier privilége*, à la garantie des condamnations qui peuvent être prononcées contre eux par suite de l'exercice de leurs fonctions.

Responsabilité des agents de change. — Dans les transfert de rentes sur l'État, l'agent de change répond de la validité de ces transferts, en ce qui concerne l'identité du propriétaire vendeur, la vérité de sa signature et des pièces produites. La garantie ci-dessus n'a lieu que pendant cinq ans à partir de la déclaration de transfert. — L'agent de change garantit les transferts de fonds étrangers cotés à la Bourse, de même que les transferts de fonds français. (Cour de Paris, 14 juillet 1829.)

Les agents de change sont personnellement responsables du paiement du prix des effets publics qu'ils ont achetés pour leurs clients, ou de la différence résultant des reventes faites sur eux à défaut de paiement du prix. Si les effets ne sont pas payés par leurs clients, ce défaut de paiement est un fait *de charge* pour lequel les fonds de leur cautionnement sont affectés par privilége. (Cour de Paris, 29 mai 1810.)—L'agent de change, suffisamment nanti, qui, ayant reçu l'ordre d'acheter des effets publics, ajourne cet achat pour demander une confirmation de l'ordre, sous prétexte qu'un événement ultérieur a pu modifier la résolution, du mandant, est responsable envers ce dernier des pertes qui peuvent résulter de cet ajournement. (Cour de Paris, 19 février 1835.)

Droits de commission des agents de change à Paris. — A Paris, les agents de change ne perçoivent que 1 fr· 25 cent. pour 1,000 fr. sur chaque opération. L'agent de change perçoit son droit sur les fonds qu'il reçoit pour acheter, ou sur ceux qu'il touche après vente.

AGRÉÉ.—Il n'en est pas de l'agréé auprès des tribunaux de commerce comme de l'avoué. Le ministère de l'avoué est obligatoire, celui de l'agréé est purement facultatif. Toute partie, devant les juges consulaires, peut plaider elle-même sa cause ou se faire défendre par tel mandataire qu'elle choisit.

Quand la partie ne plaide pas elle-même sa cause, elle est tenue de donner un pouvoir spécial au mandataire, agréé ou autre, qui la représente, à moins qu'elle ne soit à l'audience pour affirmer verbalement qu'elle a donné mandat.

Les mandataires ou agréés près les tribunaux de commerce peuvent être désavoués lorsque, sans pouvoir, ils font des aveux préjudiciables à leurs parties. (Cour de Nîmes, 22 juin 1824.)

Il y a lieu à désaveu contre un agréé qui, sans pouvoir spécial, requiert à l'audience terme et délai pour une partie déjà condamnée par défaut, et qui acquiesce ainsi, au nom de cette partie, à la condamnation. Dans ce cas, l'agréé désavoué peut être condamné aux dépens et même à des dommages et intérêts. (Cour de Paris, 7 février 1824.)

Le désaveu contre un agréé peut être fait nonobstant toute bonne foi de sa part, et il doit être porté non devant le tribunal de commerce devant lequel a été fait l'acte désavoué, mais devant le tribunal civil. (Cour de cassation, 5 novembre 1835.)

Les agréés tiennent tout à la fois de l'avoué et de l'avocat : comme le premier, ils instruisent les causes; comme le second, ils plaident.

En ce qui touche leurs plaidoiries, ils imitent l'exemple des membres du barreau; ils demandent en général d'avance leurs honoraires, dont ils proportionnent le chiffre à l'affaire, et qui se règlent de gré à gré entre eux et leurs clients. Quant à la procédure qu'ils rédigent, il n'existe pas de tarif uniforme et général à cet égard, comme pour les avoués.

ASSURANCE.— On entend par ce mot la garantie des risques que court une valeur quelconque. On appelle *assuré* le propriétaire de l'objet garanti, *assureur* celui qui répond des risques, *prime d'assurance* le prix payé à l'assureur par l'assuré pour le risque couru, *police d'assurance* l'acte qui constate la convention entre l'assureur d'une part, et l'assuré de l'autre.

On distingue plusieurs espèces d'assurances. Nous nous occuperons rapidement ici de celles qui intéressent presque tout le monde, c'est-à-dire des assurances soit contre l'incendie, soit contre la grêle, soit contre la mortalité des bestiaux, et des assurances sur la vie.

DES ASSURANCES EN GÉNÉRAL, AUTRES QUE SUR LA VIE, ET PARTICULIÈREMENT DES ASSURANCES CONTRE L'INCENDIE OU LES RISQUES DE LA GRÊLE, OU LA MORTALITÉ DES BESTIAUX.

Les assurances de cette nature se divisent en deux catégories : celles à prime, et les assurances mutuelles.

Des assurances à prime. —L'assurance à prime est un contrat par lequel un ou plusieurs assureurs prennent à leur charge, moyennant une somme fixée d'avance, tous les accidents d'une nature déterminée qui sont susceptibles de détruire ou d'endommager l'objet assuré. — Ces assurances sont faites par des compagnies. —L'assurance à prime contre l'incendie est réputée acte de commerce, et, en conséquence, les entrepreneurs qui s'en sont chargés, s'ils cessent leurs paiements, peuvent être déclarés en état de faillite. (Cour de cassation, 8 avril 1828.)

Quelles sont les personnes qui peuvent faire assurer une chose ? — En général, c'est au propriétaire de la chose qu'il appartient de la faire assurer, ou bien à son mandataire, et le propriétaire doit être, pour cela, capable de contracter. — Celui qui n'est que copropriétaire par indivis ne peut faire assurer que sa part dans la propriété commune. — Mais ce n'est pas seulement dans le droit de propriété qu'on peut puiser la faculté de faire assurer une chose. L'usufruitier peut faire assurer la valeur ou l'objet dont il a l'usufruit. — Le créancier peut en faire autant pour les biens de son débiteur, surtout s'il est hypothécaire, ou si la chose lui a été donnée en gage. — Lorsqu'un créancier hypothécaire, inscrit sur un immeuble, fait, en cette qualité, assurer l'immeuble, et paie la prime sur sa valeur totale, l'assurance doit avoir effet non-seulement dans l'intérêt du créancier, et jusqu'à concurrence de sa créance, mais aussi dans l'intérêt du propriétaire, et pour la valeur totale de l'immeuble. Vainement dirait-on que le créancier n'a pu stipuler pour autrui. (Cour de Colmar, 27 juin 1823.)

Quelles sont les choses qu'on peut faire assurer ? — Toutes les choses mobilières ou même immobilières, corporelles ou non, tout ce qui a une valeur, peut être l'objet d'un contrat d'assurance. On peut faire assurer la solvabilité même de l'assureur.

Les compagnies d'assurance contre l'incendie assurent non-seulement les immeubles ou bâtiments, maisons, mais encore les propriétés mobilières, telles que meubles ou marchandises ; elles assurent aussi ce qu'on appelle : 1° *le risque locatif;* 2° *le risque du voisin ;* 3° *la part du feu.*

Le Code Napoléon établit contre le locataire, en cas d'incendie commencé dans les lieux qu'il occupe, une présomption de faute ou de négligence qui, jusqu'à preuve contraire, le rend responsable, vis-à-vis du propriétaire, des dommages causés par l'incendie; c'est ce risque qu'on appelle le *risque locatif.* — *Le risque du voisin,* c'est le dommage que le feu de la maison qu'on habite peut causer à la maison voisine. —*La part du feu*, c'est le risque que courent les maisons voisines d'un incendie d'être abattues, pour que toute communication cesse entre la maison incendiée et les maisons environnantes.

En ce qui touche l'assurance des meubles, des marchandises en général, nous devons faire remarquer qu'il ne faut pas faire assurer tel ou tel objet spécial, des marchandises désignées par leur espèce, leurs marques ou numéros, mais des objets, des marchandises de tel genre ou de telle valeur, et pour une somme déterminée, payable après l'événement du sinistre, jusqu'à concurrence de la valeur des objets, marchandises du même genre, dont la perte est justifiée. Si l'on assurait tel objet spécial, l'assurance empêcherait le propriétaire d'user de sa chose selon son droit, de vendre son mobilier, ses marchandises : ou bien, si le propriétaire faisait usage de son droit, s'il vendait, la chose assurée sortant de ses mains, l'assurance serait éteinte. En se contentant d'indiquer le genre des objets, on conserve tous ses droits de propriétaire, et on fait porter l'assurance sur tous les meubles ou marchandises qui se trouvent présentement ou se trouveront par la suite dans l'appartement ou les magasins de l'assuré.

Toutefois, s'il s'agit de meubles précieux et rares, d'argenterie, de tableaux, ces objets doivent être spécialement désignés dans la police.

Du risque. — En général, l'assureur ne répond que des cas de force majeure et des cas fortuits. Mais en matière d'assurance contre l'incendie, il répond encore des dommages causés par la faute, l'imprudence ou la négligence de l'assuré et des personnes qui sont sous sa dépendance. (Cour de Paris, 3 avril 1838, et 19 janvier 1844.)

Les risques de l'incendie ne s'entendent que d'un embrasement, d'une combustion des objets assurés. Ainsi, les pertes ou avaries causées à un mur fortement chauffé par la forge ou le four d'un voisin, ne sont pas à la charge des assureurs. (Cour de Paris, 6 février 1840.)

La durée du risque est ordinairement fixée par la police; elle commence le jour de la signature de ce contrat à midi, et finit à l'expiration de la durée convenue, jour par jour et à la même heure. Si la durée du risque n'était pas indiquée, il faudrait rechercher la commune intention des parties. S'il s'agit d'un bâtiment, le contrat doit durer indéfiniment; s'il s'agit d'une récolte, le contrat va jusqu'au moment où la récolte n'est plus sur pied.

De la police d'assurance, et des droits et obligations qui en résultent. — Il n'est pas nécessaire qu'un contrat d'assurance terrestre soit rédigé par écrit; une convention de ce genre peut être établie par des présomptions graves, précises et concordantes, lorsque d'ailleurs il existe un commencement de preuve par écrit. (Cour de Colmar, 15 février 1826.) — Les conventions passées avec l'agent d'une compagnie d'assurances, publiquement annoncé comme tel, et dépositaire des plaques à apposer sur les bâtiments assurés, sont obligatoires contre la Compagnie, encore que l'agent ne fût pas commissionné directement pour assurer. (Cour de Colmar, 2 mars 1835.)

Le contrat crée à l'assureur le droit de se faire payer la prime, qui se paie ordinairement d'avance. Lorsque la prime est stipulée payable par annuités, le droit de réclamer le paiement de chaque prime annuelle se prescrit contre l'assureur par le laps de cinq ans. — Si la prime était stipulée payable à une seule époque et d'un seul bloc, la prescription trentenaire serait seule opposable.

Le contrat crée à l'assuré le droit de se faire indemniser des pertes ou dommages causés par le sinistre, et le montant de cette indemnité dépend des pertes éprouvées.

L'estimation donnée aux objets assurés dans la police d'assurance, doit, à défaut d'autres renseignements plus certains, servir de base pour la détermination de l'indemnité à accorder à l'assuré. Mais, en tous cas, celui-ci est tenu de justifier de l'*existence* des objets assurés au moment de l'incendie. (Cour de Paris, 12 juillet 1837.) — Il doit aussi justifier, soit par des actes de propriété, des factures, des livres ou papiers domestiques, soit par témoins ou par commune renommée, de la valeur réelle des objets non au jour du contrat, mais au jour du sinistre. (Cour de Paris, 15 février 1834.)

L'indemnité se paie comptant, à moins qu'il n'y ait un délai fixé dans la police. Ce paiement se fait au choix de l'assureur, ou de la valeur intégrale des objets assurés, ou déduction faite de la valeur des débris, qui sont alors abandonnés à l'assuré. Si l'assureur paie intégralement, les débris et objets sauvés deviennent sa propriété.

En règle générale, l'action de l'assuré pour le paiement du dommage ne se prescrit que par trente ans ; mais, en fait, ce délai est abrégé par des clauses formelles dans les polices des compagnies d'assurances.

Le propriétaire d'une maison louée a droit, dans le cas d'incendie, à l'indemnité due au locataire qui a fait assurer son risque locatif, en telle sorte que si ce locataire tombe en faillite, cette indemnité n'entre pas dans son actif, et est dévolue en entier au propriétaire, à l'exclusion des autres créanciers du locataire. (Cour de Paris, 13 mars 1837.)

Le prix de l'assurance d'un immeuble, lorsque l'immeuble périt par incendie, est également dévolu à tous les créanciers, soit hypothécaires, soit chirographaires, sans préférence aucune pour les créanciers hypothécaires. (Cour de Rouen, 28 juin 1839.)

L'usufruitier d'une maison assurée par le nu-propriétaire n'est pas en droit, dans le cas d'incendie, d'exiger que le prix de l'assurance soit employé à la reconstruction de la maison ; mais il a droit à l'intérêt de ce prix, comme représentant l'immeuble soumis à son usufruit. Vainement le nu-propriétaire prétendrait qu'il n'a fait l'assurance que dans son intérêt personnel ; cette assurance profite nécessairement à l'usufruitier, à la charge par celui-ci de contribuer dans une juste proportion au paiement annuel de la prime d'assurance. (Cour de Colmar, 25 août 1826.)

De la résiliation ou ristourne de la police. — L'assurance finit par l'expiration du temps fixé dans la police ; elle est non avenue si la chose périt, même sans la faute de l'assuré, par événement autre que ceux que garantit la police.

Toute dissimulation ou réticence de la part de l'assuré, dans le but de diminuer l'opinion du risque pour surprendre le consentement de l'assureur, est une cause de nullité de la convention, mais seulement dans l'intérêt de celui-ci, qui, si ces réticences ou dissimulations sont le produit du dol, à droit de réclamer la prime, et de refuser de payer le montant de l'indemnité.

L'assuré ne doit rien faire, tant que dure l'assurance, qui puisse aggraver les risques que court la chose assurée, ou même modifier les chances de pertes que l'assureur a pu prévoir. Il ne lui est pas permis de déplacer des meubles ou marchandises assurées, de les transporter dans un autre local sans le consentement de l'assureur, d'expédier des marchandises assurées pour un voyage par une autre voie que la voie primitivement indiquée. (Cour de Bordeaux, 14 mars 1839.) — Il doit, sous peine de nullité du contrat, dénoncer tous les changements survenus dans les choses garanties pendant que dure l'assurance.

Le défaut de paiement de la prime donne à l'assureur le droit de demander la résiliation du contrat; mais il faut que préalablement l'assuré soit mis en demeure par une sommation. Si, après cette mise en demeure, le sinistre survient, l'assureur ne doit pas d'indemnité, lors même que l'assuré lui ferait des offres réelles du montant de la prime ; ces offres pourraient être refusées comme tardives. (Cour de Paris, 26 juillet 1843.)

La faillite de l'assureur et celle de l'assuré sont des causes de résiliation de la police.

De la compétence. — Les compagnies d'assurances à prime doivent être traduites devant les tribunaux de commerce, quand il s'agit de l'exécution de leurs engagements, à moins que les parties n'aient stipulé qu'elles soumettraient leurs procès à des arbitres.

Des assurances mutuelles. — L'assurance mutuelle est un contrat par lequel les membres d'une collection d'individus se garantissent les uns les autres de certains risques, et s'engagent à contribuer réciproquement, d'après la répartition qui doit en être faite entre eux, au paiement des dommages qui peuvent survenir à un ou à plusieurs de ces associés.

Les compagnies d'assurances mutuelles ne sont pas des sociétés véritablement commerciales ; elles sont justiciables des tribunaux ordinaires et non des tribunaux de commerce. (Cour de Douai, 4 décembre 1820.) — Les agents de ces compagnies, directeurs, etc., ne peuvent être considérés comme commerçants, car ces sociétés n'opèrent pas dans le but de réaliser des bénéfices, mais seulement d'épargner une perte à celui des associés sur lequel tombe le sinistre. (Cour de cassation, 15 juillet 1829.)

Le contrat d'assurance mutuelle se forme par une simple adhésion aux statuts de l'association, adhésion qu'on fait suivre de la déclaration des choses qu'on veut faire assurer, et de l'inscription du nouvel associé sur les registres de la compagnie. — La valeur de l'objet assuré, s'il s'agit d'un bâtiment, d'une maison, est fixée, soit d'après la déclaration du propriétaire, soit d'après une expertise contradictoire. S'il s'agit de récoltes, on s'en rapporte d'abord à l'estimation donnée par le propriétaire, sauf, en cas de sinistre, à faire évaluer par des experts. — L'indemnité de chaque sinistre est supportée par tous les membres de la société, au marc le franc de la valeur estimative de la chose que chacun d'eux a soumise à l'assurance, et en tenant compte pourtant du plus ou moins de gravité des risques, à raison de la nature, de la destination, du voisinage des choses assurées.

Les assurés des compagnies mutuelles ne sont pas débiteurs solidaires envers l'assuré qui éprouve un sinistre. Chacun d'eux n'est tenu que de sa part contributive.

ENREGISTREMENT. — Les assurances à prime sont soumises au droit de 1 pour 100, lorsqu'on veut se servir en justice des actes qui les constatent. — Les assurances mutuelles ne sont assujetties qu'au droit fixe de 5 francs.

ASSURANCES SUR LA VIE. — Il y a deux sortes d'assurances sur la vie : l'assurance dite *à la mort*, et l'assurance *différée*.

L'assurance *à la mort* est une convention par laquelle l'assureur s'engage, moyennant une prime, à payer, à la mort d'une personne, une indemnité à une autre personne : ainsi, par exemple, à un fils à la mort de son père. — L'assurance *différée* est celle par laquelle l'assureur s'engage, moyennant une prime, à payer, soit à l'assuré, soit à un tiers, une indemnité à une époque fixée, si l'assuré à cette époque vit encore.

On peut faire assurer la vie d'un tiers ; mais si l'on n'est pas l'héritier présomptif de ce tiers, il faut justifier de l'intérêt pécuniaire que l'on a au contrat, et que cet intérêt équivaut au moins à la somme assurée, ou il faut le consentement exprès de celui sur la tête duquel l'assurance repose. — Les assurances sur la vie d'un tiers doivent produire effet, lors même que l'assuré n'aurait aucun intérêt à la vie d'un tiers ; il suffit du consentement de celui-ci. (Cour de Limoges, 2 décembre 1836.)

La prime est proportionnée aux chances que présentent l'âge et la santé de celui dont la vie est assurée ; aussi, de même que pour les assurances de toute nature, toute réticence ou dissimulation ayant pour but de diminuer l'opinion du risque est-elle une cause de nullité. (Cour de Paris, 4 février 1838.)

L'assurance finit ou à la mort de celui dont la vie est assurée, ou aux époques indiquées par les contrats.

ENREGISTREMENT. — Même droit que pour les assurances à prime contre l'incendie ou autres risques.

COMMERÇANT. — Celui qui fait du commerce sa profession habituelle. En règle générale, il ne suffit donc pas de faire des actes de commerce pour devoir être réputé commerçant ; il faut de plus qu'il y ait habitude. — Quelques actes de commerce passagers ne peuvent suffire pour faire considérer comme commerçant celui qui les a faits ; et spécialement le seul fait que, dans l'espace de plusieurs années, un individu aurait délivré quelques factures imprimées exprimant la qualité de marchand, ne peut être considéré comme une preuve suffisante que cet individu est commerçant. (18 janvier 1832, Cour de Bruxelles.)

La circonstance que, dans un procès, une des deux parties aurait été désignée comme marchande dans les actes de procédure faits à la requête de l'autre, n'emporte pas nécessairement, à défaut de protestation de la première, une reconnaissance de cette qualité qui la rende non recevable à la dénier par la suite. (Cour de Poitiers, 18 mai 1832.)

Il ne suffit même pas, pour qu'une partie soit justement réputée commerçante, qu'elle se soit donné cette qualification dans des obligations par elles souscrites ou dans un exploit signifié à sa requête, et les juges doivent vérifier la profession. (Cour de Lyon, 5 février 1829.)

L'émission et l'acceptation d'effets de commerce, même nombreux, ne peuvent, en l'absence de faits constitutifs de la profession de commerçant, établir l'existence de cette profession. (Cour de Bruxelles, 9 février 1831.)

L'ouverture d'un magasin, l'apposition d'enseignes, d'affiches, le paiement d'un droit de patente, sont des faits constitutifs de la profession de commerçant. (Cour de Paris, 29 juillet 1846.)

Des différentes espèces de commerçants. — On comprend sous le mot de commerçants les *négociants, fabricants, marchands, artisans, entrepreneurs d'ouvrages, commissionnaires, banquiers, agents de change.*

Le *négociant* est celui dont les spéculations se portent sur tous les genres de marchandises, qui achète et vend en gros, tant en première qu'en seconde main. (Avis du Conseil d'État du 3 septembre 1817.)

Le *marchand* est celui qui se pourvoit aux sources chez le négociant ou chez le producteur, et qui, dans son établissement, s'occupe à vendre et non à acheter. Le *marchand en gros* est celui qui vend les marchandises sous leurs premières enveloppes ou par portions importantes; le *marchand en détail,* celui qui débite la marchandise aux consommateurs. (Même avis du Conseil d'État.)

Le *fabricant* est celui qui, avec des matières qu'il achète, et le travail d'ouvriers qu'il emploie, fait des choses qu'il vend dans ses propres magasins ou à des débitants qui les revendent.

L'*artisan* est celui qui confectionne un ouvrage *avec une matière qu'il fournit*, et le livre au consommateur qui lui en a fait la commande. S'il ne fournit pas la matière, il n'est pas artisan, il est simplement ouvrier, et il ne peut être rangé dans la classe des commerçants.

L'*entrepreneur d'ouvrage* est celui qui a des ateliers où il fait travailler, à la fabrication des choses qu'on lui confie, des ouvriers qu'il dirige et qu'il paie, et sur le travail desquels il spécule.

Sont considérés comme commerçants :

Les courtiers, comme intermédiaires entre les acheteurs et les vendeurs ;

Les agents d'affaires (Cour de Paris, 6 décembre 1814, et Cour de cassation, 18 novembre 1818);

Les voituriers (Cour de Bruxelles, 18 février 1829);

Les aubergistes (Cour de Colmar, 6 décembre 1815, et Cour de Bourges, 19 décembre 1823);

Les cafetiers (Cour de Rouen, 4 décembre 1829);

Les débitants de boissons (Cour de cassation, 23 avril 1813);

Les boulangers (Cour de Paris, 22 mars 1840 et 8 juin 1844);

Les bouchers (Cour de Paris, 19 janvier 1831, et Cour de Lyon, 7 mai 1837);

Les charrons (Cour d'Amiens, 4 avril 1826);

Le serrurier en bâtiments qui achète habituellement du fer pour le revendre après l'avoir travaillé, même quand il ne travaille que sur commande ou entreprise. (Cour de cassation, 5 mars 1812);

Les entrepreneurs de pompes funèbres à raison des fournitures qui leur sont faites pour leur entreprise (Cour de cassation, 9 janvier 1819);

Et généralement tous ceux qui achètent pour revendre et qui en font leur profession.

Ne sont pas considérés comme commerçants :

Les directeurs de pensionnat, de maison d'éducation (Cour de cassation, 23 novembre 1827, et Cour de Paris, 19 mars 1814 et 20 mai 1831);

Les maîtres de poste (Cour de Bruxelles, 11 janvier 1808);

Les meuniers, à moins qu'ils n'achètent habituellement

des grains pour les revendre après mouture (Cour de cassation, 26 janvier 1818, et Cour d'Angers 11 décembre 1823);

Les maîtres de pension bourgeoise (Cour de Limoges, 16 février 1833);

Les teinturiers (Cour de Turin, 11 décembre 1811);

Les artisans en général qui fabriquent seulement pour commande. (Lettre du grand-juge de l'Empire du 7 avril 1811), etc., etc.

Quelles sont les personnes qui peuvent faire le commerce ? — Toutes personnes ayant capacité pour contracter. Les femmes, les mineurs émancipés peuvent faire le commerce, mais aux conditions suivantes : — Tout mineur émancipé, de l'un ou de l'autre sexe, âgé de dix-huit ans révolus, qui veut profiter du droit que lui accorde l'article 487 du Code Napoléon de faire le commerce, ne peut en commencer les opérations, ni être réputé majeur quant aux engagements par lui contractés pour faits de commerce, 1° s'il n'a été préalablement autorisé par son père, ou par sa mère en cas de décès, interdiction ou absence du père, ou, à défaut du père et de la mère, par une délibération du conseil de famille, homologuée par le tribunal de première instance; 2° si, en outre, l'acte d'autorisation n'a été enregistré et affiché au tribunal de commerce du lieu où le mineur veut établir son domicile.

La femme ne peut être marchande publique sans le consentement de son mari. La femme marchande publique peut, sans l'autorisation de son mari, s'obliger pour ce qui concerne son négoce, et, audit cas, elle oblige aussi son mari, s'il y a communauté entre eux. Elle n'est pas réputée marchande publique si elle ne fait que détailler les marchandises du commerce de son mari ; elle n'est réputée telle que lorsqu'elle fait un commerce séparé.

Les mineurs marchands, autorisés comme il est dit ci-dessus, peuvent engager et hypothéquer leurs immeubles. Ils peuvent même les aliéner, mais en suivant les formes légales. — Les femmes marchandes publiques' peuvent également engager, hypothéquer et aliéner leurs immeubles ; toutefois, leurs biens stipulés dotaux , lorsqu'elles sont mariées sous le régime dotal , ne peuvent être hypothéqués ni aliénés que dans les cas déterminés , et avec les formes réglées par le Code Napoléon.

Est-il nécessaire d'avoir la qualité de commerçant pour être justiciable des tribunaux de commerce ? — Non ; il suffit qu'on soit poursuivi en raison d'actes de commerce , même d'un seul. (Cour de cassation, 3 juin 1817.)

Peut-on être déclaré en état de faillite pour un seul acte de commerce ? — On ne peut être déclaré en faillite, si on n'a fait *habituellement* des actes de commerce, lors même qu'on aurait souscrit des effets négociables , ou pris dans divers actes la qualité de commerçant. (Cour de cassation , 15 mai 1815 et 24 février 1840.

CRÉDIT, CRÉDIT OUVERT. — C'est l'obligation contractée par un commerçant ou un banquier de fournir à une personne des fonds jusqu'à concurrence d'une somme déterminée, et pendant un certain temps. Celui qui ouvre le crédit s'appelle *créditeur ;* celui qui en profite s'appelle *crédité.*

Un crédit peut s'ouvrir dans deux cas différents :

1° Celui où le crédité a versé des sommes dans les mains du créditeur, et s'est réservé le droit d'en disposer à sa convenance. Dans ce cas, le créditeur ne prête rien, ne fait aucune avance au crédité, il n'est qu'un dépositaire ordinaire.

2° Le cas où le crédit est ouvert sans remise de fonds préalable de la part du crédité, avec engagement du créditeur de payer jusqu'à concurrence d'une somme convenue. — Dans ce dernier cas, il y a un véritable prêt qui constitue le crédité débiteur du capital avancé en espèces, marchandises ou autres valeurs, des droits de commission et des intérêts des fonds, qui courent à dater du jour où les avances ont été réalisées.

Le créditeur qui consent un prêt sous la forme d'un crédit ouvert, exige habituellement des garanties, telles qu'un cautionnement, un nantissement, une hypothèque.

Les obligations de la caution sont fixées par les termes de la convention. Néanmoins, la garantie donnée pour un temps *limité* à un crédit ouvert en faveur d'un négociant par une maison de banque, s'étend au paiement de traites souscrites en exécution du crédit, bien qu'elles soient échues *après* l'expiration du délai fixé pour la garantie, si d'ailleurs elles ont été *acceptées* avant cette époque par la maison de banque ; c'est l'époque de *l'acceptation* et non celle de *l'exigibilité* qu'il faut considérer. (Cour de Paris, 13 janvier 1831.) — La garantie consentie en une forme non commerciale par un commerçant, à raison d'un crédit ouvert à un commerçant par un autre, n'emporte pas contrainte par corps contre le garant. (Même Cour, même arrêt.)

Une hypothèque peut être valablement consentie pour sûreté d'un crédit ouvert à celui qui consent l'hypothèque. (Cour de cassasion, 10 août 1831.) — Pour réclamer le bénéfice de cette hypothèque, il suffit de prouver par des lettres, registres ou autres actes, que le crédité

7.

est effectivement devenu débiteur par l'usage du crédit. (Cour de Caen, 11 août 1812.) — Les hypothèques prises dans ces cas-là prennent rang à la date de l'inscription, et non pas seulement du jour de la réalisation du crédit, et il en est ainsi alors que, par une clause même de l'acte portant ouverture du crédit, le créditeur se serait réservé la faculté de n'escompter que les valeurs qu'il jugerait à sa *satisfaction*. (Cour de Paris, 30 mars 1842.)

Une ouverture de crédit faite par un banquier à un commerçant, contre la remise d'effets souscrits directement à son profit par le crédité à chaque versement de fonds, constitue un prêt conventionnel et non une opération susceptible d'escompte. Dès lors, si le banquier a exigé pour la négociation de chacun des effets à lui remis un intérêt de plus de 6 pour 100, il y a usure, et il doit au crédité la restitution des intérêts perçus en trop; on ne saurait, en ce cas, considérer cet excédant d'intérêts comme ayant le caractère d'escompte. (Cour de cassation, 27 novembre 1843.) — Le débiteur qui a approuvé le compte d'un crédit ouvert à son profit chez un banquier, n'en est pas moins recevable à demander ultérieurement la nullité ou la rectification de ce compte, lorsqu'il a été réglé d'après des bases contraires aux principes de la loi qui fixe le taux de l'intérêt à 6 pour 100 en matière de commerce. (Cour d'Orléans, 28 août 1840.)

ENREGISTREMENT. — L'ouverture d'un crédit en acceptation de lettres de change, même avec stipulation d'une garantie actuelle, ne constituant qu'une obligation éventuelle et subordonnée à l'émission des traites et à leur acceptation, l'acte qui la contient n'est, jusqu'alors, passible que du droit fixe de 2 francs. Si les traites sont émises et acceptées, il est perçu le droit de 50 cent. par 100 francs, au fur et à mesure des sommes réellement fournies.

Il en est de même des valeurs que le crédité fournit par le même acte au créditeur, et pour sûreté du crédit qui lui est ouvert, cette garantie étant également subordonnée à la même éventualité. (Délibérations de la régie, et Cour de cassation, 10 mai 1831, 9 mai 1832, et 29 avril 1844.)

ENDOSSEMENT. — L'endossement est le mode spécial et exceptionnel de transport des effets de commerce, tels que billets à ordre, lettres de change, ainsi que de tous les autres titres d'obligation dont la loi autorise la cession par voie *d'ordre*, comme le *connaissement*, etc.

La loi distingue deux sortes d'endossements : l'endossement *régulier* et l'endossement *irrégulier*.

Qu'est-ce que l'endossement régulier? — L'endossement régulier est celui qui, étant revêtu de toutes les formalités prescrites par la loi, a pour effet de transporter la propriété du billet ou autre titre quelconque. — Il doit être daté. — La date est exigée pour prévenir les fraudes que son omission pourrait faciliter, pour faire reconnaître si le cédant et le cessionnaire étaient l'un et l'autre capables de contracter à l'époque indiquée : — ainsi, par exemple, si l'endossement du titre n'aurait pas été fait postérieurement à la faillite de l'endosseur, c'est à-dire dans un moment où celui ci n'en avait plus la libre disposition. — Un endossement, quoique non daté, mais renfermant les autres énonciations prescrites par le Code, opère transport de la part de l'endosseur vis-à-vis de celui à qui l'effet est passé. Ce n'est qu'à l'égard des tiers que le défaut de date de l'endossement peut faire considérer cet endossement comme non régulier. (Arrêt de la Cour de Grenoble du 3 février 1836.) — Il est défendu, *sous peine de faux*, d'antidater un *ordre* ou endossement.

L'endossement, outre sa date, doit renfermer l'énonciation de la valeur fournie.—L'espèce de valeur fournie est suffisamment énoncée, lorsqu'il est dit : *Valeur reçue comptant*. (Arrêt de la Cour de cassation du 13 novembre 1821.)

L'endossement causé *valeur en compte*, doit être réputé translatif de propriété vis-à-vis des tiers qui se rendent ultérieurement porteurs du billet revêtu de cet endossement. Le droit des tiers porteurs n'est pas soumis à la condition que leur cédant justifiera par compte être créancier de l'auteur de l'endossement. (Arrêt de la Cour de cassation du 25 juillet 1832.)

L'endosseur d'un billet à ordre ne peut se dispenser de prêter le serment décisoire que lui défère le souscripteur du billet, sur la question de savoir si les valeurs énoncées au billet ont été réellement fournies.

Enfin, l'endossement d'un billet ou lettre de change causé *pour don* est valable, comme s'il était causé *pour valeur reçue*. (Arrêt de la Cour de Paris du 6 mai 1815.)

L'endossement doit énoncer le nom de celui à qui l'effet est cédé ; il doit être signé. La signature de l'endosseur suffit. Il n'est pas nécessaire que les énonciations ci-dessus indiquées soient écrites de sa main, ni même, dans le cas d'une écriture étrangère, qu'il ait approuvé l'écriture. (Arrêt de la Cour de Bruxelles des 5 mars et 8 juillet 1825.)

L'endossement peut renfermer des conditions, sans cesser d'être régulier. Ainsi, celui qui le souscrit peut en exclure la solidarité ou la contrainte par corps. — Ainsi encore, il peut indiquer des personnes chargées de payer au besoin l'effet ; il peut aussi imposer au porteur la condition qu'au cas de non-paiement, le retour se fera *sans frais*, c'est-à dire sans protêt. Cette condition s'exprime par ces mots : *sans frais*, ajoutés à l'endossement.

Les obligations accessoires à un titre négociable par voie d'endossement, sont transmissibles comme le titre même. Ainsi, l'hypothèque donnée pour sûreté d'une créance en paiement de laquelle des billets ou lettres de change sont souscrits, peut être transmise comme accessoire de la créance, par le fait de l'endossement des billets eux-mêmes. (Arrêt de la Cour de cassation du 21 février 1838.)

L'endossement régulier a encore cet effet, qu'à moins de stipulation formelle, celui qui le souscrit est solidairement responsable du paiement de l'effet, de sorte que tous les endosseurs postérieurs, à défaut de paiement par le souscripteur, ont une action contre lui.—La simulation d'un endossement n'est pas opposable au tiers-porteur de *bonne foi*, quand même le cédant du tiers-porteur serait celui au profit de qui a été passé l'endossement simulé. (Arrêt de la Cour de Nîmes du 23 août 1827.) — Le vice d'un endossement, résultant de ce que la signature de l'endosseur lui a été surprise *par dol*, n'est pas opposable au porteur en vertu d'un endossement *ultérieur*, quand celui-ci est reconnu être porteur de bonne foi. (Arrêt de la Cour de cassation du 6 août 1807.)

Il est une espèce d'endossement irrégulier qui est très usitée ; c'est celui qu'on appelle *endossement en blanc*, et qui consiste en une simple signature mise au dos de l'effet. Il ne vaut, comme l'endosseur irrégulier, en général, qu'à titre de mandat ; il peut être considéré comme une procuration pour recevoir, ou comme un pouvoir pour transmettre ou négocier. La signature de l'endosseur, jointe à la délivrance volontaire de l'effet, fait preuve du mandat. Il résulte de là que si la délivrance n'avait pas été volontaire, ou bien si l'endosseur jugeait à propos de révoquer son mandat, il pourrait revendiquer l'effet, pourvu qu'il fût encore dans les mains de celui à qui il l'a remis. Il pourrait aussi faire signifier au débiteur une défense de payer au porteur de l'effet avec endossement en blanc, en déclarant qu'il se présentera lui-même pour recevoir. Mais si le porteur, par un nouvel endossement régulier, avait transmis l'effet à un tiers, rien ne pourrait empêcher ce tiers d'être payé. — Le porteur d'un billet à ordre au moyen d'un endossement en blanc a qualité pour en exiger le paiement du tireur, même après le décès de l'endosseur. Le tireur ne peut, dans ce cas, se refuser à payer, sous prétexte que le décès de l'endosseur aurait mis fin au mandat donné au porteur, à moins que le tireur ne justifie qu'il a acquitté l'effet entre les mains de l'endosseur, ou qu'il a quelque compensation à lui opposer. (Arrêt de la Cour de cassation du 4 mars 1828.) — Le tireur d'une lettre de change ne peut se dispenser de payer le porteur, sous prétexte que, l'endossement étant en blanc, le porteur n'est pas propriétaire, mais mandataire. Cette exception n'est réservée qu'aux créanciers de l'endosseur. (Arrêt de la Cour de cassation du 2 prairial an XIII.)

Au cas de remise volontaire et de non-révocation du mandat ou bien en cas de révocation, si l'action en revendication n'a pas encore eu lieu, le porteur de l'effet revêtu de l'endossement en blanc a non seulement le droit d'en toucher le montant, et, à défaut de paiement, de le faire protester ; mais encore il a qualité pour négocier l'effet par un nouvel endossement, comme si l'endossement qui le lui a transmis eût été régulier.

L'endossement en blanc d'un effet négociable vaut procuration pour en poursuivre le paiement. (Arrêt de la Cour de Douai du 3 août 1814.)—L'endossement en blanc est aussi bien procuration à l'effet de négocier, qu'à l'effet de toucher le paiement. (Arrêts de la Cour de cassation de 20 janvier 1814, 20 février 1816, 12 août 1817; de la Cour de Paris du 29 janvier 1816; de la Cour de Toulouse du 28 mai 1825; de la Cour de Nîmes du 19 février 1810, et de la Cour de Bruxelles du 25 mars 1810, des 4 mars 1820, 24 janvier 1824, et 28 janvier 1831.) — La règle ci-dessus reçoit exception pour le cas de paiement, lorsque le souscripteur ou accepteur a des exceptions personnelles à opposer à l'endosseur. Dans ce cas, ces exceptions peuvent être opposées au porteur, puisque celui-ci n'agit qu'en qualité de mandataire; car il ne peut avoir plus de droits que son mandant lui-même.

L'exception tirée de ce que l'endossement a été donné en blanc, et n'a effet que comme procuration, peut être opposée par le souscripteur, tireur, endosseur, ou autres signataires d'un billet à ordre ou d'une lettre de change, alors qu'ayant à opposer au donneur d'endossement en blanc quelque fin de non-recevoir personnelle (de compensation ou libération), il leur importe d'avoir pour adversaire direct le donneur d'endossement en blanc, plutôt que le porteur. (Arrêt de la Cour de cassation du 26 avril 1026.) — Au reste, il en est de l'endossement en blanc comme de l'endossement irrégulier en général. L'acceptation d'un effet ainsi endossé n'enlève aucunement la faculté à celui qui l'a ainsi reçu de prouver qu'il a réellement fourni la valeur de l'effet, et qu'il en est légitime propriétaire, malgré l'irrégularité de l'endossement.

Le principe qu'un endossement en blanc ne vaut que comme procuration et n'empêche pas le transport de l'effet, n'établit qu'une simple présomption qui cède à la preuve contraire. Les tribunaux peuvent même, en ce cas, admettre de simples présomptions ayant pour effet de détruire celle qui résulte de ce principe. (Arrêts de la Cour de cassation du 10 mars 1824 et du 31 juillet 1833.)

L'endossement en blanc peut valoir comme titre propre et personnel au porteur, s'il est constant que l'effet endossé en blanc a été remis au porteur avec l'intention de le saisir d'un titre, par exemple pour lui servir de garantie des valeurs qu'il aurait fournies au souscripteur de l'effet. (Arrêt de la Cour de Riom du 11 juillet 1820.)

La loi n'exigeant pas que l'endossement soit écrit de la main de celui qui le signe, ni qu'il porte un *approuvé de l'écriture*, nul doute que celui qui a reçu l'effet avec un endos en blanc ne puisse, pourvu que ce soit sans fraude, c'est à-dire pourvu qu'il en ait fourni la valeur, le remplir ou régulariser de sa main, et lui donner à l'égard des tiers tous les caractères d'un endossement translatif de propriété ; mais cela, bien entendu, sans préjudice du droit que l'endosseur ou les ayant-cause, comme, par exemple, les syndics de la faillite, pourraient avoir de revendiquer la propriété de l'effet, alors surtout que l'endossement n'aurait été régularisé que depuis la faillite. (Arrêt de la Cour de cassation du 18 novembre 1812.)

ENSEIGNE. — C'est *l'emblème* ou le *nom* qui indique et qui fait reconnaître un établissement commercial. Elle consiste ordinairement soit dans le nom du commerçant, soit dans un nom de convention, soit dans un tableau symbolique.

Toute enseigne constitue une propriété, qui s'acquiert soit par la possession, soit par la vente de l'établissement même, faite par un commerçant à son successeur, soit par succession, quand un fils, un neveu, un héritier ou légataire quelconque hérite d'un établissement commercial.

Lorsqu'il y a contestation entre deux commerçants sur la propriété d'une enseigne, la propriété doit être adjugée à celui qui, par lui-même ou par son prédécesseur, en a eu le premier la possession publique. — Un établissement commercial en possession d'une raison commerciale et d'une enseigne quelconque, peut exiger qu'un établissement plus nouveau et *de même nature* change une raison commerciale et une enseigne qui feraient confondre les deux établissements, surtout si déjà l'identité d'enseigne a produit des méprises et des discussions entre les deux établissements. (Cour. d'Aix, 8 janvier 1821.)

Le vendeur d'un fonds de commerce est supposé, à moins de conventions contraires, avoir vendu l'enseigne attachée à ce fonds. — Il ne peut donc, s'il établit plus tard dans le voisinage un fonds de même nature, prendre une enseigne semblable à celle du fonds vendu, et, dans ce cas, il y a similitude dans les enseignes donnant lieu à la suppression de la nouvelle, par cela seul qu'il y a conformité dans la partie principale du titre. Peu importe la différence dans les noms des propriétaires, et l'absence sur la nouvelle enseigne de quelques-uns des mots qui se trouvent sur la première. (Cour de Paris, 19 novembre 1834 et 12 janvier 1840.) Remarquons toutefois que si l'enseigne ne consistait que dans le nom du commerçant vendeur, celui-ci, dans le cas où il se serait réservé le droit de créer un établissement nouveau, pourrait indubitablement faire figurer ce nom sur l'enseigne du nouvel établissement.

Le nom ou le titre sous lequel le père a fait un commerce est la propriété du fils qui lui succède. Ainsi, un neuveu commet un usurpation lorsqu'il adopte, pour exercer le *même commerce*, une enseigne dans laquelle le nom de son oncle joint au sein propre ressort de manière à tromper l'acheteur. (Cour de Paris, 29 août 1812.)

Celui qui, après avoir travaillé, soit comme commis, soit comme apprenti chez un commerçant, crée un établissement du même genre que celui de son ancien patron, a-t-il le droit de faire intervenir le nom de celui-ci sur son enseigne pour attirer la clientèle ? — La question a été résolue par différents arrêts, et notamment par un d'entre eux qui a déclaré que de ce qu'un ouvrier avait travaillé plusieurs années chez un fabricant et y avait appris son état, il ne s'ensuivait pas qu'il eût acquis le droit de se dire son *élève* et de prendre publiquement ce titre sur son enseigne ou ses adresses. (Cour de Paris, 24 avril 1834.)

Celui qui, exerçant une industrie, a acheté une maison située au fond d'une cour appartenant au vendeur, a le droit de placer sur la porte extérieure une enseigne indicative de son industrie, sauf aux tribunaux à régler, en cas de contestation, la place et les dimensions de cette enseigne. (Cour de Rouen, 14 juin 1843.)

Celui qui usurpe ou imite une enseigne appartenant à un autre que lui, est condamné non-seulement à la suppression de cette enseigne, mais encore à des dommages-intérêts proportionnés au préjudice causé. Pour qu'il y ait lieu à condamnation, il n'est pas nécessaire que l'imitation soit parfaite ; il suffit qu'il y ait ressemblance telle, qu'elle soit de nature à tromper le public et à l'attirer au nouvel établissement au préjudice de l'ancien.

Ce sont les tribunaux de commerce qui sont compétents pour juger les procès intentés contre les usurpateurs ou imitateurs d'enseignes. (Cour de cassation, 9 décembre 1843.)

ENTREPRENEUR DE TRANSPORTS. — Il faut distinguer le commissionnaire de transports de l'entrepreneur *proprement dit*. Le commissionnaire est celui qui, traitant en son nom, mais pour le compte d'un commettant, fait des marchés avec des voituriers pour des transports de marchandises. L'entrepreneur est celui qui s'engage envers un tiers, moyennant un prix convenu, à transporter des personnes ou des choses dans un lieu indiqué.

Il y a deux sortes d'entrepreneurs de transports : les entrepreneurs particuliers, et les entrepreneurs publics. Les premiers sont ceux qui, n'ayant pas de service publiquement annoncé, se chargent quand il leur plaît, et à prix convenu, d'effectuer des transports. — Les seconds sont ceux qui, ayant annoncé leur établissement au public avec des conditions de prix, de périodicité, de jour et d'heures, sont tenus de partir aux jours et heures déterminés par eux, sans pouvoir exiger d'autres prix que ceux qu'ils ont eux-mêmes annoncés.

L'entrepreneur de transports est responsable du fait de ses agents. — Il répond des accidents causés par leur maladresse. (Cour de Paris, 19 avril 1844.) — Il répond également des suites dommageables que peuvent avoir les

retards dans l'arrivée de ses agents, voituriers, conduc-
tenrs, au lieu de destination. (Même Cour, 24 février
1846.)

Il n'y a véritable entreprise de transport dans le sens
de la loi, et établissement commercial, que là où il y a à
la fois *habitude et trafic*. (*Commentaire du Code de
Commerce* par Pardessus.)

ENTREPRENEUR DE TRAVAUX. — L'entrepreneur de
travaux est celui qui, pour un prix convenu, se charge
à forfait d'une construction dans laquelle il doit employer
des ouvriers et, le plus ordinairement, fournir des matériaux.

Quand l'entreprise n'a pour objet qu'une simple main-
d'œuvre, que les matériaux ne sont pas fournis par l'entrepreneur, il n'y a pas acte de commerce, et les procès
auxquels elle peut donner lieu sont de la compétence des
tribunaux civils. Mais lorsqu'il y a à la fois entreprise de
main-d'œuvre et fourniture de matériaux, il y a acte de
commerce, et la juridiction consulaire est seule compétente. — Ainsi, les fournitures de matériaux faites pour
la construction d'un chemin de fer à une entreprise de
transport constituent, à l'égard des concessionnaires, un
acte commercial, lorsque ces fournitures ont un rapport
direct, immédiat et nécessaire avec l'objet de l'entreprise
de la compagnie. (Cour de cassation, 28 juin 1843.) —
Ainsi encore, l'entreprise sur adjudication des travaux à
faire sur une grande route, avec fournitures de main-d'œuvre et de matériaux, ne peut être assimilée à la simple entreprise de main-d'œuvre par un ouvrier, et constitue és-
sentiellement un acte de commerce. (Cour de cassation
du 29 novembre 1842.)

L'engagement contracté par des entrepreneurs de serrurerie et de menuiserie de fournir à un commerçant des appareils relatifs à son industrie, constitue non pas un simple louage de main-d'œuvre, mais un acte de commerce dont la connaissance est de la compétence exclusive des tribunaux de commerce. (Cour de Paris, 14 juillet 1843.) — L'entreprise de construction d'une maison est aussi un acte de commerce de la part de l'entrepreneur, lorsqu'il s'est chargé de fournir les matériaux, et que, pour accomplir cette obligation, il a dû les acheter. (Cour de Poitiers, 23 mars 1841.) — Il en est de même de l'entreprise de confection ou de réparation de grandes routes. (Cour de Limoges, 23 novembre 1843.)

Lorsqu'il s'agit de travaux publics, les entrepreneurs sont soumis à des règles toutes spéciales, et les difficultés qui s'élèvent entre eux et l'administration sur l'exécution du marché sont de la compétence administrative. — Les contestations qui s'élèvent entre les entrepreneurs de travaux publics et des sous-traitants sont de la compétence des tribunaux, à l'exclusion de l'autorité administrative, quelles que soient d'ailleurs les conventions insérées à cet égard dans le sous-traité. Ordonnance du Conseil d'État du 12 avril 1832.) — Lorsqu'un marché fait avec le Gouvernement stipule une retenue de portion du prix, dans le cas d'inexécution des ouvrages dans les délais prescrits, cette inexécution ne peut donner lieu à la résiliation du marché. (Ordonnance du Conseil d'État des 12 décembre 1818 et 4 juillet 1842.)

ENTREPRISES DE FOURNITURES. — Espèce de vente commerciale par laquelle l'un des contractants s'oblige à fournir à l'autre une chose à un prix convenu. Les contestations auxquelles peut donner lieu une opération de ce genre sont de la compétence des juges consulaires. (Cour de cassation, 12 janvier 1830.)

L'entreprise des fournitures se fait soit à *forfait*, soit à tant la ration.

L'entrepreneur de fournitures ne peut se soustraire à son engagement, quelque onéreux qu'il puisse lui devenir par suite de renchérissement des objets à fournir. Il ne peut, sauf convention contraire, exiger d'indemnité, si la valeur de ces objets augmente ; mais il est délié de son engagement si un cas de *force majeure* ne lui permet pas de le remplir. — Il doit faire les fournitures convenues aux époques déterminées par la convention, et, s'il ne les fait pas, s'il met celui avec qui il a contracté dans la nécessité de se pourvoir ailleurs d'urgence, il est passible de dommages-intérêts résultant de la différence entre le prix auquel celui-ci a réalisé ses achats et le prix stipulé pour les fournitures promises. (Cour de Paris, 24 juillet 1850.)

En règle générale, celui à qui la fourniture doit être faite n'a pas le droit de rompre la convention à son gré ; seulement si la fourniture promise lui devient inutile, il peut obtenir la résiliation de son marché tant que l'entrepreneur n'a pas acheté, fabriqué ou réuni les choses à livrer, à la condition de payer une indemnité pour les soins de l'entrepreneur et les bénéfices dont il se voit privé. — Si les fournitures étaient en état d'être faites, celui à qui elles sont dues serait obligé de les recevoir, de telle sorte que l'entrepreneur pourrait, après *offres réelles*, faire vendre les choses publiquement aux enchères, aux risques et périls de celui qui les avait demandées, c'est-à-dire que, dans le cas où le produit de la vente n'atteindrait pas le prix réglé entre les deux parties, celui-ci serait débiteur de la différence envers le fournisseur.

Les conventions passées entre l'entrepreneur principal et les sous-traitants sont soumises aux règles ci dessus, les sous-traitants étant eux-mêmes entrepreneurs de fournitures vis-à-vis de l'entrepreneur principal. — Les sous-traitants qui n'ont contracté qu'avec l'entrepreneur principal n'ont pas d'action personnelle contre le demandeur de fournitures; peu importe que celui-ci ait été connu d'eux au moment de l'opération. (Cour de Rouen, 12 avril 1826.)

Les traités ou marchés de fournitures faits avec le Gouvernement par des entrepreneurs sont soumis à des lois particulières, et les difficultés qu'ils peuvent soulever sont de la compétence administrative. Mais les conventions entre les entrepreneurs de ce genre et leurs sous-traitants sont régies par la loi commerciale.

FABRICANT. — Celui qui, avec l'aide d'ouvriers et des matières qu'il achète, fabrique des objets d'une nature ou d'une forme nouvelle qu'il livre ensuite à des marchands en détail, ou qu'il vend lui-même aux consommateurs. — Le fabricant est commerçant, soumis en conséquence à la juridiction consulaire, à raison des achats de matières servant à la fabrication, de la vente des produits fabriqués, et de toutes autres opérations relatives à l'exploitation de son établissement. Il est dès lors contraignable par corps à raison des engagements pris par lui en cette qualité, et, au cas de cessation de paiements, susceptible d'être déclaré en état de faillite.

Tout fabricant a le droit d'appliquer sur les objets de sa fabrication une *marque* particulière qui distingue ses produits de ceux des autres fabricants exerçant la même industrie, et lui en assure la propriété exclusive.

FACTEUR. — Celui qui a reçu du chef d'un établissement commercial mandat pour le représenter dans certaines opérations. C'est un commis aux gages de celui qui l'emploie, aux termes de l'article 634 du Code de commerce ; les tribunaux de commerce jugent les différends qui s'élèvent entre les patrons et leurs facteurs.

Il y aussi des facteurs investis d'une sorte de caractère public, nommés par l'autorité municipale, et placés près des halles et marchés dans certaines grandes villes. C'est par l'entremise de ces facteurs que se font les ventes des denrées de consommation entre les marchands en gros et les détaillants. — Ils sont considérés comme commerçants. (Cour de Paris, 9 avril 1825.)

FACTURE. — Mémoire ou compte présentant un état détaillé de choses vendues, avec leur prix, nature, quantité et qualité.

Les factures servent à prouver les ventes et achats, quand elles ont été *acceptées* ; mais il n'est pas nécesseire que l'acceptation soit écrite. Cette acceptation peut être établie par témoins, et même par tous autres indices qui porteraient à croire que la facture a été reçue sans réclamation. — Les factures des commerçants ne font preuve à l'égard des tiers des achats et ventes qu'elles énoncent qu'autant qu'elles ont été régulièrement portées sur les livres des parties. (Cour de Paris, 1er mars 1828.)

Une facture, même non acceptée, dit M. Pardessus, prouve la délivrance symbolique des choses qu'elle indique. Ainsi, lorsqu'une vente est faite sur facture, c'est-à-dire quand l'acheteur revend les objets par lui achetés sans les livrer corporellement, la remise de la facture équivaut à cette livraison ; de telle sorte qu'en ce cas, les marchandises vendues ne pourraient être revendiquées par le vendeur primitif non payé. (Cour de Colmar, 3 décembre 1829, et Cour de Lyon, 19 janvier 1844.)

L'acceptation des marchandises et *de la facture* indiquant le domicile du vendeur comme lieu de paiement, attribue la connaissance des contestations relatives au marché au tribunal du vendeur. (Cour de Nancy, 5 juillet 1837 ; Cour de Paris, 2 mai 1838, et Cour de Bordeaux, 31 juillet 1839.)

FAILLITE. — La faillite est l'état de tout commerçant qui cesse ses paiements. Il ne faut pas confondre la faillite avec la banqueroute. — La faillite n'est ni un crime ni un délit ; la banqueroute, au contraire, si elle est simple, est un délit ; si elle est frauduleuse, elle est un crime.

Caractères de l'état de faillite. — Sa déclaration. Fixation de l'époque de la cessation de paiements ou de l'ouverture de la faillite.

Tout commerçant qui cesse ses paiements est en état de faillite. — Une cessation de paiements qui n'est qu'*accidentelle et temporaire*, et non l'effet de la *situation réelle* du commerçant, n'emporte pourtant pas état de faillite. (Cour de cassation, 2 avril 1842.) — Des protêts et des jugements même nombreux ne constituent pas l'état de faillite, lorsque le négociant au préjudice duquel ces actes ont eu lieu a payé ceux qui l'avaient poursuivi, ou a obtenu d'eux de nouveaux délais, et est resté à la tête de ses affaires. (Cour de Lyon, 6 août 1832.)

Toutefois, la cessation de paiements qui détermine l'état de faillite peut résulter du défaut de paiement d'un *seul* effet de commerce *important*, malgré le paiement ultérieur de quelques autres billets d'une faible valeur

(Cour de cassation, 26 avril 1841) ; — et spécialement un commerçant est réputé en état de cessation de paiements si, au refus de payer une dette importante, se joignent la retraite du débiteur, la clôture de ses magasins, et l'abandon de ses affaires. (Cour de cassation, 7 juillet 1841.) — La cessation de paiement ne résulte pas du nombre des créanciers, mais bien de la situation du commerçant débiteur, et notamment d'un ensemble de circonstances qui démontrent la ruine entière de ses affaires; et dans ce cas, la mise en faillite peut être prononcée, bien qu'il n'y ait qu'un créancier unique. Cour de cassation, 6 décembre 1841, et Cour de Rouen, 22 juin 1842.)

Celui qui se livre habituellement à des actes de commerce peut être mis en état de faillite, s'il cesse ses paiements, encore qu'il soit revêtu d'une qualité par elle-même exclusive du négoce, telle que celle d'avocat ou de notaire. (Cour de Montpellier, 11 mai 1844, et Cour de cassation, 15 avril même année.)

Pour constituer l'état de faillite, la cessation de paiements doit avoir lieu à l'occasion d'engagements commerciaux. Ainsi, un commerçant qui n'acquitterait pas ses obligations civiles, mais qui paierait exactement ses promesses et obligations commerciales, ne pourrait être déclaré en état de faillite. Mais le créancier porteur d'une obligation civile non acquittée aurait le droit de faire déclarer en faillite son débiteur commerçant, dans le cas où il serait constaté que celui-ci a cessé d'acquitter ses obligations commerciales, parce qu'alors le débiteur est en état de faillite pour le tout, et qu'il n'y a pas lieu de distinguer ses affaires commerciales de ses affaires civiles pour appliquer aux premières seulement les règles de la faillite. (Cour de Paris, 27 novembre 1841.)

Tout failli est tenu, dans les trois jours de la cessation de paiements, d'en faire la déclaration au greffe du tribunal de commerce de son domicile ; le jour où il a cessé ses paiements est compris dans les trois jours. Si, dans le lieu de son domicile, il n'y a pas de tribunal de commerce, la déclaration est faite au greffe du tribunal civil. — En cas de faillite d'une société en nom collectif, la déclaration doit être faite par l'administrateur ou par ses associés ; tous les associés étant solidaires et responsables des obligations sociales, elle doit contenir leur nom et l'indication de leur domicile. — Si la société est en commandite ou anonyme, la déclaration est faite par les gérants ou administrateurs, et on ne doit y énoncer que les noms et demeure des associés solidaires, et non ceux des commanditaires ou actionnaires. — La déclaration de cessation de paiements d'une société est faite au greffe du tribunal dans le ressort duquel se trouve le siége du principal établissement de la société. — La déclaration faite par le failli peut être rétractée tant que le jugement prononçant la faillite n'a pas été rendu, mais à la charge de prouver qu'il a payé ou qu'il est en mesure de payer ses créanciers. (Cour de Paris, 26 juin 1846.)

La déclaration du failli doit être accompagnée du dépôt de son bilan ou état de ses dettes actives et passives, certifié véritable, daté et signé de lui ; à défaut, elle doit contenir l'indication des motifs qui empêchent le failli de le déposer. — C'est sur cette déclaration, ou, faute de cette déclaration, soit sur la requête d'un ou de plusieurs créanciers, soit d'office, que la faillite est prononcée par le tribunal de commerce. Le jugement de déclaration de faillite est exécutoire par provision. Il doit, sous peine de nullité, être prononcé en audience publique. (Cour d'A-miens, 24 avril 1839.)

Par le jugement déclaratif de la faillite ou par jugement ultérieur rendu sur le rapport du juge-commissaire, le tribunal fixe soit d'office, soit sur la poursuite de toute partie intéressée, l'époque à laquelle a eu lieu la cessation de paiements. A défaut de fixation spéciale, la cessation de paiements est réputée avoir eu lieu à partir du jugement déclaratif de la faillite. — L'époque de la cessation de paiements, c'est-à-dire de l'ouverture de la faillite, ne doit pas nécessairement être fixée à celle où ont eu lieu des protêts, même nombreux, si les effets ont été protestés, mais ensuite acquittés sans poursuites, si le débiteur a continué son commerce au vu et au su de ses créanciers, si enfin il paraît que la suspension de paiements provenait non de l'insolvalibité réelle du débiteur, mais de circonstances extraordinaires et difficiles. (Cour d'Angers, 27 août 1834.)

Un créancier qui, par lettre circulaire, annonce à ses créanciers qu'il cesse tout paiement, se constitue par là même et dès cet instant en état de faillite. (Cour de cassation, 15 novembre 1838.) — A moins pourtant qu'après cette lettre les paiements n'aient continué. (Cour de Paris, 14 décembre 1840.)

L'ouverture de la faillite d'un négociant qui a contracté des emprunts hypothécaires pour des sommes considérables, et qui ensuite a laissé protester des effets par lui souscrits, a pu être fixée à la date du protêt des effets, et non à celle de l'emprunt, alors que, dans le temps intermédiaire, le failli est resté à la tête de ses affaires et a fait honneur à ses engagements. (Cour de cassation, 22 mai 1841.)

L'ouverture d'une faillite peut être reportée à la date de la première échéance d'un effet renouvelé et non payé à l'époque de la nouvelle échéance, lorsque, à l'époque du renouvellement, l'insolvabilité du débiteur était déjà notoire, malgré le paiement de quelques billets peu importants. (Cour de cassation, 26 avril 1841.)

La fixation de l'époque de la cessation des paiements est chose très importante; car, comme nous le verrons bientôt, certains actes faits avec le failli, ou certains droits qui peuvent s'acquérir contre lui, sont susceptibles d'être annulés s'ils sont postérieurs à cette époque, ou même s'ils ont été faits ou acquis dans les dix jours qui précèdent.

Les jugements qui déclarent la faillite et qui fixent la date de la cessation de paiements, doivent être affichés par extrait, pendant trois mois, dans la salle d'audience du tribunal de commerce de l'arrondissement, et, si le failli a plusieurs établissements commerciaux situés dans divers arrondissements, dans la salle du tribunal de chacun de ces arrondissements. Cet extrait est en outre inséré dans les journaux des mêmes localités. — De plus, le greffier du tribunal de commerce adresse, dans les vingt-quatre heures, au procureur impérial du ressort, extrait des jugements déclaratifs de faillite, mentionnant les principales indications et dispositions qu'ils contiennent.

FEMME COMMERÇANTE. — Une femme ne peut pas être marchande publique sans le consentement de son mari. — Elle n'a pourtant pas besoin de son autorisation expresse; il suffit qu'elle fasse le commerce au vu et au su de son mari, sans qu'il s'y oppose. (Cour de cassation, 27 avril 1841.) — Le consentement du mari peut, selon les circonstances, s'induire de ce seul fait que le mari a laissé à sa femme une procuration générale pour administrer ses affaires. (Cour de Paris, 5 mars 1835.)

Le mari qui a autorisé sa femme à faire le commerce peut révoquer ce consentement; mais dans ce cas, pour qu'une semblable révocation produise son effet à l'égard des tiers, il faut la publier par la voie des journaux et de l'affiche au tribunal de commerce.

La femme marchande publique, qui assigne ou qui est assignée devant les tribunaux à raison des actes de son ministère, doit y être autorisée ou assistée par son mari, ou, au refus de celui-ci, par justice. Cependant elle peut, sans ces autorisations, faire des actes conservatoires, tels que des protêts, des saisies provisoires.

La femme mariée peut être autorisée par la justice à faire le commerce en cas de refus de la part de son mari, si ce refus repose sur d'injustes motifs, et cette autorisation peut être surtout accordée quand il y a séparation de biens entre les époux. (Cour de Paris, 24 octobre 1844.)

La femme n'est réputée marchande que si elle fait un commerce distinct et séparé; elle n'est pas réputée telle, si elle ne fait que détailler les marchandises du commerce de son mari.

La femme marchande peut, sans l'autorisation du mari, s'obliger pour ce qui concerne son négoce, et, en ce cas, elle oblige aussi son mari, s'il y a communauté entre eux. — Une femme qui, du consentement tacite de son mari, fait un commerce embrassant toutes sortes de spéculations, peut valablement former, sans autorisation spéciale, une société pour l'exploitation d'un établissement industriel qui rentre dans les opérations de son commerce. (Cour de cassation, 27 avril 1844.) — La femme marié.

quelque part qu'elle prenne au commerce de son mari, ne peut être réputée pour cela marchande ; elle ne l'est qu'autant qu'elle fait un commerce séparé, et c'est seulement dans ce cas que les obligations qu'elle souscrit sont valables à l'égard du mari. (Cour de Douai, 24 août 1843.) — L'endossement par une femme mariée non marchande, sans l'autorisation de son mari, d'un billet à ordre appartenant à la communauté, est nul non-seulement à l'égard du cessionnaire immédiat, mais encore à l'égard des cessionnaires postérieurs et du porteur définitif, alors que ceux-ci ont eu connaissance de l'état de la femme, et par conséquent de son incapacité. (Cour de cassation, 7 août 1843.)

La femme marchande peut également engager, aliéner et hypothéquer ses immeubles. Toutefois, ses biens stipulés dotaux, quand elle est mariée sous le régime dotal, ne peuvent être aliénés ni hypothéqués que dans le cas et avec les formes réglées par le Code Napoléon.

FOIRES ET MARCHÉS. — Assemblées de marchands avec concours d'acheteurs, qui ont lieu dans certaines localités à des époques périodiques et déterminées.

L'arrêté par lequel un maire impose une taxe de location sur les places que les marchands occupent dans les foires et marchés, n'est obligatoire que lorsqu'il a été approuvé par le Gouvernement, ou provisoirement par le Ministre de l'intérieur ; l'approbation du préfet ne suffit pas. (Cour de cassation , 3 décembre 1819.)

FONDS DE COMMERCE. — C'est l'ensemble des choses dont se compose un établissement de commerce , c'est-à-dire la réunion de l'achalandage ou clientèle, des marchandises et des choses indispensables à l'exploitation.

La vente d'un fonds de commerce ne comprend donc pas seulement le matériel, mais encore la clientèle et même le bail des lieux où il est exploité. Cette vente implique encore pour l'acheteur (sauf convention contraire et formelle) le droit de faire usage des enseignes et attributs particuliers du vendeur, et de se dire son successeur. (Cour de Paris, 29 thermidor an IX et 7 mai 1843.) — Elle emporte aussi défense pour le vendeur de fonder un nouvel établissement du même genre dans le voisinage de celui qu'il a vendu, à moins qu'il ne se soit, dans l'acte de cession, expressément réservé cette faculté. (Cour de Grenoble, 10 mars 1836, et Cour de Lyon, 28 août 1843.)

Le vendeur non payé d'un fonds de commerce a-t-il le le droit de le revendiquer en cas de faillite de l'acheteur ? — Cela dépend des cas qui peuvent se produire : si l'acquéreur du fonds en a pris possession, le vendeur ne peut plus le reprendre ni réclamer un privilége sur le prix, au préjudice des autres créanciers de l'acquéreur (Cour de Lyon, 12 juin 1840) ; mais si la délivrance du fonds n'a pas été encore faite, le vendeur, dans le cas de faillite de l'acheteur, peut, s'il n'a pas été payé, retenir la chose vendue, et faire résilier la vente, à moins que les syndics de la faillite n'en demandassent le maintien en payant le prix convenu entre le vendeur et le failli. (Cour de Paris, 17 août 1846.)

Un fonds de commerce est un *meuble*. — Dès lors, celui qui est possédé par le mari ou par la femme pendant le mariage, ou qui depuis lors a été acquis par eux, entre, à moins de convention contraire, dans l'actif de la communauté.

Le legs d'un fonds de commerce comprend les droits,

créances et recouvrements en dépendant. (Cour de Paris, 12 avril 1833.)

La convention par laquelle un négociant, en s'adjoignant un associé, a stipulé que la clientèle de la maison de commerce demeurerait sa propriété personnelle, est licite, et oblige l'associé à ne faire, après la dissolution de la société, aucunes démarches pour détourner la clientèle à son profit, sous peine de dommages-intérêts. (Cour de Grenoble, 7 février 1835.)

Un fonds de commerce peut être donné en usufruit. — En ce cas, l'usufruitier n'est tenu que de rendre, à la fin de l'usufruit, les choses qui composent ce fonds en pareilles quantité, qualité et valeur, ou leur prix d'estimation.

Enregistrement. — Le droit sur la vente d'un fonds est de 1 pour 100 sur l'achalandage, et de 2 pour 100 sur la valeur des ustensiles et marchandises.

LETTRE DE CHANGE. — Acte par lequel une personne mande à une autre de payer une somme déterminée à une troisième ou à celui qui en exercera les droits, dans un lieu fixé, autre que celui où la lettre de change est créée, et à une époque également fixée.

Plusieurs personnes peuvent intervenir dans la lettre de change et dans la convention qu'elle consacre. Il faut d'abord faire connaître les noms qui les désignent. On appelle *tireur* celui qui fournit ou qui crée la lettre de change ; *tireur pour compte*, celui qui, en tirant la lettre, agit par ordre et pour compte d'un tiers ; *donneur d'ordre*, celui par ordre duquel est créée la lettre de change qui n'est pas pour le compte du tireur ; *tiré*, celui sur qui la lettre est tirée, le mandataire chargé de la payer ; *accepteur*, le tiré qui a accepté le mandat de payer la lettre ;

8.

accepteur; *or honneur*, *par intervention*, *ou sous protêt*, celui qui, à défaut d'acceptation de la part du tiré, accepte pour faire honneur à la signature de l'un des débiteurs; *preneur* ou *bénéficiaire*, celui qui reçoit la lettre de change en paiement de valeur pareille fournie au tireur, par lui ou par un tiers pour son compte; *endosseur*, le preneur ou bénéficiaire qui cède la lettre à un tiers par voie d'endossement; et ce tiers, lorsqu'il la transmet à un autre cessionnaire et de la même manière, prend aussi le nom d'endosseur; *porteur*, le dernier cessionnaire de la lettre, celui qui l'a dans ses mains à l'échéance; *donneur de valeur*, celui qui fournit au tireur la valeur de la lettre de change; *domiciliaire*, le tiers au domicile duquel la lettre de change est payable, quand le domicile indiqué pour le paiement est autre que celui du tiré; *besoin* ou *recommandataire*, le tiers qui est prié par le tireur ou par les endosseurs de la payer à défaut du tiré; *donneur d'aval*, le tiers qui, étranger à la lettre de change, se rend caution solidaire d'un ou de plusieurs des obligés.

Les signataires d'une lettre de change doivent toujours être assignés devant le tribunal de leur domicile, à moins qu'un autre lieu ne soit indiqué sur l'effet. Mais lorsque le signataire poursuivi en appelle un autre en garantie, le garant est tenu de plaider devant le tribunal saisi de la demande principale, quoique ce ne soit pas celui de son domicile.

Les signataires de la lettre de change sont soumis à la contrainte par corps, lorsqu'elle est régulière en sa forme.

FORMULES DE LETTRE DE CHANGE.

Paris, le 10 juin 1852.

Bon pour 1,000 francs.

A trois mois de date, payez par cette lettre de change , à l'ordre de M....., demeurant à....., la somme de mille francs, valeur reçue comptant, que passerez sans autre avis de.....

(Signature du tireur.)

A M. M....., négociant à Marseille.

AUTRE FORMULE.

Marseille, le 2 mai 1852.

Bon pour 600 francs.

A vue, payez par cette lettre de change, à mon ordre , la somme de six cents francs, valeur en moi-même, que passerez sans autre avis de votre dévoué.

(Signature.)

A M. D....., négociant à Lyon.

ENREGISTREMENT ET TIMBRE. — Les lettres de change doivent être sur papier timbré , comme tous les autres billets.

Quant à l'enregistrement, les lettres de change n'y sont soumises que lorsqu'il est donné assignation pour en obtenir le paiement , ou lorsqu'elles sont produites en justice. Le droit est de 25 cent. par 100 francs. — Dans le cas de protêt faute d'acceptation, elles doivent être enregistrées avant que la demande en remboursement ou en cautionnement soit formé contre les endosseurs ou le tireur.

Une lettre de change payable dans la même ville où

elle a été souscrite, n'est qu'une simple promesse passible du droit de 50 cent. par 100 francs.

LIVRES DE COMMERCE. — Les livres qu'un commerçant est obligé d'avoir sont : 1° le *livre-journal* ; 2° le livre des *copies de lettres* ; 3° le livre des *inventaires*.

Sur le *livre-journal*, il inscrit jour par jour ses dettes actives et passives, les opérations de son commerce, ses négociations, acceptations ou endossements d'effets, et généralement tout ce qu'il reçoit et paie, à quelque titre que ce soit. Ce *livre-journal* doit énoncer en outre, mois par mois, les sommes employées à la dépense de la maison.

Sur le livre des *copies de lettres* le commerçant transcrit les lettres qu'il envoie ; quant à celles qu'il reçoit, il est tenu de les mettre en liasse et de les conserver.

Sur le livre des *inventaires* il transcrit tous les ans l'état par lui dressé de ses effets mobiliers et immobiliers et de ses dettes actives et passives. — Cet état annuel est signé de lui.

Les marchands en détail peuvent n'inscrire sur leur livre-journal leurs recettes et dépenses qu'en bloc et jour par jour, sans détailler les choses. (Favard de Langlade, *Esprit du Code de Commerce*.)

Le livre-journal, le livre des copies de lettres et celui des inventaires, doivent être cotés, paraphés et visés sans frais, soit par un juge du tribunal de commerce, soit par le maire de la commune ou l'un de ses adjoints. Ils doivent être tenus par ordre de dates, sans blancs, lacunes ni transports en marge. — En outre, le livre-journal te celui des inventaires doivent être paraphés et visés une fois par année; mais celui des copies de lettres est exempt de cette formalité.

Les commerçants sont tenus de garder leurs livres pendant dix ans. Passé ce délai, l'absence de livres ne peut leur être reprochée. (Cour de Paris, 30 juillet 1836.) — Mais ils peuvent, même après ce délai, être astreints à les représenter, si ces livres existent encore. (Cour de Caen, 24 juin 1828.)

· Les livres de commerce exactement tenus peuvent servir de preuves entre commerçants pour les faits relatifs à leur commerce. — Mais, opposés à un non-commerçant, ils ne peuvent servir contre lui de commencement de preuve par écrit au profit de celui qui les a tenus. (Cour de cassation, 30 avril 1838.) — Néanmoins, si les livres sont réguliers, si la bonne foi du marchand n'est pas suspecte, si le non-commerçant contre lequel il est en contestation a des relations d'affaires avec lui, et si la réclamation du marchand est faite dans l'année des fournitures, les livres de celui-ci peuvent créer en sa faveur une présomption que la fourniture n'a pas été payée, et cette présomption forme un commencement de preuve qui peut être complété par le serment du marchand. (Pardessus, ouvrage cité.)

Dans toute contestation avec un commerçant, son adversaire, soit qu'il fasse le commerce lui-même, soit qu'il n'en fasse pas, peut demander la représentation de ses livres pour qu'il en soit extrait ce qui concerne le procès. Le juge peut même prescrire d'office cette représentation. La représentation ne peut pas être refusée, quand la demande en est faite par un non-commerçant. — Les juges peuvent, en ordonnant dans le cours d'une instance la représentation des livres d'un commerçant, prononcer contre lui la condamnation à une somme fixe , pour le cas où il refuserait de se soumettre au jugement. (Cour de Caen, 24 juin 1828.) — Le commerçant ne peut refuser la production de ses livres, sous prétexte qu'ils sont irréguliers, cette irrégularité n'empêchant pas qu'ils puissent faire preuve contre lui. (Cour de Paris, 7 août 1848.)

Si la partie qui demande la production des livres offre d'y ajouter foi, et d'accepter, quelles qu'elles soient, les énonciations qu'ils contiennent ; et si l'adversaire refuse de les produire, celui-ci est censé de mauvaise foi, et doit perdre son procès , dans le cas où celui qui réclame la production affirmerait sous serment la justice de ses prétentions. (Pardessus, ouvrage cité.)

Les livres de commerce irrégulièrement tenus ne peuvent être représentés et faire foi en justice au profit de celui à qui ils appartiennent.

Un négociant est tenu d'inscrire sur ses livres les opérations qu'il fait pour le compte d'un tiers, tout aussi bien que celles qu'il fait pour son propre compte, et , à défaut de cette inscription, il ne peut se plaindre que les juges regardent comme non justifié le résultat des opérations qu'il prétend avoir faites pour ce tiers , et qu'ils ne déterminent eux-mêmes ce résultat sans avoir égard aux allégations du mandataire. (Cour de cassation, 24 décembre 1835.)

L'absence des livres de commerce ou leur irrégularité peuvent avoir les plus fâcheuses conséquences. — Ainsi, des négociants créanciers d'un failli peuvent être déchus de leurs créances sur le failli, lorsqu'ils n'ont pas tenu de livres de commerce. (Cour de cassation, 11 floréal an XII.)

D'un autre côté, l'article 586 du Code de commerce porte que tout commerçant failli peut être déclaré banqueroutier simple s'il n'a pas tenu de livres et fait exactement inventaire, si les livres ou inventaires sont incomplets, irrégulièrement tenus, ou s'ils n'offrent pas sa véritable situation active et passive, sans néanmoins qu'il y ait fraude.

SOCIÉTÉS COMMERCIALES. — Le Code de commerce reconnaît quatre espèces de sociétés commerciales, savoir :

La SOCIÉTÉ ANONYME. — La société anonyme est celle qui se forme sans faire connaître au public le nom des associés, qui n'a pas de raison sociale, et n'est qualifiée que par la désignation de l'objet de son entreprise.

ENREGISTREMENT. — Les droits perçus sur les stipulations contenues dans un acte constitutif d'une société anonyme, doivent être restitués, lorsqu'il est établi que la société n'a pas été autorisée par le gouvernement. (Jugement du tribunal de Bordeaux, du 13 janvier 1836.)

SOCIÉTÉ EN COMMANDITE. — La société en commandite est celle qui se contracte entre un ou plusieurs associés responsables et solidaires, et un ou plusieurs autres associés simples bailleurs de fonds, qu'on appelle *commanditaires* ou *associés en commandite.*

SOCIÉTÉ EN NOM COLLECTIF. — La société en nom collectif, qui est la plus usitée dans le commerce, est celle que contractent deux personnes ou un plus grand nombre, et qui a pour objet de faire le commerce sous une raison sociale. C'est à elle que s'appliquent plus spécialement les principes développés par nous avec détails au mot SOCIÉTÉS COMMERCIALES du présent *Commentaire.*

La société en nom collectif doit être constatée par un acte public (notarié), ou même simplement sous seing privé. Dans ce dernier cas, l'acte doit être fait en autant d'originaux qu'il y a de parties intéressées ; mais un seul original peut suffire pour toutes les parties ayant le même intérêt. — Cet acte doit être publié par extrait comme nous l'avons dit au paragraphe III du mot SOCIÉTÉS COMMERCIALES. (Voyez ce mot.) — Le défaut de publication d'un acte de société en nom collectif entraîne la nullité de la société à l'égard des créanciers personnels des associés, en telle sorte que les créanciers sociaux n'ont, au cas de faillite, aucun privilége sur l'actif de la société au préjudice des créanciers personnels de l'associé failli, et sans que ni les associés ni les créanciers sociaux puissent opposer à ces créanciers personnels la connaissance que ceux-ci auraient eue de l'existence de la société. (Cour de Paris, 4 mars 1840, et Cour de Limoges, 2 uin 1843.) — Mais cette nullité ne fait pas obstacle à ce que les créanciers sociaux exercent leurs droits sur les biens des membres de la société, concurremment avec les créanciers personnels de ceux-ci. (Cour de Caen, 8 mars 1842.)

La société en nom collectif traite et s'oblige sous la raison sociale ; c'est aussi sous la raison sociale qu'elle paraît en justice, ou pour répondre aux actions dont elle est l'objet ; qu'elle fait ou reçoit des significations, qu'elle forme des oppositions, qu'elle prend des inscriptions ou qu'on en prend sur elle. (Cour. de cassation, 13 juillet 1841.)

Les associés en nom collectif indiqués dans l'acte de société sont *solidaires* pour tous les engagements sociaux, encore qu'un seul des associés ait signé, pourvu que ce soit sous la raison sociale. — Un engagement souscrit par l'un des associés en nom collectif oblige solidairement les autres, quoiqu'il ne soit pas signé de la raison sociale, s'il est prouvé que cet engagement a été consenti pour le compte de la société.

SOCIÉTÉ EN PARTICIPATION. — La société ou association en participation est la réunion accidentelle de deux ou d'un plus grand nombre de personnes pour des opérations de commerce isolées et déterminées qu'elles entreprennent de faire en commun, ou que l'un des associés se charge de faire pour le compte de tous. Ce qui distingue cette société des autres, c'est que les opérations, au lieu d'être faites pour le compte de la société, sont faites au nom seul de celui ou de ceux qui opèrent.

Une association commerciale ayant pour objet l'exploitation d'un genre particulier d'industrie, peut être considérée comme une association en participation, et non comme une société en nom collectif. (Cour de cassation, 7 décembre 1836.) — Une société entre ouvriers qui ne s'applique qu'à un objet unique, à une seule opération déterminée, est simplement une société en participation. (Cour de Poitiers, 11 mai 1825.) — Une société qui a pour objet de faire le commerce de vins ne peut être envisagée comme une association en participation. (Cour de Bruxelles, 3 mai 1823); mais on peut considérer comme tel l'acte par lequel deux individus s'associent pour trois ans afin de faire le commerce de vins, et conviennent que l'un fournira les vins et les prendra sur les lieux, et que l'autre fournira les magasins, soignera la vente, paiera les droits, moyennant partage des bénéfices. (Même Cour, 27 novembre 1830.) La société en participation peut avoir pour seul but *l'achat* en commun de certaines choses, sans *revente* en commun. Ainsi, la convention par laquelle plusieurs marchands se réunissent et chargent l'un d'eux d'acheter à une vente publique des choses qui sont l'objet de leur commerce, pour se partager ensuite ces choses en nature, constitue une société en participation. (Cour de cassation, 4 décembre 1839.) —L'association ayant pour objet l'exploitation pendant un temps déterminé d'un brevet d'invention constitue une simple société en participation, et non pas une société en nom collectif. (Cour de Rouen, 19 janvier 1844.)

Mais les opérations de commerce qui embrassent une série d'affaires sur certaines espèces de marchandises, et qui établissent entre les associés une communauté d'intérêts continus, ne constituent pas une association en participation, cette sorte d'association ne pouvant être relative qu'à une ou plusieurs opérations déterminées dont l'objet existe au moment de la convention. (Cour de Grenoble, 9 juillet 1831.)—Une société embrassant dans un genre particulier d'industrie toutes les affaires qui peuvent se présenter, constitue non une société en participation, mais une société en nom collectif. (Cour de Bordeaux, 5 mai 1829.) — Une entreprise, par exemple pour le transport des voyageurs par le moyen de bateaux à vapeur, formée pour plusieurs années, comportant de sa nature des opérations successives et multipliées, ne peut être considérée comme une simple société en participation. (Cour de Bordeaux, 31 août 1831.)

Il y a d'habitude, dans les sociétés en participation, deux espèces d'associés, les uns connus et qui se chargent de l'opération, les autres inconnus et qui participent seulement aux dépenses et aux bénéfices. Ce sont les premiers qui contractent avec les tiers. — Les créanciers d'une association en participation n'ont d'action à exercer que contre le gérant, soit quant à ses biens personnels, soit quant aux objets qui composent le fonds social. et ils ne peuvent exercer de recours contre les participants. (Cour de Paris, 9 août 1831.) Ils n'ont pas de privilége sur le fonds social au préjudice des créanciers personnels de ce gérant. (Cour de cassation, 2 juin 1834 et 19 mars 1838.) — Les associés en participation ne sont pas tenus solidairement des engagements contractés par l'un d'eux, même lorsque l'engagement a été contracté dans l'intérêt de la société. (Cour de cassation, 8 janvier 1840.) — Mais ils sont engagés solidairement lorsqu'ils se sont obligés en commun, par le même acte et sans division d'intérêts entre eux. (Cour de Bordeaux, 19 juillet 1830.)

Il est fort important de distinguer une société en participation d'une société en nom collectif; car, à la différence de celles-ci, il n'est pas nécessaire que les premières soient constatées par acte écrit. Elles peuvent être constatées par la représentation des livres, de la correspondance, ou par témoins. — En matière de société en participation, la preuve par témoins est toujours admissible. (Cour de Paris, 19 avril 1833.)

Les sociétés en participation n'étant pas soumises à une constatation écrite, ne peuvent l'être par conséquent aux formalités de publication exigées pour la société en commandite et celle en nom collectif.

La dissolution d'une société en participation peut être prouvée par tous les mêmes genres de preuve que la loi admet pour constater son existence, c'est-à-dire, à défaut de convention écrite, par témoins ou à l'aide de simples présomptions, alors même que la société aurait été formée par un acte sous seing privé. (Cour de cassation, 10 janvier 1831.)

Il peut être légalement stipulé entre associés en participation, que les capitaux fournis par l'un d'eux, et qui sont productifs d'intérêts, lui seront remboursés avant tout partage des bénéfices. (Arrêt ci-dessus cité de la Cour de Rouen, du 19 janvier 1844.)

Les contestations qui s'élèvent entre associés en participation et pour raison de la société, sont, comme en toute autre société, de la compétence des arbitres forcés.

Quant aux demandes qui sont formées contre la société ou contre les associés, les sociétés en participation n'ayant pas de siége légal déterminé, l'assignation doit être donnée devant le tribunal du domicile de l'associé ou de l'un des associés poursuivis.

FORMULES.

Acte de société en nom collectif.

Les soussignés,

Jean Triol, négociant, domicilié à Lyon, rue....., d'une part ;

Et François Dunand, négociant, domicilié également à Lyon, rue..., d'autre part ;

Sont convenus de ce qui suit :

1° Il y aura société en nom collectif entre les susdésignés.

2° L'objet de la société sera la fabrication et la vente des étoffes de soie en tout genre.

3° La raison sociale sera Triol et Dunand.

4° Chacun des contractants aura la signature sociale, mais il ne pourra l'employer que pour l'utilité et les besoins de la société.

5° Cette société aura la durée de sept années entières et

consécutives, qui ont commencé le premier janvier 1844 pour finir le 31 décembre 1850.

6° Le siége principal de la société sera à Lyon, rue... : mais il pourra, s'il y a lieu, être créé des succursales dans plusieurs autres villes de France et même de l'étranger. Tous les frais seront supportés par la société.

7° Le capital social est de cent mille francs. La mise de fonds de Jean Triol est de soixante mille francs ; celle de François Dunand de quarante mille francs. Ces sommes porteront intérêts à raison de cinq pour cent l'an.

8° Indépendamment de la somme ci-dessus, Jean Triol versera en compte courant obligé la somme de cent mille francs qui portera intérêts à cinq pour cent l'an.

9° Chaque associé aura la faculté de verser dans le commerce les sommes dont il pourra disposer, en compte courant libre : elles porteront intérêts à cinq pour cent l'an ; mais lorsque la société pourra se passer de ces dépôts, les intéressés seront tenus de les retirer, après cependant en être prévenus par écrit six mois à l'avance.

10° Les bénéfices et les pertes seront partagés par moitié.

11° Les bénéfices, s'il y en a, ne seront appliqués aux comptes des intéressés qu'après la troisième, la cinquième et la dernière année de la société. Ces comptes de bénéfices ne porteront pas intérêts.

12° Chaque associé prélèvera annuellement à titre de levée la somme de trois mille francs. Ce chiffre ne pourra jamais être dépassé.

13° Chaque associé aura la direction géuérale des opérations commerciales ; toutefois la caisse sera tenue par Jean Triol ; la correspondance sera faite par François Dunand.

14° Les écritures seront tenues en parties doubles par un teneur de livres attaché à la maison. Les voyages et la gérance des succursales, s'il convient à la société d'en établir, seront confiés à des personnes choisies par les contractants.

15° Un inventaire général sera fait annuellement à l'époque du trente et un décembre. Les marchandises seront portées au prix de revient; les billets en portefeuille, escomptés au taux du jour; les meubles et ustensiles, diminués de dix pour cent, etc.

16° La dissolution de la présente société aura lieu :

1. Après la première année en cas d'incompatibilité entre les associés ;

2. Aussitôt après l'inventaire qui présenterait une perte de la moitié du fonds social ;

3. A la mort de l'un des contractants.

17° A la dissolution de la société, pour quelque cause que ce soit, la liquidation sera faite par Jean Triol, hors le cas de mort, où elle sera de droit dévolue à François Dunand.

18° Le dernier inventaire servira de base aux ayantd-roit pour la perception de ce qui pourra leur revenir. Le remboursement des sommes déposées par les associés commencera par celles composant le compte courant obligé de Jean Triol ; celles composant le compte courant libre seront payées ensuite; la mise de fonds sera liquidée la dernière. Ce remboursement commencera six mois après la dissolution, et continuera de six mois en six mois jusqu'à extinction. Le liquidateur sera tenu de fournir aux mêmes époques un extrait certifié de ses opérations.

19° En cas de difficultés entre les parties, il est convenu qu'elles se soumettront à la décision d'arbitres amiables compositeurs. Ces arbitres seront au nombre de trois; chacune des parties nommera le sien. Le troisième sera désigné immédiatement, sur simple requête, par le président du tribunal de commerce. Ils formeront un tribunal arbitral et opéreront ensemble; ils prononceront en dernier ressort; les parties s'interdisent dès à présent le droit d'appel et de recours en cassation ; leur décision devra être rendue un mois après l'ouverture de leurs opérations constatée par un procès-verbal régulier.

Fait double à Lyon, le 3 janvier 1844.

Lu et approuvé.
J. TRIOL.

Lu et approuvé,
F. DUNAND.

Formule d'un acte de société en commandite.

Les soussignés ,

Jean Triol, négociant, demeurant à Lyon, rue....., d'une part;

François Dunand, négociant, demeurant à Lyon, rue...., d'autre part;

Et Pierre Rouet, rentier, demeurant à Lyon, rue....., aussi d'autre part;

Sont convenus ce qui suit :

1° Il y aura société en nom collectif entre les susdits Jean Triol et François Dunand; cette société sera en commandite à l'égard de Pierre Rouet.

2° La raison sociale sera Jean Triol, Dunand et Compagnie.

3° L'objet de la présente société sera la fabrication et la vente des châles français.

4° Jean Triol et François Dunand auront seuls la signature sociale. Ils ne pourront l'employer que pour l'utilité et les besoins de la société.

5° La durée de la société sera de sept années entières et consécutives, qui ont commencé le premier janvier 1844 pour finir le 31 décembre 1850.

6° Le siége principal de la société sera à Lyon, rue...; mais il pourra, s'il y a lieu, être créé des succursales dans plusieurs autres villes de France et même de l'étranger. Tous les frais seront supportés par la société.

7° Le capital social sera de trois cent mille francs. Jean Triol et François Dunand fourniront chacun cinquante mille francs, Pierre Rouet fournira deux cent mille francs.

8° Indépendamment de la somme ci-dessus, Jean Triol versera la somme de cent mille francs qui portera intérêt à cinq pour cent l'an.

9° Chaque associé aura la faculté de verser dans le commerce les sommes dont il pourra disposer, en compte courant libre : elles porteront intérêts à cinq pour cent l'an ; mais lorsque la société pourra se passer de ces dépôts, les intéressés seront tenus de les retirer, après cependant en être prévenus par écrit six mois à l'avance.

10° Les bénéfices et les pertes seront partagés par tiers.

21° Les bénéfices, s'il y en a, ne seront appliqués aux comptes des intéressés qu'après la troisième, la cinquième et la dernière année de la société. Ces comptes de bénéfices ne porteront pas intérêts.

12° Jean Triol et François Dunand prélèveront annuellement, à titre de levée, la somme de trois mille francs ; cette somme ne pourra jamais être dépassée.

13° La direction générale des opérations commerciales appartiendra exclusivement à Jean Triol et à François Dunand. Pierre Rouet n'aura qu'un droit de contrôle qu'il ne pourra exercer tous les trois mois que par l'examen des livres, lesquels devront lui être soumis aux époques déterminées. La caisse sera tenue par Jean Triol ; la correspondance sera faite par François Dunand.

14° Les écritures seront établies en parties doubles et tenues par un teneur de livres du choix de Pierre Rouet, mais révocable en tout temps par Jean Triol et François Dunand, qui cependant devront en déduire le motif.

15° Un inventaire général sera fait annuellement à l'époque du trente et un décembre. Les marchandises seront portées au prix de revient ; les billets en portefeuille, escomptés au taux du jour ; les meubles et ustensiles, diminués de dix pour cent, etc.

16° La dissolution de la présente société aura lieu :

1. Après la première année en cas d'incompatibilité entre les associés ;

2. Aussitôt après l'inventaire qui présenterait une perte de la moitié du fonds social ;

3. A la mort de l'un des contractants.

17° A la dissolution de la société, pour quelque cause que ce soit, la liquidation sera faite par Jean Triol, hors le cas de mort, où elle sera de droit dévolue à François Dunand.

18° Le der inventaire servira de base aux ayant droit pour la perception de ce qui pourra leur revenir. Le remboursement des sommes déposées par les associés commencera par celles composant le compte courant obligé de Jean Triol : celles composant le compte courant libre seront payées ensuite; la mise de fonds sera liquidée la dernière. Ce remboursement commencera six mois après la dissolution, et continuera de six mois en six mois jusqu'à extinction. Le liquidateur sera tenu de fournir aux mâmes époques un extrait certifié de ses opérations.

19° En cas de difficultés entre les parties, il est convenu qu'elles se soumettront à la décision d'arbitres amiables compositeurs. Ces arbitres seront au nombre de trois; chacune des parties nommera le sien. Ils formeront un tribunal arbitral et opèreront ensemble; ils prononceront en dernier ressort; les parties s'interdisent dès à présent le droit d'appel et de recours en cassation; leur décision devra être rendue un mois après l'ouverture de leurs opérations constatée par un procès-verbal régulier.

Fait triple, à Lyon, le 3 janvier 1844.

Lu et approuvé.   *Lu et approuvé.*

J. TRIOL.   P. ROUET.

         Lu et approuvé.

         F. DUNAND.

Formule d'un acte de société en participation.

Les soussignés,

Triol et Dunand, négociants, demeurant à Lyon, rue...,
d'une part;

Et Claude Gouyon, commis-négociant, demeurant à Lyon, rue..., d'autre part ;

Ont dit et convenu ce qui suit :

La société Triol et Dunand voulant établir dans la ville de Rouen une succursale de leur maison, a proposé à M. Gouyon de la gérer pour eux, lequel a accepté aux conditions ci-après :

1° Il sera alloué à M. Gouyon la somme de deux mille francs par an d'appointements fixes.

2° M. Gouyon participera par moitié aux bénéfices et aux pertes de la maison qu'il est appelé à conduire ; tous les frais seront supportés par la société.

3° Il sera tenu de fournir à la société Triol et Dunand la somme de dix mille francs, qui portera intérêt à cinq pour cent l'an.

4° La société devra continuellement tenir la succursale de Rouen assortie des marchandises de sa fabrique.

5° Il devra être transmis à la société à Lyon un état trimestriel des opérations commerciales de la succursale. En cas d'inexécution du présent article, la présente convention sera nulle et considérée comme non-avenue.

6° Il sera ouvert sur le grand-livre général de la société Triol et Dunand un compte de maison de Rouen en participation. M. Gouyon ou ses ayant droit auront la faculté d'examiner ce compte ; mais les investigations ne pourront jamais s'étendre aux antres comptes de la société.

7° La présente convention aura la durée de six années entières et consécutives, qui commenceront le premier février 1844 et finiront le 21 janvier 1850.

8° La présente convention sera résiliée sans indemnité :

1. Dans le cas prévu par l'art. 5 ci-dessus ;

2. Par la mort de l'un des contractants ;

3. Si les états trimestriels présentent successivement de la perte pendant une année.

9° Si la résolution du présent acte avait lieu hors des cas

ci-dessus stipulés, M. Gouyon aurait droit à une indemnité de mille francs, pour lui tenir lieu de ses frais de déplacement.

10° Pour quelque cause que la résolution arrive, MM. Triol et Dunand devront être, à leur première réquisition et sans frais, mis en possession de leur magasin de Rouen, ou par eux-mêmes ou par la personne qu'il leur plairait de désigner

Fait et signé double à Lyon, le 10 janvier 1844.

Lu et approuvé.   *Lu et approuvé.*

TRIOL , DUNAND.   C. GOUYON.

Résolution volontaire d'une société.

Entre nous P..., N..., E..., S..., associés par acte sous seing privé, en date du..., pour le commerce de..., qui s'exerce en la maison sociale, sise à..., rue de.

A été convenu que la société qui existe entre nous, sus-nommés, sous la raison sociale de P... et compagnie, conformément à l'acte de société sus-relaté, est, à partir de ce jour, de notre mutuel et libre consentement résolue, et, au moyen de ce que nous nous sommes respectivement fait raison de tout ce que nous pouvons nous devoir l'un à l'autre, pour cause de ladite société, nous nous tenons l'un l'autre particulièrement et généralement quittes.

Fait et signé quadruple, à..., ce.,.

(Signatures.)

Continuation de société.

Entre nous soussignés... a été convenu ce qui suit, savoir :

Que la société formée entre nous, par acte sous seing privé, le..., pour commerce de..., laquelle suivant ledit acte, doit finir le..., existera et sera continuée entre nous, pour le temps de..., autres années consécutives, qui expireront le..., aux mêmes conditions stipulées dans ledit acte, sans aucun changement quelconque, ou aux mêmes clauses et conditions stipulées dans ledit acte, à l'exception seulement que... (énoncer le changement).

Fait et signé double, ou triple, ou quadruple, à..., cc...

(Signatures.)

VOITURES PUBLIQUES. — On appelle *voitures publiques* toutes entreprises ayant pour objet le transport des voyageurs ou des marchandises envoyées d'un lieu dans un autre. On doit ranger dans la catégorie des voitures publiques ces moyens de locomotion d'invention récente qui portent le nom de *chemins de fer*.

Les voitures publiques, notoirement annoncées comme telles, sont tenues de partir aux jours et heures indiqués par les entrepreneurs, lors même que le nombre de personnes ou d'objets à transporter serait insuffisant pour compléter leur chargement ou les couvrir de leurs dépenses. (Cour de Paris, 17 avril 1842.) — Et spécialement, les entreprises de chemins de fer jouissant d'une sorte de monopole que l'État leur concède, doivent en compensation, et sous peine de dommages et intérêts, prendre leurs mesures pour n'avoir pas à refuser des voyageurs ou des marchandises, et pour tenir toujours à la disposition du public le matériel d'exploitation nécessaire à la circulation et au commerce. (Cour de Paris, 25 octobre 1853.)

Les entrepreneurs de voitures publiques sont obligés de tenir registres de l'argent, des effets et des paquets dont ils se chargent. — Ils doivent également, sauf les chemins de fer qui sont dispensés de cette obligation, inscrire sur un registre le nom des voyageurs qui prennent place sur leur voiture. — Bien que la loi impose l'obligation aux entrepreneurs d'enregistrer les effets qu'ils transportent, c'est néanmoins aux voyageurs ou expéditeurs auxquels ces effets appartiennent à provoquer cet enregistrement. (Cour de cassation, 9 novembre 1829.)

Les entrepreneurs de voitures publiques ne répondent que des effets dont leurs registres font mention. Les voyageurs ou expéditeurs ne peuvent être admis à faire preuve de la remise d'objets qu'ils n'ont pas fait enregistrer.

Quand des objets enregistrés, tels que malles, caisses, paquets, se trouvent perdus par suite d'un fait dont l'entrepreneur est responsable, le voyageur peut en être cru, sur son serment, quant au contenu de ces malles, caisses ou paquets, au nombre et à la qualité des effets qu'ils contenaient : il en est de même pour l'expéditeur. — Les voyageurs et expéditeurs ne sont pas tenus de déclarer en détail tous les objets que leurs colis peuvent contenir, et on doit s'en rapporter à leur déclaration sur l'importance des objets perdus, lorsqu'il est impossible de la constater autrement. (Cour de Paris, 18 avril 1839.) — Néanmoins, s'il s'agit d'argent, de bijoux, de pierreries ou autres marchandises précieuses, ces objets doivent être déclarés en détail, évalués, nombrés avec précision, faute de quoi les voyageurs ou expéditeurs ne sont pas, en cas de perte, admis à en réclamer la valeur. (Cour de cassation, 18 juin 1833.)

Les entrepreneurs de voitures publiques répondent aussi des détériorations et avaries arrivées par leur faute aux marchandises qu'ils transportent, mais ils ne répondent pas des événements de force majeure ni des avaries ou détériorations occasionnées par le défaut d'emballage et le défaut de précautions quelconques qui dépendent des expéditeurs.

Les récépissés ou bulletins d'enregistrement délivrés

par les entrepreneurs de voitures publiques font preuve contre eux et pour eux de l'état des objets transportés lors de leur enregistrement. — Les entrepreneurs sont res·ponsables de la remise qu'ils font des objets qui leur sont confiés à une autre personne que le propriétaire. (Cour de Colmar, 22 novembre 1814.)

Les entrepreneurs des voitures publiques sont aussi responsables des accidents arrivés pendant le voyage aux personnes qu'ils transportent, si ces accidents sont arrivés par leur faute, négligence, ou par celle de leurs agents. — Lorsqu'un accident dommageable est causé par la rivalité des postillons de deux diligences, la responsabilité porte également sur les entrepreneurs des deux diligences, et il n'y a pas nécessité d'examiner lequel des deux postillons a été la première cause de l'accident. (Cour de Rouen, 24 février 1831.) — L'entrepreneur d'une voiture publique peut être déclaré responsable des accidents arrivés aux voyageurs, encore que ces accidents aient eu pour cause immédiate la rupture d'un essieu de la voiture, lorsqu'il est d'ailleurs établi qu'il y avait surcharge de voyageurs, et que la voiture, conduite avec une extrême vitesse, était en mauvais état au moment du départ. (Cour de cassation, 9 août 1837.) — L'individu à qui un entrepreneur de voitures a refusé une place par le motif que son véhicule est déjà plus que complet, et qui par suite d'un arrangement particulier avec le conducteur, s'est fait admettre en fraude dans la voiture, est sans droit, au cas où la voiture vient à verser en route par l'excès de chargement, pour réclamer des dommages et intérêts contre l'entrepreneur pour raison des blessures que lui a causées la chute de la voiture. (Cour de Lyon, 17 janvier 1844.)

VOITURIER. — Celui qui fait profession de transporter des marchandises soit par terre, soit par eau.

Droits et obligations du voiturier. — Une lettre de voiture n'est pas indispensable pour constater le contrat intervenu entre l'expéditeur et le voiturier ou entrepreneur de transports. A défaut de lettre de voiture, la remise des marchandises peut se prouver par toutes sortes de moyens, et les conditions du transport s'établissent par l'usage ou les circonstances.

Le voiturier qui s'est chargé de conduire des marchandises est tenu de remplir son obligation sous peine de tous dommages et intérêts. —Le transport effectué, il doit remettre les objets qu'on lui a confiés au destinataire ou à celui de qui il les tient. —S'il ne peut trouver le destinataire, il doit déposer les marchandises dans un lieu désigné par le président du tribunal de commerce ou le juge de paix.

Le voiturier qui a remis les marchandises à leur destination et contre lequel ne s'élève aucune exception d'avarie ou de perte partielle, a une action pour les frais de transport contre celui qui lui a délivré la lettre de voiture et remis les marchandises.

Responsabilité du voiturier. —En règle générale, le voiturier est responsable des objets dont le transport lui a été confié. — Il est garant de la perte qui peut en arriver, hors le cas de force majeure. — Il ne cesse d'être responsable de la perte des marchandises, même arrivée par cas fortuit, que tout autant qu'il n'y a de sa part ni *imprudence*, ni *négligence*, ni *incurie*, et seulement lorsqu'il justifie qu'il a été dans l'impuissance de prévoir, de prévenir et d'éviter les effets de l'événement qui a causé la perte. (Cour de Metz, 18 janvier 1845.)—Il répond des choses volées sur sa voiture, lorsque le vol a été facilité par un défaut de précautions de sa part. (Cour de cassation, 2 thermidor an VIII et 17 novembre 1848.)

Le voiturier répond non-seulement de ce qu'il a reçu dans sa voiture ou dans son bâtiment, mais encore de ce qui lui a été remis, soit sur le port ou dans l'entrepôt, soit dans un autre lieu dont la surveillance n'appartient pas à l'expéditeur. (Pardessus, ouvrage cité.)

Le voiturier est astreint, pour la garde et la conservation des choses qui lui sont confiées, aux mêmes obligations que l'aubergiste.—Quand les choses ont été annoncées comme fragiles, il répond des fractures, pourvu que les objets aient été emballés et conditionnés suivant leur nature.

Enfin, il répond de toutes avaries autres que celles qui proviendraient du vice propre de la chose, de cas fortuit ou de force majeure ; la responsabilité relative aux fractures et avaries aurait lieu lors même que le voiturier l'aurait déclinée par avance. (Pardessus.)—Ainsi, elle aurait lieu quand même il aurait déclaré, par des annonces publiques et par ses lettres de voiture, ne pas répondre *du bris ni du coulage.* (Cour de cassation, 2 janvier 1807.)

Lorsque, nonobstant l'avarie qu'ont éprouvée des marchandises dans le transport, elles sont encore susceptibles d'être mises dans le commerce, le propriétaire ne peut refuser de les recevoir et les laisser au compte du voiturier : il a seulement droit à une indemnité proportionnelle au dommage. (Cour de Metz, 18 janvier 1815.) — Si les marchandises ne sont plus propres au commerce, le voiturier doit en payer la valeur, et les garder pour son compte. (Cour de Lyon, 3 février 1846.)

Il doit rendre identiquement les objets qui lui ont été

confiés. — Le voiturier qui , chargé du transport d'une certaine quantité de vins ou de liqueurs, a reçu en même temps les bouteilles servant d'échantillons, est responsable de l'identité de ces vins ou liqueurs avec l'échantillon dont il est porteur. (Cour de Metz, 20 août 1837.)

Les voituriers sont responsables du défaut d'arrivée dans le délai fixé par la lettre de voiture. La responsabilité, en cas de retard, donne lieu à une indemnité qui peut être recouvrée par voie de retenue sur le prix du transport, sans préjudice, s'il y a lieu , de dommages-intérêts plus considérables. — Si le retard a rendu les marchandises tout à fait inutiles, le voiturier peut être condamné à les garder pour son compte. — Néanmoins, lorsque le retard a été occasionné par des circonstances indépendantes de sa volonté, et sans qu'il y ait de sa part fraude, dol ou négligence, il ne peut être condamné à d'autres dommages-intérêts que ceux réglés par la lettre de voiture. (Cour de Montpellier , 27 août 1830. — Si le retard provient d'une force majeure , aucune indemnité n'est due.

Privilége du voiturier sur les objets transportés. — Le voiturier, comme nous l'avons dit plus haut , a une action pour ses frais de transport contre l'expéditeur ; faute d'être payé, il peut demander au tribunal de commerce le dépôt ou séquestre dans un lieu de dépôt public des marchandises transportées. — Le tribunal peut ensuite en ordonner la vente en faveur du voiturier jusqu'à concurrence du prix de sa voiture, et sur sa demande.

Prescription contre le voiturier. — Toutes actions contre le voiturier, à raison de la perte ou de l'avarie des marchandises, sont prescrites après six mois pour les expéditions faites dans l'intérieur de la France, et après un

9.

an pour celles faites à l'étranger ; le tout à compter, pour les cas de perte, du jour où le transport des mar- marchandises aurait dû être effectué, et, pour le cas d'avaries, du jour où la remise des marchandises a été faite, sans préjudice des cas de fraude ou d'infidélité. — L'article du Code de commerce qui déclare prescrite par six mois, à compter du jour où le transport aurait dû être effectué, toute action contre le voiturier, à raison de la perte des marchandises qui lui ont été confiées, est applicable non-seulement au cas où ces marchandises seraient définitivement *perdues*, mais encore au cas où elles ne seraient qu'égarées par suite d'une fausse route ou d'une erreur de destination. (Cour de cassation, 18 juin 1838.)

Indépendamment de cette prescription, la réception sans protestation des marchandises transportées, et le paiement du prix de la voiture, éteignent toute action contre le voiturier, à raison soit de déficit, soit d'avaries dans la marchandise ; — à moins pourtant de moyens frauduleux qui n'aient permis au destinataire de découvrir que plus tard le dol pratiqué à son préjudice. (Cour de Bordeaux, 10 avril 1834.)

Compétence. — Les contestations relatives à la responsabilité des voituriers relativement aux marchandises qu'ils transportent, se portent devant le tribunal de commerce, lorsque le demandeur est commerçant, sinon devant le tribunal civil. — Pareillement, le voiturier assigne devant l'une ou l'autre de ces deux juridictions, suivant que son adversaire est ou n'est pas commerçant.

L'expéditeur doit être assigné, s'il s'agit de paiement du prix, devant le tribunal du lieu où la décharge des marchandises a été faite. — Le voiturier attaqué pour inexécution de ses engagements ou pour cause de pertes ou avaries survenues aux objets transportés, doit être assigné devant le tribunal du lieu de son domicile.

FORMULE DE LA REQUÊTE A ADRESSER EN CAS DE CONTESTATION POUR LA RÉCEPTION DES MARCHANDISES TRANSPORTÉES, A L'EFFET DE FAIRE NOMMER DES EXPERTS POUR CONSTATER ET VÉRIFIER LEUR ÉTAT.

A monsieur le président du tribunal de commerce de .....

Ou, à défaut ;

A monsieur le juge de paix du canton de .....

Le sieur Théodore Robert, négociant, demeurant à...

A l'honneur de vous exposer :

Que par l'entremise du sieur Bernard, voiturier, demeurant à..., il lui a été expédié par X..., négociant à... (détailler ici les marchandises), qui viennent d'arriver à l'instant ; qu'à la première inspection des caisses et ballots les contenant, il s'est aperçu qu'elles étaient avariées, et qu'il a refusé de les recevoir. A ces causes, il vous demande, monsieur le président, ou monsieur le juge de paix, de nommer des experts pour vérifier et constater l'état desdites marchandises, afin que, sur leur rapport, il soit statué ce qu'il appartiendra.

Et vous ferez justice.

(Signature.)

(Le président ou le juge de paix mettent au bas de cette requête l'ordonnance qui nomme les experts.)

IIIᵉ PARTIE.

Matières sommaires.

On appelle matières sommaires celles qui, d'après leur nature ou la modicité de la somme réclamée, doivent être jugées promptement, avec des formalités et une procédure plus simple et moins coûteuse.

Les dépens, dans ces matières, sont liquidés, tant en demandant qu'en defendant, savoir :

Pour l'obtention d'un jugement par défaut, contre partie ou avoués, y compris les qualités et la signification à avoué, s'il y a lieu, quand la demande n'excède pas 1,000 fr.

A Paris, Lyon, Bordeaux et Rouen, 7 fr. 50 c. — Pour les tribunaux de villes où siége une cour d'appel, autre que Paris, Lyon, Bordeaux et Rouen, ou bien des villes dont la population excède 30,000 âmes, 6 fr. 75 c. — Pour tous les autres tribunaux de France, 5 fr. 65 c.

Quand la somme excède 1,000 fr. jusqu'à 5,000 fr., pour Paris, Lyon, Rouen, Bordeaux, 10 fr. — Pour les tribunaux des villes où siége une cour d'appel, ou dont la population excède 30,000 âmes, 9 fr. — Pour tous les autres tribunaux, 7 fr. 50 c.

Quand elle excède 5,000 fr., pour Paris, Lyon, Rouen, Bordeaux, 15 fr. — Pour les tribunaux des villes où siége une cour d'appel, ou dont la population est de plus de 30,000 âmes, 13 fr. 50 c. — Pour les autres tribunaux, 11 fr. 25 c.

Pour l'obtention d'un jugement contradictoire ou définitif, quand la demande n'excède pas 1,000 fr., pour Paris et villes assimilées, 15 fr. — Pour les tribunaux des villes où siége une cour d'appel ou dont la population est de plus de 30,000 âmes, 13 fr. 50 c. — Pour les autres tribunaux, 11 fr. 25 c.

Quand elle excède 1,000 fr., jusqu'à 5,000 fr., 20 fr. pour Paris et villes assimilées. — Pour les tribunaux des villes où siége, etc., 18 fr. — Pour les autres tribunaux, 15 fr.

Quand elle excède 5,000 fr., 30 fr. pour Paris et villes assimilées. — Pour les tribunaux de second ordre ou siége, etc., 27 fr. — Pour les autres tribunaux, 22 fr. 50 c.

Si la valeur de l'objet de la contestation est indéterminée, le juge alloue l'une des sommes ci-dessus indiquées.

S'il y a lieu a enquête ou à visite et estimation d'experts, ordonnée contradictoirement, et s'il est intervenu aussi jugement contradictoire sur l'enquête ou le rappor d'experts, il est alloué un demi-droit.

Et, en outre, pour copie des procès-verbaux d'enquête ou d'expertise, par chaque rôle.

A Paris et villes assimilées, 15 c. — Dans les tribunaux de second ordre, 14 c. — Pour tous les autres, 12 c.

S'il y a plus de deux parties en cause, et si elles ont des intérêts contraires, il est alloué un quart en sus des droits ci-dessus, à l'avoué qui a suivi contre chacune des autres parties.

S'il y a lieu à un interrogatoire sur faits et articles, il est passé à l'avoué de la partie à la requête de laquelle il aura été subi un demi-droit, et en outre, pour copie du procès verbal d'interrogatoire, par chaque rôle d'expédition :

A Paris et villes assimilées, 15 c. — Dans les tribunaux de second ordre, 14 c. — Dans les autres tribunaux, 12 c.

Il est passé à l'avoué qui lève le jugement contradictoirement, pour dressé des qualités et signification de jugement à avoué le quart du droit accordé pour l'obtention du jugement contradictoire.

Si l'avoué est révoqué ou si les pièces lui sont retirées, il lui est alloué, savoir : — S'il y a eu constitution d'avoué avant l'obtention d'un jugement par défaut, moitié du droit accordé pour faire rendre un jugement par défaut ; — et s'il a été obtenu un premier jugement par défaut ou un jugement interlocutoire, indépendamment de l'émolument accordé pour ces jugements, moitié du droit accordé pour obtenir un jugement contradictoire. Mais ces droits ne sont acquis, et ils ne peuvent être exigés que lorsqu'il y a eu constitution d'avoué dans le premier cas, qu'il a été formé opposition au premier jugement par défaut, et que l'avoué qui a obtenu le premier jugement a suivi l'audience sur le débouté d'opposition.

Au moyen de la fixation ci-dessus, il n'est passé aucun autre honoraire pour aucun acte et sous aucun prétexte.

Des matières ordinaires. — Droit de consultation.

Pour la consultation sur toute demande principale, intervention, tierce opposition et requête civile, tant en demandant qu'en défendant, sans qu'il puisse être passé plus d'un droit par chaque avoué et par cause, et sans que l'intervention d'un appelé en garantie puisse y donner lieu ; le droit ne peut être exigé qu'autant qu'il a été obtenu un jugement par défaut contre partie ou qu'il y a eu constitution d'avoué, et y compris la procuration sous signature privée, ou par-devant notaire, indépendamment des déboursés.

A Paris et villes assimilées, 10 fr. pour les tribunaux de second ordre des villes à cour d'appel, ou peuplées de plus de 30,000 âmes, 9 fr. — Pour tous les autres tribunaux, 7 fr. 50 c.

Il n'est alloué aucun émolument à l'avoué, dans le cas où il comparaîtrait au bureau de conciliation pour sa partie.

Actes de première classe.

Pour l'original d'une constitution d'avoué. — Pour un acte d'avoué à avoué pour suivre l'audience, sans qu'il puisse en être passé plus d'un seul pour chaque jugement par défaut interlocutoire ou contradictoire. — Les avoués sont tenus de se représenter au jour indiqué par les jugements préparatoires ou de remise, sans qu'il soit besoin d'aucune sommation. — Pour l'original d'un acte de déclaration de production par le demandeur en instruction par écrit, contenant le nombre des rôles dont la requête est composée. — *Idem*, de la part du défendeur. — De la signification de l'ordonnance du président portant la nomination d'un autre rapporteur, en cas de décès, démission ou impossibilité de faire le rapport en délibéré ou instruction par écrit. — D'une sommation d'être présent au retrait des pièces après le jugement sur délibéré ou instruction par écrit. — D'une sommation d'avoué à avoué, pour être présent à la prestation d'un serment ordonné. — D'une sommation d'avoué à avoué pour être réglé sur une opposition aux qualités. — De la déclaration au demandeur originaire de la part du défendeur, qu'il a formé une demande en garantie. — De la déclaration au défendeur originaire, de la part du demandeur, qu'il a formé une demande en garantie. — De la dénonciation au demandeur originaire de la demande en garantie. — De la sommation de communiquer les pièces signifiées ou employées dans la cause. — De la signification de la requête et de l'ordonnance portant que l'avoué qui retient des pièces sera tenu de les remettre. — De la signification de l'acte de dépôt au greffe, de la pièce dont l'écriture est déniée. — De la sommation de comparaître devant le juge commis en vérification d'écriture, pour être présent au serment des experts, et à la représentation des pièces de comparaison. — De la sommation pour être présent à la confection d'un corps d'écritures. — De la signification de l'acte de dépôt au greffe d'une pièce arguée de faux. — De la sommation pour être présent à la réquisition d'apport au greffe de la minute de la pièce arguée de faux. — De la signification de l'ordonnance portant que la minute de la pièce arguée de faux sera apportée au greffe. — De la signification de l'acte de dépôt au greffe de la pièce arguée de faux, avec sommation d'être présent au procès-verbal qui sera dressé de son état. — De la signification des procès-verbaux d'enquête. — De la signification de l'ordonnance du juge commis pour faire une descente sur les lieux contenant la désignation des jour, lieu et heure, et sommation d'y être présent. — De la signification du procès-verbal du juge commissaire qui a fait une descente sur les lieux. — De la sommation contenant indication des jour et heure choisis par les experts, si la partie n'était pas présente à la prestation de leur serment. — De la signification du rapport des experts. — De la signification de l'interrogatoire sur faits et articles. — De la notification du décès d'une partie. — De la signification d'un désaveu. — De la signification de l'acte à fin de renvoi, d'un tribunal à un autre, des pièces y annexées et du jugement intervenu. — De la signification de l'arrêt intervenu sur l'appel d'un jugement qui aura rejeté une récusation, ou du certificat du greffier de la cour d'appel, contenant que l'appel n'est pas jugé, et indication du jour où il doit l'être. — De la sommation de se trouver devant le président, et voir déclarer la taxe des frais exécutoire, en cas de désistement de la demande. — De la sommation d'être présent à la présentation et affirmation d'un compte. — De la signification de la déclaration affirmative, et du dépôt des pièces contenant constitution d'avoué. — D'un acte contenant dénonciation d'opposition formée sur débiteur entre les mains d'un tiers saisi. — De la signification de l'état détaillé des effets mobiliers saisis et arrêtés entre les mains d'un tiers saisi. — De la sommation, à la requête des créanciers du mari, à l'avoué de la femme, poursuivant sa séparation de biens, de leur communiquer la demande et les pièces justificatives. — De l'acte de signification du cahier des charges en licitation, aux avoués des colicitants. — De l'acte de sommation aux avoués des copartageants de se trouver, soit devant le juge commissaire, soit devant notaire, pour procéder aux opérations du partage.

A Paris et villes assimilées, 1 fr. — Pour les tribunaux de second ordre, 90 c. — Pour les autres, 75 c.

Pour les copies de chacun des actes ci-dessus énoncés, indépendamment des copies de pièces, le quart.

Actes de deuxième classe.

Acte de production nouvelle en instruction par écrit, contenant l'état des pièces. — Sommation à la partie adverse, de déclarer si elle veut ou non se servir d'une pièce produite, avec déclaration que, dans le cas où elle s'en servirait, le demandeur s'inscrira en faux. — Déclaration de la partie sommée, signée d'elle ou du fondé de sa procuration spéciale et authentique, dont il sera donné copie, qu'elle entende ou non se servir de la pièce arguée de faux. — Acte contenant articulation succincte des faits dont une partie demande à faire preuve. — Acte contenant réponse au précédent et dénégation ou reconnaissance des faits. — Acte contenant la justification des reproches par écrit. — Acte en réponse. — Acte contenant offre de prouver les reproches contre les temoins, non justifiés par écrit, et désignation des témoins à entendre sur les reproches. — Acte en réponse. — Acte contenant les moyens de récusation contre les experts. — Acte contenant réponse aux moyens de récusation. — Acte contenant les moyens et conclusions des demandes incidentes. — Acte servant de réponse aux demandes incidentes. — Acte de reprise d'instance. — Acte de désistement, et d'acceptation de désistement. — Acte de présentation de caution. — Acte de déclaration d'acceptation de caution. — Acte de contestation de la caution offerte. — Actes d'offres sur la déclaration des dommages et intérêts. — Acte contenant demande en rectification d'un acte de l'état civil. — Acte servant de réponse.

Tous ces actes sont taxés pour original :

A Paris et villes assimilées, 5 fr. — Pour les tribunaux de second ordre, 4 fr. 50 c. — Pour les autres tribunaux, 3 fr. 75 c.

Et pour chaque copie, indépendamment des copies de pièces, le quart.

Des requêtes et défenses qui peuvent être grossoyées, et des copies de pièces.

Pour l'original ou grosse des requêtes servant de défenses aux demandes, contenant vingt-cinq ligne à la page et douze syllabes à la ligne :

A Paris et villes assimilées, 2 fr. ; — pour les tribunaux de second ordre, 1 fr. 80 c. ; — pour les autres tribunaux 1 fr. 50 c. — Les copies de pièces qui sont données avec les défenses ou qui peuvent être signifiées dans les causes, sont taxées à raison du rôle, de vingt-cinq lignes à la page et de douze syllabes à la ligne :

A Paris et villes assimilées, 30 c. ; — dans les tribunaux de second ordre, 27 cent. ; — dans les autres tribunaux, 25 cent.

Les copies de tous actes ou jugements qui sont signifiées avec les exploits des huissiers, appartiennent à l'avoué si elles ont été faites par lui, à la charge de les certifier véritables et de les signer.

Pour l'original ou grosse des requêtes contenant réponse aux défenses, dans la forme ci-dessus, pour chaque rôle.

A Paris et villes assimilées, 2 fr. ; — pour les tribunaux de second ordre, 1 fr. 80 c. ; — pour les aures, 1 fr. 50 c.

Pour l'original des requêtes en instruction par écrit terminées par l'état des pièces. — *Idem*, servant de réponse à celles en instruction par écrit, avec état des pièces à l'appui. — *Idem*, en réponse aux productions de nouvelles pièces, qui ne peuvent excéder six rôles :

A Paris et villes assimilées, 2 fr. ; — pour les tribunaux de second ordre, 1 fr. 80 cent. ; — pour les autres, 1 fr. 50 c.

Dans les instructions par écrit, les grosses et les copies de toutes les requêtes doivent porter la déclaration du nombre de rôles dont elles sont composées, à peine de rejet de la taxe.

Pour la grosse de la requête d'opposition au jugement par défaut contenant les moyens par chaque rôle :

A Paris et villes assimilées, 2 fr. ; — pour les tribunaux de second ordre, 1 fr. 80 c. ; — pour les autres tribunaux 1 fr. 50 c.

Si les moyens ont été fournis avant le jugement par défaut, la requête d'opposition sans les moyens n'est passée que pour un rôle.

Pour la grosse de la requête, qui ne peut exéder deux rôles, tendant à ce que l'étranger demandeur soit tenu de fournir caution. — *Idem* de celle en réponse qui ne peut non plus exéder deux rôles. — *Idem* de la requête pour proposer un déclinatoire qui ne peut excéder six rôles. — *Idem* de la réponse. — *Idem* de la requête en nullité de la demande ou du jugement, qui ne peut non plus exéder six rôles. — *Idem* de la réponse. — *Idem* de la requête pour demander délai pour délibérer et faire inventaire, qui ne peut aussi exéder six rôles. — *Idem* de la réponse. — *Idem* de la requête pour soutenir qu'il n'y a lieu d'appeler garant, qui ne peut excéder six rôles. — *Idem* de la réponse. — *Idem* de la requête d'opposition à l'ordonnance portant contrainte de remettre des pièces, qui ne peut excéder deux rôles. — *Idem* de la réponse.

— *Idem* de la requête contenant les moyens de faux. — *Idem* de la requête contenant réponse aux moyens de faux. — *Idem* da la requête d'intervention. — *Idem* de la requête en réponse à l'intervention. — *Idem* de la requête contenant contestation sur la demande en reprise d'intance, qui ne peut exéder six rôles. — *Idem* de la réponse. — *Idem* de la requête servant de moyen contre un désaveu. — Et réponse. — *Idem* de la requête contre la demande à fin de renvoi d'un tribunal à un autre, pour cause de parenté ou alliance. — Et pour la réponse. — *Idem* de la requête en péremption d'instance, qui ne peut excéder six rôles. — *Idem* de la réponse. — *Idem* de la requête de tierce-opposition. — Et réponse. — *Idem* de la requête civile incidente. — Et réponse. — *Idem* de la requête contenant défense du juge prise à partie. — Et réponse. — *Idem* pour la grosse d'un compte, dont le préambule ne peut excéder six rôles. — Il n'est fait qu'une seule grosse. — *Idem* pour la grosse de la requête du tiers saisi, qui demande son renvoi devant son juge, en cas que sa déclaration affirmative soit contestée : cette requête ne peut excéder deux rôles. — Et réponse. — *Idem* de la requête pour demander incidemment la validité ou la nullité d'offres réelles. — Et réponse. — *Idem* de la requête à fin de se faire autoriser à compulser un acte, qui ne peut excéder six rôles. — Et reponse. — *Idem* de la requête d'intervention des créanciers du mari dans les demandes en séparation de biens. — Et réponse. — *Idem* de la requête de conclusions motivées contenant demande en entérinement du rapport des experts, en partage et licitation. — Et réponse.

Il est taxé pour chacun des rôles ci-dessus énoncés :

A Paris et villes assimilées, 2 fr. — Pour les tribunaux de

second ordre, 1 fr. 80 c. — Pour les autres 1 fr. 80 c. — Et pour chaque copie, par rôle, le quart.

Le nombre des rôles de requête en réponse ne peut jamais excéder celui fixé pour la requête en demande.

Il n'est passé aucuns frais d'impression des requêtes et défenses même autorisées.

Requêtes qui ne peuvent être grossoyées, et copies d'actes.

Requête pour faire nommer un autre rapporteur en instruction par écrit ou sur délibéré. — Pour faire commettre un huissier à l'effet de signifier un jugement par défaut contre partie. — Pour faire contraindre un avoué à remettre les pièces qu'il a prises en communication. — Pour soutenir l'ordonnance du juge-commissaire en vérification d'écritures, à l'effet de sommer la partie adverse de comparaître à jour et heure certains, pour convenir des pièces de comparaison. — Afin d'obtenir l'ordonnance du commissaire en vérification d'écritures pour sommer les experts de prêter serment et les dépositaires de représenter les pièces de comparaison. — Au juge-commissaire en inscription de faux incident pour faire ordonner l'apport de la minute de la pièce arguée par le dépositaire. — Au juge-commis pour procéder à une enquête, à l'effet d'obtenir son ordonnance, indiquant le jour et l'heure pour lesquels les témoins sont assignés. — Au juge-commis pour faire une descente sur les lieux, à l'effet d'obtenir son ordonnance, portant l'indication des jour, lieu et heure. — Au juge commissaire pour demander son ordonnance, à l'effet de faire prêter serment aux experts convenus ou nommés d'office. — En cas de désistement de la demande pour obtenir l'ordonnance du président, à fin de rendre la taxe de frais exécutoire. — Au juge-commis pour entendre un compte à l'effet d'obtenir l'ordonnance fixant le jour et l'heure de la présentation. — A fin de permission de vendre les meubles saisis-exécutés, dans un lieu plus avantageux que celui indiqué par la loi. — — Pour faire commettre un huissier, à l'effet de signifier le jugement portant contrainte par corps. — A fin d'assigner extraordinairement en référé, si le cas requiert célérité. — A fin de saisir-gagner à l'instant les meubles et effets garnissant les maisons et fermes. — A fin de permission de saisir les effets de son débiteur forain, trouvés en la commune qu'habite le créancier. — A fin de faire commettre un huissier pour notifier le titre du nouveau propriétaire aux créanciers inscrits. — A fin de faire commettre un huissier à l'effet de notifier la réquisition de surenchère. — Au juge-commissaire en partage et licitation, à l'effet d'obtenir son ordonnance pour citer les autres parties à comparaître pardevant lui. — Au procureur de la république pour faire désigner trois jurisconsultes, sans l'avis desquels le tuteur du mineur ne peut transiger :

A Paris et villes assimilées, 2 fr. — Pour les tribunaux de second ordre, 1 fr. 80 c. — Pour les autres, 1 fr. 50.

La vacation pour demander l'ordonnance du président ou du juge-commissaire et se la faire délivrer, est comprise dans la taxe.

Requête contenant demande pour abréger les délais dans les cas qui requièrent célérité. — Pour obtenir permission de saisir et arrêter, entre les mains d'un tiers, ce qu'il doit aux débiteur quand il n'y a pas de titre. — Pour avoir permission de saisir et arrêter la portion que le juge détermine dans des sommes ou pensions données ou léguées pour aliments, et ce, pour créances postérieures aux dons et legs. — A l'effet d'obtenir, pour le témoin assigné, un sauf-conduit qui ne peut être accordé que sur les conclusions du ministère public, et qui règle sa durée. — A l'effet de demander la nullité de l'emprisonnement d'un débiteur détenu pour dettes. — Pour demander la liberté d'un débiteur détenu pour dettes, dans tous les cas prévus par l'article 800. — Pour assigner le geolier qui refuse de recevoir la consignation de la dette. — Pour demander la liberté faute de consignation d'aliments. — Pour demander la permission de saisir-revendiquer, contenant la désignation des effets. — *Idem* pour faire commettre un notaire à l'effet de représenter les absents présumés, dans les inventaires, comptes, partages et liquidations dans lesquels ils sont intéressés. — Pour faire autoriser la vente du mobilier d'une succession. — A fin d'être autorisé, sans attribution de qualité, à faire procéder à la vente d'effets mobiliers dépendants d'une succession. — Pour faire nommer un curateur au bénéfice d'inventaire. — Honr faire nommer un curateur à une succession vacante. — *Idem* à l'effet de faire nommer un tiers-arbitre.

Elles sont taxées :

A Paris et villes assimilées, 3 fr. — Pour les tribunaux de second ordre, 2 fr. 70 c. — Pour les autres tribunaux 2 fr. 25 c.

Les requêtes ci-dessus ne sont point grossoyées. — Et la vacation pour prendre l'ordonnance est comprise dans la taxe.

Requête à fin d'obtenir permission d'assigner en réglement de juges. — Requête civile principale. — A fin de permission de se faire délivrer expédition ou copie d'un acte parfait, non enregistré, ou même resté imparfait, ou

pour se faire délivrer une seconde grosse. — A fin de réformation d'un acte de l'état civil.

A l'effet de faire pourvoir à l'administration des biens
d'une personne présumée absente. — Pour avoir permission de faire enquête pour constater l'absence. — A fin
d'envoi en possession provisoire des biens d'un absent. —
De la femme, à l'effet de citer son mari à la chambre du
conseil, pour déduire les causes de son refus de l'autoriser. — De la femme, en cas d'absence présumée ou déclarée du mari, ou en cas d'interdiction, pour se faire
autoriser. — De la femme qui se pourvoit en séparation
de biens. — A fin d'homologation de l'avis d'un conseil
de famille. — Pour demander l'envoi en possession du
legs universel. — Du créancier pour obtenir la permission de faire apposer un scellé. — A fin d'homologation
d'un avis du conseil de famille pour aliéner les immeubles
des mineurs, ou pour être autorisé à vendre au-dessous
de l'estimation. — De l'héritier bénéficiaire, à l'effet
d'être autorisé à vendre les immeubles dépendants d'une
succession bénéficiaire — Pour demander l'intérinement
du rapport d'experts qui ont fait l'estimation des immeubles dépendants d'une succession bénéficiaire. —
Idem d'un curateur à une succession vacante. — *Idem*
pour demander l'homologation d'un acte de notoriété délivré par le juge de paix sur la déposition de sept témoins,
pour suppléer à un acte de naissance.

Ces requêtes ne peuvent être grossoyées; et l'émolument pour prendre les ordonnances et communiquer au
ministère public est compris dans la taxe qui est de :

A Paris et villes assimilées, 7 fr. 50. — Pour les tribunaux
de second ordre, 6 fr. 75. — Pour tous les autres tribunaux,
5 fr. 50 c.

Requête pour avoir permission de faire interroger sur les faits et articles contenant les faits. — Cette requête n'est point signifiée, ni la partie appelée avant le jugement qui admettra ou rejettera la demande à fin de faire interroger : elle n'est notifiée qu'avec le jugement et l'ordonnance du juge commis pour faire subir l'interrogatoire. — De l'époux qui se pourvoit en séparation de corps, contenant sommairement les faits. — De l'époux qui se pourvoit en divorce pour cause déterminée, contenant le détail des faits. — Contenant demande à fin d'interdiction, le détail des faits et l'indication des témoins.

Ces requêtes ne peuvent être grossoyées, et l'émolument pour prendre les ordonnances et communiquer au ministère public est compris dans la taxe :

A Paris et villes assimilées, 15 fr. — Pour les tribunaux de second ordre, 13 fr. 50 c.; — Pour les autres tribunaux, 12 fr.

Plaidoirie et assistance aux jugements.

Pour honoraires de l'avocat qui a plaidé la cause contradictoirement :

A Paris et villes assimilées, 15 fr.; pour les tribunaux de second ordre, 10 fr.

Pour assistance de l'avoué à l'audience, à l'effet de demander acte de sa constitution, en cas d'abréviation des détails :

A Paris et villes assimilées, 1 fr. 50 c. ; — pour les tribunaux de second ordre, 1 fr. 25 c. ; — pour les autres, 1 fr.

Pour assistance et plaidoirie aux jugements par défaut :

A Paris et villes assimilées, 3 fr. ; — pour les tribunaux de second ordre, 2 fr. 75 c. ; pour les autres tribunaux, 2 fr. 45 c.

Pour l'honoraire de l'avocat qui a pris le jugement par défaut :

A Paris et villes assimilées, 5 fr. ; pour les tribunaux de second ordre, 4 fr. 50 ; — pour les autres tribunaux, 4 fr.

Quand le jugement par défaut a été pris par l'avocat, le droit d'assistance de l'avoué n'est que de :

A Paris et villes assimilées, 1 fr. ; — pour les tribunaux de second ordre, 90 c. ; — pour les autres, 75 c.

Pour assistance de chaque avoué à tout jugement portant remise de cause ou indication de jour, sans que les jugements puissent être levés et qu'il soit signifié de qualités ou donné d'avenir :

A Paris et villes assimilées, 3 fr. ; — pour les tribunaux de second ordre, 2 fr. 75 c. ; pour les autres, 2 fr. 25 c.

Pour assistances et observations des avoués aux jugements qui ordonnent une instruction par écrit :

A Paris et villes assimilées, 5 fr. ; — pour les tribunaux de second ordre, 4 fr. 50 c. ; — pour les autres, 4 fr.

Pour assistance aux jugements sur délibéré ou instruction par écrit, y compris les notes qui peuvent être fournies :

A Paris et villes assimilées, 5 fr. ; — pour les tribunaux de second ordre, 4 fr. 50 c. ; — pour les autres, 4 fr.

Pour assistance des avoués à chaque journée de plaidoirie qui précède les jugements interlocutoires et définitifs contradictoires, quand les causes sont plaidées par les parties elles-mêmes ou par des avocats :

A Paris et villes assimilées, 3 fr. ; — pour les tribunaux de second ordre, 2 fr. 75 c. ; — pour les autres, 2 fr. 25. c.

Et quand les avoués plaident eux-mêmes,

A Paris et villes assimilées, 10 fr. ; — pour les tribunaux de second ordre, 9 fr. ; — pour les autres, 6 fr.

Qualités et signification des jugements.

Pour l'original des qualités contenant les noms et profession et demeure des parties, leurs conclusions et les points de fait et de droit, sans que les motifs des conclusions puissent y être insérés, ni qu'on puisse rappeler dans les points de fait de droit, les moyens des parties ; savoir : pour celles d'un jugement par défaut,

A Paris et villes assimilées, 3 fr. 75 c. ; — pour les tribunaux de second ordre, 3 fr. 20 c. ; — pour les autres, 2 fr. 80 c.

Pour celles d'un jugement contradictoire sur plaidoirie ou délibéré.

A Paris et villes assimilées, 7 fr. 60 c. ; — pour les tribunaux de second ordre, 6 fr. 50 c. : — pour les autres, 5 fr. 50 c.

Et pour celles d'un jugement en instruction par écrit :
A Paris et villes assimilées, 10 fr. ; — pour les tribunaux de second ordre, 9 fr. ; — pour les autres tribunaux, 7 fr. 50 c.

Pour chaque copie qui ne peut être signifiée que dans le cas où le jugement serait contradictoire, le quart.

Pour signification de tout jugement à avoué ou à domocile, par chaque rôle d'expédition :
A Paris et villes assimilées, 30 c. ; — pour les tribunaux de second ordre, 27 c. ; — pour les autres, 25 c.

Des vacations.

Vacation pour mettre la cause au rôle ; — pour communiquer les pièces de la cause au ministère public et les retirer, le tout ensemble ; — pour produire et retirer les pièces dans les causes où il a été ordonné un délibéré ; — pour produire au greffe des pièces nouvelles, en instruction par écrit ; — pour prendre en communication les pièces nouvelles produites en instruction par écrit ; — pour prendre le certificat du greffier constatant que la partie adverse n'a pas produit en instruction par écrit dans les délais fixés ; — pour requérir le greffier, après que toutes les parties ont produit en instruction par écrit ou après l'expiration des délais, de remettre les pièces au rapporteur ; — pour former opposition à des qualités (le droit n'est passé qu'autant que le président ordonne une réformation) ; — pour faire régler les qualités des jugements en cas d'opposition ; — pour faire la mention, sur le registre tenu au greffe, de l'opposition au jugement par défaut, ou de tout appel de tout jugement, quand il y a dans les jugements des dispositions qui doivent être exécutées par des tiers ; — pour consigner l'amende en requête civile ou sur appel, dans toutes causes, à l'exception des matières sommaires ; — pour la retirer ; — pour donner certificat contenant la date de la signification, au domicile de la partie condamnée, du jugement qui prononce une main-levée, la radiation d'une inscription hypothécaire, un paiement ou autre chose à faire par un tiers ou contre lui ; — pour requérir du greffier le certificat qu'il n'existe contre le jugement énoncé ci-dessus, ni opposition, ni appel portés sur le registre tenu au greffe ; — pour faire viser par le greffier la demande en partage et licitation

A Paris et villes assimilées, 1 fr. 50 c. ; — pour les tribunaux de second ordre, 1 fr. 35 c. ; — pour les autres, 1 fr. 15 c.

Vacation pour donner et prendre communication des pièces de la cause à l'amiable, sur récépissé ou par voie du greffe, et le rétablissement, entre les mains de l'avoué ou le retrait du greffe, le tout ensemble. — Pour produire au greffe, dans les causes où il a été ordonné une instruction par écrit. — Pour prendre communication au greffe de la production du demandeur en instruction par écrit, et le rétablissement de cette production , le tout ensemble. — Pour retirer les pièces du greffe dans les instructions par écrit. — Pour déposer au greffe les pièces arguées de faux. — Pour requérir l'ordonnance du juge commis à l'effet de procéder à une enquête et signer le procès-verbal d'ouverture. — Pour faire la déclaration au greffe des experts convenus. — Pour être présent à la prestation du serment des experts devant le juge-commissaire. — Pour faire la mention en marge de l'acte de désaveu du jugement qui l'aura rejeté. — Pour déposer au greffe les titres de solvabilité de la caution présentée. — Pour prendre communication au greffe des titres de solvabilité de la caution. — Pour faire faire au greffe la soumission d'une caution. — Pour déposer au greffe ou donner en communication sur récépissé à l'amiable, les pièces justificatives de la déclaration des dommages et intérêts, et les retirer, le tout ensemble. — Pour prendre communication à l'amiable, sur récépissé ou au greffe, des pièces justificatives de la déclaration de dommages et intérêts , et les rétablir, le tout ensemble. — Pour requérir des fonctionnaires publics, tiers-saisis , le certificat du montant de ce qu'ils doivent à la partie saisie. — Pour assister au greffe la femme qui fait sa renonciation à la communauté en cas de séparation de biens. — Pour prendre l'ordonnance du tribunal qui permet de citer l'époux défendeur en divorce. — Pour assister au greffe la femme qui renonce à la communauté après décès , ou l'héritier qui renonce à la succession, ou qui ne l'accepte que sous bénéfice d'Inventaire. — Pour demander l'ordonnance d'*exequatur* d'une décision arbitrale.

A Paris et villes assimilées, 3 fr.; — pour les tribunaux de second ordre, 2 fr. 70 c.; — pour les autres, 2 fr. 25 c.

Vacation pour déposer au greffe une pièce dont l'écriture est déniée, et asssistance au procès-verbal dressé par le greffier de l'état de ladite pièce. — *Idem* pour prendre communication de ladite pièce, et assistance au procès-verbal dressé par le greffier. — *Idem* devant le juge-commissaire, pour convenir des pièces de comparaison. — Pour être présent au serment des experts à la représentation des pièces de comparaison, et faire les réquisitions et observations, par chaque vacation. — A la confection du corps d'écriture fait par le défendeur, s'il est ainsi ordonné. — Pour former une inscription de faux incident au greffe. — Pour requérir du juge-commissaire son ordonnance à l'effet de faire apporter au greffe la pièce arguée de faux, dont il y a minute. — Au procès-verbal de l'état des pièces arguées de faux. — De l'avoué du demandeur, pour prendre, en tout état de cause, communication de la pièce arguée de faux. — A l'audition des témoins, par trois heures. — En cas de descente sur les lieux, par trois heures. — Des avoués aux rapports d'experts, s'ils en sont expressément requis par leurs parties, pour ne les répéter que contre elles, et sans qu'elles puissent entrer en taxe. — Pour former uu désaveu au greffe, contenant les moyens, conclusions et constitution d'avoués.—Pour former par acte au greffe la demande à fin de renvoi d'un tribunal à un autre ponr parenté ou alliance. — Pour faire au greffe l'acte contenant les moyens de récusation contre un juge. — Pour interjeter appel au greffe du jugement qui aura rejeté la récusation, avec

énonciation des moyens et aussi des pièces au soutien. —
Pour mettre en ordre les pièces d'un compte à rendre,
les coter et parapher. — Il est passé une vacation pour
cinquante pièces, deux pour cent, et ainsi de suite. — A
la présentation et affirmation du compte. — Pour requérir du juge-commissaire exécutoire de l'excédant de la
recette sur la dépense dans les comptes présentés. — Pour
prendre en communication les pièces justificatives du
compte et les rétablir, le tout ensemble. — Pour fournir
des débats sur le procès-verbal du juge-commissaire. —
Par chaque vacation de trois heures, dont le nombre est
fixé et arbitré par le juge-commissaire. — *Idem* pour
fournir soutènement et réponses. — Par chaque vacation
de trois heures, dont le nombre est fixé et arbitré par le
juge-commissaire. — Pour faire au greffe une déclaration
affirmative sur saisie-arrêt, contenant les causes et le
montant de la dette, les paiements à compte, si aucuns
ont été faits, l'acte ou les causes de libération, et les saisies-
arrêts formées entre les mains du tiers saisi et le dépôt au
greffe des pièces justificatives, le tout ensemble. — Pour
assistance au compulsoire, et dires au procès-verbal, par
chaque vacation. — Pour faire et remettre l'extrait de la
demande en séparation de biens qui doit être inséré dans
les tableaux de l'auditoire du tribunal où se poursuit la
séparation et du tribunal de commerce, des chambres des
avoués de première instance et des notaires, et le faire insérer dans un journal, le tout ensemble. — Pour faire
insérer l'extrait du jugement qui a prononcé la séparation de biens dans les mêmes tableaux et dans un journal, le tout ensemble. — Pour faire insérer l'extrait du
jugement qui a prononcé la séparation de corps dans les
mêmes tableaux et dans un journal, le tout ensemble. —

Pour assister à huis clos les époux dans le cas de demande en divorce, représenter les pièces, faire les observations et indiquer les témoins. — Pour assister à la déclaration du conseil de famille qui suit la demande en interdiction et avant l'interrogatoire. — *Idem* pour faire l'extrait du jugement qui prononce une interdiction ou une nomination de conseil, le faire insérer dans le tableau de l'auditoire et des études des notaires de l'arrondissement et dans un tribunal, le tout ensemble. — Le jugement d'interdiction ou de nomination du conseil n'est point signifié aux notaires de l'arrondissement ; un extrait en est remis au secrétaire de leur chambre, qui en donne récépissé, et qui le communique à ses collègues, qui sont tenus d'en prendre note et de l'afficher dans leurs études. — Pour déposer au greffe le bilan, les livres et les actes respectifs, s'il y en a, du débiteur qui demande à être admis au bénéfice de cession. — Pour faire l'extrait du jugement qui admet à la cession de biens, et la faire insérer au tableau du tribunal de commerce ou du tribunal de première instance, qui en fait les fonctions, dans le lieu des séances de la maison commune et dans un journal, le tout ensemble. — Vacation en partage, soit devant le juge-commissaire, soit devant le notaire commis par lui, par trois heures. — Les vacations devant notaire n'entrent point en frais de partage ; elles ne peuvent être répétées que contre la partie qui a requis l'assistance de l'avoué.

A Paris et villes assimilées, 6 fr. ; — pour les tribunaux de second ordre, 5 fr. 40 c. ; — pour les autres, 4 fr. 50 c.

Vacation en référé contradictoire,

A Paris et villes assimilées, 5 fr. ; — pour les tribunaux de second ordre, 4 fr. 50 c. ; — pour les autres, 3 fr. 75 c.

Et par défaut,

10,

A Paris et villes assimilées, 3 fr. ; — pour les tribunaux de second ordre, 2 fr. 70 c. ; — pour les autres 2 fr. 25 c.

Vacation pour requérir une apposition de scellé ; — vacation à l'apposition de scellés par trois heures ; — en référé lors de l'apposition ou dans le cours de la levée ; — pour en requérir la levée ; — chaque vacation de trois heures à la reconnaissance et levée ; — pour requérir la levée des scellés, sans description ; — à la reconnaissance et levée, sans description.

A Paris et villes assimilées, 6 fr. ; — pour les tribunaux de second ordre, 5 fr. 40 c. ; — pour les autres, 4 fr. 50 c.

Poursuite de contribution.

Vacation pour requérir, sur le registre tenu au greffe, la nomination d'un juge-commissaire devant lequel il sera procédé à une contribution,

A Paris et villes assimilées, 5 fr. ; — pour les tribunaux de second ordre, 4 fr. 50 c. ; — dans les autres, 3 fr. 75 c.

Cette vacation n'est allouée qu'à l'avoué dont la réquisition est reçue.

Pour la requête au juge-commissaire, à l'effet d'obtenir son ordonnance pour sommer les opposants de produire, et la partie saisie de prendre communication des pièces produites, et de contredire s'il y a lieu, et la vacation pour obtenir l'ordonnance du juge-commissaire, le tout ensemble,

A Paris et villes assimilées, 3 fr. ; — pour les tribunaux de second ordre, 2 fr. 70 cent. ; — pour les autres, 2 fr. 25 cent.

Pour l'acte de production des titres contenant demande en collocation, et même à fin de privilége et constitution d'avoué, y compris la vacation pour produire,

A Paris et villes assimilées, 10 fr. ; — pour les tribunaux ce second ordre, 9 fr. ; — pour les autres, 7 fr. 50 c.

Cet acte ne doit point être signifié.

Pour la sommation, à la requête du propriétaire, à l'avoué de la partie saisie, si elle en a constitué un, et au plus ancien de ceux des opposants pour comparaître en référé par-devant le juge-commissaire, à l'effet de faire statuer préliminairement sur son privilége, pour raison des loyers à lui dus,

A Paris et villes assimilées 1 fr. ; — pour les tribunaux de second ordre, 90 cent. ; — pour les autres, 75 cent.

Et pour chaque copie, le quart.

Vacation en référé devant le juge-commissaire qui a statué sur le privilége réclamé pour loyers dus, par défaut,

A Paris et villes assimilées, 3 fr. ; — pour les tribunaux de second ordre, 2 fr. 70 c. ; — pour les autres, 2 fr. 25 c.

Et contradictoirement,

A Paris et villes assimilées, 5 fr. ; — pour les tribunaux de second ordre, 4 fr. 50 c. ; — pour les autres, 3 fr. 75 c.

Pour l'acte de dénonciation de la clôture du procès-verbal de contribution du juge-commissaire aux avoués des créanciers produisant et de la partie saisie, si elle en a un, avec sommation d'en prendre communication, et de contredire sur le procès-verbal dans la quinzaine.

A Paris et villes assimilées, 1 fr. ; — pour les tribunaux de second ordre, 90 c. ; — pour les autres, 75 c. ; — et pour chaque copie, le quart.

Le procès-verbal du juge-commissaire ne doit être ni

levé ni signifié, et il ne doit être enregistré que lors de la délivrance des mandements aux créanciers.

Vacation pour prendre communication de l'état de contribution, et contredire sur le procès-verbal du juge-commissaire, sans qu'il puisse en être passé plus d'une sous quelque prétexte que ce soit,

A Paris et villes assimilées, 5 fr. ; — pour les tribunaux de second ordre, 4 fr. 50 c. — pour les autres, 3 fr. 75 cent.

Il n'est fait aucun dire, s'il n'y a lieu de contredire : il est alloué à l'avoué du poursuivant autant de demi-droits de vacation, pour prendre communication de l'état de contribution et contredire, qu'il y a eu de créanciers produisant,

A Paris et villes assimilées, 2 fr. 50 ç. ; — pour les tribunaux de second ordre, 2 fr. 25 c. ; — pour les autres, 1 fr. 88 c.

Vacation pour requérir la délivrance du mandement au créancier utilement colloqué, et être présent à l'affirmation de la créance devant le greffier.

A Paris et villes assimilées, 2 fr. ; — pour les tribunaux de second ordre, 1 fr. 80 cent. ; — pour les autres, 1 fr. 50 cent.

Poursuite de saisie immobilière.

Vacation pour faire transcrire le procès-verbal de saisie immobilière au bureau de la conservation des hypothèques et au greffe des tribunaux où doit se faire la vente, par chacune.

A Paris et villes assimilées, 6 fr. ; — pour les tribunaux de second ordre, 5 fr. 40 c. ; — pour les autres, 4 fr. 50 c.

Pour faire enregistrer au bureau de la conservation des

hypothèques la dénonciation faite à la partie saisie de la saisie immobilière.

A Paris et villes assimilées, 6 fr.; — pour les tribunaux de second ordre, 5 fr. 40 c.; — pour les autres, 4 fr. 50 c.

Pour l'extrait de la saisie immobilière qui doit être inséré dans un tableau placé, à cet effet, dans l'auditoire,

A Paris et villes assimilées, 6 fr.; — pour les tribunaux de second ordre, 5 fr. 40 cent.; — pour les autres, 4 fr. 50 c.

Pour l'extrait pareil à l'extrait ci-dessus, qui doit être inséré dans un journal,

A Paris et villes assimilées, 2 fr.; — pour les tribunaux de second ordre, 1 fr. 80 c.; — pour les autres, 1 fr. 50 c.

Pour l'extrait de la saisie immobilière qui doit être imprimé et placardé, qui sert d'original, et ne peut-être grossoyé,

A Paris est villes assimilées, 6 fr.; — pour les tribunaux de second ordre, 5 fr. 40 c.; — pour les autres, 4 fr. 50 c.

Il n'est passé qu'un droit à l'avoué, attendu qu'aux termes de la loi, il ne doit entrer en taxe qu'une seule impression de placards, et que les additions, lors des appositions subséquentes, doivent être manuscrites.

Vacation pour se faire délivrer l'extrait des inscriptions.

A Paris et villes assimilées, 6 fr.; — pour les tribunaux de second ordre, 5 fr. 40 c.; — pour les autres, 4 fr. 50 c.

Vacation pour faire enregistrer, à la conservation des hypothèques, la notification du placard faite aux créanciers inscrits,

A Paris et villes assimilées, 6 fr.; — pour les tribunaux de second ordre, 5 fr. 40 c.; — pour les autres, 4 fr. 50 c.

Pour la grosse du cahier des charges, contenant vingt-cinq lignes à la page et douze syllabes à la ligne,

A Paris et villes assimilées, 2 fr, ; — pour les tribun aux de second ordre, 1 fr. 80 c. ; — pour les autres, 1 fr. 50 c.

Il n'est signifié de copie ni à la partie saisie, ni aux créanciers inscrits, attendu que cette grosse doit être déposée au greffe quinzaine avant la première publication, et que toute partie intéressée a la faculté d'en prendre communication.

Vacation pour déposer au greffe le cahier des charges,

A Paris et villes assimilée 3 fr. ; — pour les tribunaux de second ordre, 2 fr. 70 c. ; — pour les autres, 2 fr. 45 c.

Il ne doit être fait qu'une seule grosse, et il n'en doit point être remis à l'huissier audiencier pour les publications, qui sont d'ailleurs signées par le juge.

A chaque publication du cahier des charges, avec les dires qui peuvent avoir lieu,

A Paris et villes assimilées, 3 fr. ; — pour les tribunaux de second ordre, 2 fr. 70 c. ; — pour les autres 2 fr. 45 e.

Il n'est point signifié d'acte de remise de la publication du cahier des charges, attendu que les parties intéressées peuvent se présenter à la première publication et connaître les jours où les publications subséquentes auront lieu; que, d'ailleurs, l'apposition des placards et l'insertion dans un journal annonçant les adjudications préparatoires et définitives, les instruisent suffisamment.

Vacation à l'adjudication préparatoire,

A Paris et villes assimilées, 6 fr ; — pour les tribunaux de second ordre, 5 fr. 40 c. ; — pour les autres, 4 fr. 50 c.

Vacation à l'adjudication définitive,

A Paris et villes assimilées, 15 fr. ; — pour les tribunaux de second ordre, 13 fr. 50 c. ; — pour les autres 12 fr.

Indépendamment des émoluments ci-dessus fixés, il est alloué à l'avoué poursuivant, sur le prix des biens dont l'adjudication est faite au-dessus de 2,000 fr., savoir ; — depuis 2,000 fr. jusqu'à 10,000 fr..

A Paris et villes assimilées, 1 pour 100 ; — pour les tribunaux de second ordre, 9 dixièmes pour 100 ; — pour les autres, 7 dixièmes et demi de 1 pour 100.

Sur la somme exédant 10,000 fr. jusqu'à 50,000 fr.,

A Paris et villes assimilées, demi pour 100 ; — pour les tribunaux de second ordre, 4 dixièmes et demi de 1 pour 100 ; — pour les autres, 7 vingtièmes et demi de 1 pour 100.

Sur l'excédant de 100,000 fr., indéfiniment,

A Paris et villes assimilées 1 huitième de 1 pour 100 ; — pour les tribunaux de second ordre, 9 quatre-vingtièmes et demi de 1 pour 100 ; — pour les autres, 7 quatre-vingtièmes et demi de 1 pour 100.

En cas d'adjudicrtion pour lots de biens compris dans la même poursuite, la totalité de prix des lots est réunie pour fixer le montant de la remise.

Vacation pour enchérir,

A Paris et villes assimilées, 7 fr. 50 c. ; — pour les tribunaux de second ordre, 6 fr. 75 c. ; — pour les autres, 5 fr. 63 c.

Vacation pour se rendre adjudicataire,

A Paris et villes assimilées, 15 fr. ; — pour les tribunaux de second ordre, 13 fr. 50 c. ; — pour les autres, 11 fr. 35 cent.

Pour faire la déclaration de command,

A Paris et villes assimilées, 6 fr. ; — pour les tribunaux de second ordre, 5 fr. 40 c. ; — pour les autres, 4 fr. 50 c.

Les vacations pour enchérir ou pour la déclaration de command sont à la charge de l'enchérisseur ou de l'adjudicataire.

Vacation pour faire au greffe la surenchère du quart au

moins du prix principal de l'adjudication en saisie immobilière.

A Paris et villes assimilées, 15 fr. ; — pour les tribunrux de second ordre, 13 fr. 50 c. ; — pour les autres, 11 fr. 25 c.

Pour l'acte de dénonciation de la surenchère aux avoués de l'adjudicataire, du poursuivant et de la partie saisie, si elle en a constitué, contenant à venir à la prochaine audience,

A Paris et villes assimilées, 1 fr. ; — pour les tribunaux de second ordre, 90 c. ; — pour les autres, 75 c.

Pour chaque copie, le quart.

Pour la requête d'avoué à avoué, contenant demande à fin de réunion de poursuites de saisies immobilières de biens différents portées devant le même tribunal, par chaque rôle,

A Paris et villes assimilées, 2 fr. ; — pour les tribunaux de second ordre, 1 fr. 80 c. ; — pour les autres, 1 fr. 50 c.

Pour la copie, le quart.

Pour la requête en défense à cette même demande,

A Paris et villes assimilées, 2 fr. ; — pour les tribunaux de second ordre, 1 fr. 80 c. ; — pour les autres, 1 fr. 50 c.

Pour la copie, le quart.

Pour l'acte de dénonciation de la plus ample saisie au premier saisissant, à la requête du plus ample saisissant, avec sommation de se mettre en état,

A Paris et villes assimilées, 3 fr. ; — pour les tribunaux de second ordre, 2 fr. 70 c. ; — pour les autres, 2 fr. 25 c.

Pour la copie, le quart.

Pour l'acte contenant demande en subrogation à la poursuite, soit faute par le premier saisissant de s'être mis en état sur la plus ample saisie, soit en cas de collusion, faute ou négligence de la part du poursuivant.

A Paris et villes assimilées, 5 fr. ; — pour les tribunaux de second ordre, 4 fr. 50 c. ; — pour les autres, 3 fr. 75 ç.

Pour la copie, le quart.

Pour l'acte en réponse.

A Paris et villes assimilées, 5 fr. ; — pour les tribunaux de second ordre, 4 fr. 50 c. ; — pour les autres, 3 fr. 75 c.

Pour la copie, le quart.

Vacation pour faire viser par le greffier l'intimation sur l'appel du jugement en vertu duquel il a été procédé à la saisie immobilière.

A Paris et villes assimilées, 2 fr. ; — pour les tribunaux de second ordre, 1 fr. 80 c. ; — pour les autres, 1 fr. 50 c.

Vacation pour déposer au greffe les titres justificatifs d'une demande en distraction d'objets immobiliers saisis.

A Paris et villes assimilées, 3 fr. ; — pour les tribunaux de second ordre, 2 fr, 70 c.; — pour les autres, 2 fr. 25 c.

Pour la requête d'avoué à avoué, contenant demande en distraction, par chaque rôle.

A Paris et villes assimilées, 2 fr.; — pour les tribunaux du second ordre, 1 fr. 80 c.; — pour les autres, 1 fr. 50 c.

Pour la copie, le quart.

Requête en réponse, par chaque rôle,

Le même prix que ci-dessus.

Pour la requête d'avoué à avoué, contenant demande en déchéance de l'adjudication préparatoire de la part de l'adjudicataire, en cas de demande en distraction de tout ou partie de l'objet saisi immobilièrement, par chaque rôle, sans cependant qu'elle puisse excéder le nombre de trois rôles,

A Paris et villes assimilées, 2 fr.; — pour les tribunaux de second ordre, 1 fr. 80 c.; — pour les autres, 1 fr. 50 c.

Pour la copie, le quart.

Pour la requête en réponse à celle ci-dessus,

Le même prix que ci-dessus.

Pour la requête d'avoué à avoué, de la part de la partie saisie, contenant moyens de nullité contre la procédure antérieure à l'adjudication préparatoire, pour chaque rôle,

A Paris et villes assimilées, 2 fr.; — pour les tribunaux de second ordre, 1 fr. 80 c.; — pour les autres, 1 fr. 50 c.

Pour la copie, le quart.

Pour la réponse,

Le même prix que ci-dessus.

Pour la requête d'avoué à avoué de la part de la partie saisie, contenant les moyens contre les procédures postérieures à l'adjudication préparatoire,

A Parit et villes assimilées, 2 fr.; — pour les tribunaux de second ordre, 1 fr. 80 c.; — pour les autres, 1 fr. 55 c.

Pour la copie, le quart.

Pour la réponse,

Le même prix que ci-dessus.

Vacation pour requérir le certificat du greffier, constatant que l'adjudicataire n'a point justifié de l'acquit de conditions exigibles de l'adjudication,

A Paris et villes assimilées, 3 fr.; — pour les tribunaux de second ordre, 2 fr. 70 c.; — pour les autres, 2 fr. 25 c.

Pour la requête non grossoyée et non signifiée, sur le consentement de toutes les parties intéressées, pour demander, après saisie immobilière, que l'immeuble saisi soit vendu aux enchères, par-devant notaire ou en justice,

A Paris et villes assimilées, 6 fr ; — pour les tribunaux de second ordre, 5 fr. 40 c.; — pour les autres, 4 fr. 50 c.

Les émoluments des avoués pour dresser le cahier des charges, en faire le dépôt au greffe, et pour les publications, les extraits à placarder et à insérer dans les journaux, les adjudications préparatoires et définitives, sont réglés et taxés comme en saisies immobilières, lorsqu'il s'agit :

1° De saisies de rentes constituées sur particuliers ;

2° De surenchères sur aliénation volontaire ;

3° De ventes d'immeubles de mineurs, et des biens dotaux dans le régime dotal ;

4° De ventes sur licitation ;

5°. Et de ventes d'immeubles dépendants d'une succession bénéficiaire ou vacante, ou provenant d'un débiteur failli ou qui a fait cession.

La remise proportionnelle sur le prix de l'adjudication est divisée en licitation, ainsi qu'il suit : — moitié à l'avoué poursuivant, — moitié partagée par égales portions entre tous les avoués qui occupent dans la licitation, y compris l'avoué poursuivant lui-même.

L'acte de signification du cahier des charges est taxé comme un acte simple, et la copie de ce cahier, comme celle de requête d'avoué à avoué. — Dans les cahiers des charges, il est expressément défendu de stipuler d'autres et plus grands droits, au profit des avoués, que ceux portés ci-dessus ; toute clause contraire est réputée non écrite.

Poursuite d'ordre.

Vacation pour requérir, sur le registre tenu au greffe, la nomination, par le président d'un tribunal, d'un juge-commissaire devant lequel il a été procédé à l'ordre.

A Paris et villes assimilées, 6 fr.; — pour les tribunaux de second ordre, 5 fr. 40 c.; — pour les autres, 4 fr. 50 c,

Cette vacation n'est due que si la réquisition est admise.

Requête au juge-commissaire à l'effet d'obtenir son ordonnance portant que les créanciers inscrits sont tenus de produire, et vacation pour se faire délivrer l'ordonnance, le tout ensemble,

A Paris et villes assimilées, 3 fr.; — pour les tribunaux de second ordre, 2 fr. 70 c.; — pour les autres, 1 fr. 25 c.

Vacation pour se faire délivrer, par le conservateur des hypothèques, l'extrait des inscriptions,

A Paris et villes assimilées, 6 fr.; — pour les tribunaux de second ordre, 5 fr. 40 c.; — pour les autres, 4 fr. 50 c.

Sommation d'avoué à avoué aux créanciers inscrits qui en ont constitué, de produire dans le mois,

A Paris et villes assimilées, 1 fr.; — pour les tribunaux de second ordre, 90 c.; — pour les autres, 75 c.

Acte de production de titres contenant demande en collocation et constitution d'avoué, y compris la vacation pour produire,

A Paris et villes assimilées, 20 fr.; — pour les tribunaux de second ordre, 18 fr.; — pour les autres, 15 fr. — Il ne doit point être signifié.

Dénonciation, par acte d'avoué à avoué, aux créanciers produisant et à la partie saisie, de la confection de l'état de collocation, avec sommation d'en prendre communication et de contredire, s'il y a lieu, sur le procès-verbal du commissaire, dans le délai d'un mois (le procès-verbal ne doit être ni levé ni signifié, et il ne doit être enregistré que lors de la délivrance des mandements),

A Paris et villes assimilées, 3 fr.; — pour les tribunaux de second ordre, 2 fr. 70; — pour les autres, 2 fr. 25 c.

Et pour chaque copie, le quart.

Vacation pour prendre communication des productions et contredire sur le procès-verbal du commissaire, sans qu'il puisse être passé plus d'une vacation dans le même ordre, sous quelque prétexte que ce soit,

A Paris et villes assimilées, 10 fr.; — pour les tribunaux de second ordre, 9 fr.; — pour les autres, 7 fr. 50 c.

Vacation de l'avoué poursuivant pour prendre communication de chaque production, et contredire s'il y a lieu.

A Paris et villes assimilées, 5 fr.; — pour les tribunaux de second ordre, 4 fr. 50 c.; — pour les autres, 3 fr. 75 c.

Pour la dénonciation aux créanciers inscrits et à la partie saisie, des productions faites après les délais, dans les ordres, et sommation d'en prendre communication et de contredire s'il y a lieu,

A Paris et villes assimilées, 3 fr.; — pour les tribunaux de second ordre, 2 fr. 70 c.; — pour les autres, 2 fr. 25 c.; — pour chaque copie, le quart.

Vacation pour faire rayer une ou plusieurs inscriptions en vertu du même jugement,

A Paris et villes assimilées, 6 fr ; — pour les tribunaux de second ordre, 5 fr. 40 c.; — pour les autres, 4 fr. 50 c.

Vacation pour requérir et se faire délivrer le mandement ou bordereau de collocation,

A Paris et villes assimilées, 5 fr.; — pour les tribunaux de second ordre, 4 fr. 50 c.; — pour les autres, 3 fr. 75 c.

Requête pour demander la subrogation à la poursuite de l'ordre (elle ne doit point être grossoyée),

A Paris et villes assimilées, 3 fr.; — pour les tribunaux de second ordre, 2 fr. 70 c.; — pour les autres, 2 fr. 25 c.

Vacation pour la faire insérer au procès-verbal du juge-commissaire,

A Paris et villes assimilées, 1 fr. 50 c.; — pour les tribunaux de second ordre, 1 fr. 35 c.; — pour les autres, 1 fr. 15 c.

Signification de la requête au poursuivant, par acte d'avoué à avoué,

A Paris et villes assimilées, 1 fr.; — pour les tribunaux de second ordre, 90 c.; — pour les autres, 75 c.; — pour la copie, le quart.

Pour l'acte servant de réponse, le même droit que ci-dessus.

Actes particuliers.

Pour la consultation de trois avocats exerçant depuis dix ans, qui doit précéder la requête civile, principale ou incidente.

Dans tous les tribunaux de France, 72 fr.

Pour la déclaration de dommages-intérêts, par article,

A Paris et dans les villes assimilées, 60 c.; — pour les tribunaux de second ordre, 54 c.; — pour les autres, 45 c.

Pour la copie de cette déclaration, signifiée, par chaque article,

A Paris et dans les villes assimilées, 50 c.; — pour les tribunaux de second ordre, 14 c.; — pour les autres, 12 c.

Pour chaque apostille de l'avoué-défendeur, sur la déclaration de dommages-intérêts,

A Paris et dans les villes assimilées, 60 c.; — pour les tribunaux de second ordre, 54 c.; — pour les autres, 45 c.

Composition de l'extrait de l'acte de vente ou donation, qui doit être dénoncé aux créanciers inscrits par l'acquéreur ou donataire,

A Paris et dans les villes assimilées, 15 fr.; — pour les tribunaux de second ordre, 13 fr. 50 c.; — pour les autres, 11 fr. 25 c.

Et en outre, par chaque inscription extraite,

A Paris et villes assimilées, 1 fr.; — pour les tribunaux de second ordre, 90 c.; — pour les autres, 75 c.

Les copies de cet extrait et inscriptions doivent être taxées comme copies de pièces.

Il est taxé aux avoués, pour chaque journée de campagne, à raison de 5 myriamètres pour un jour, lorsque leur présence est requise par les parties, y compris leurs frais de transport et de nourriture,

A Paris et villes assimilées, 30 fr.; — pour les tribunaux de second ordre, 27 fr.; — pour les autres, 22 fr. 50 c.

Quand les parties sont domiciliées hors de l'arrondissement du tribunal, il est passé à leurs avoués, pour les frais de port de *pièces* et de correspondance, par chaque jugement définitif,

A Paris et villes assimilées, 10 fr.; — pour les tribunaux de second ordre, 9 fr.; — pour les autres, 7 fr. 50 c.

Et par chaque interlocutoire,

A Paris et villes assimilées, 5 fr.; — pour les tribunaux de second ordre, 4 fr. 50 c.; — pour les autres, 3 fr. 75 c.

Lorsque les parties font un voyage et qu'elles sont présentées au greffe assistées de leur avoué, pour y affirmer que le voyage a été fait dans la seule vue du procès, il leur est alloué, quels que soient leur état et profession, pour frais de voyage, séjour et retour, 3 fr. par chaque myriamètre de distance entre leur domicile et le tribunal où le procès et porté ; et à l'avoué, pour vacation au greffe,

A Paris et villes assimilées, 1 fr. 50 c.; — pour les tribunaux de second ordre, 1 fr. 35 c.; — pour les autres, 1 fr. 15 c.

Il n'est passé en taxe qu'un seul voyage en première instance, et un seul en cause d'appel. La taxe pour la partie est la même dans l'un et l'autre cas. Cependant, si **la comparution d'une partie était ordonnée par jugement,** et qu'en définitive les dépens lui fussent adjugés, il lui serait alloué pour cet objet une taxe égale à celle d'un témoin.

Avoués des cours d'appel.

Les émoluments des avoués près les cours d'appel de Paris, Bordeaux, Lyon et Rouen, sont les mêmes que ceux des avoués des tribunaux de première instance de ces villes, avec une augmentation, savoir :

Dans les matières sommaires, du double ;

Dans les matières ordinaires, du double pour le droit de consolation et pour le port de pièces, quand les parties sont domiciliées hors de l'arrondissement du tribunal de première instance de chacune de ces villes ;

Et, pour les autres droits, d'une moitié seulement de ceux attribués aux avoués de première instance.

Ces droits sont réduits d'un dixième pour les cours d'appel autres que celles de Paris, Lyon, Bordeaux et Rouen.

TARIF DES NOTAIRES.

———

Les notaires se trouvent partagés en quatre classes : la première est composée des notaires de Paris, Lyon, Bordeaux et Rouen ; la deuxième, des notaires où siége la cour d'appel ; la troisième, des notaires qui résident dans les villes où siégent les tribunaux de première instance, et la quatrième dans les villes et cantons ruraux.

Classification des actes des notaires.

Après avoir classé les notaires afin de pouvoir fixer les honoraires attribués à chaque classe, il était indispensable de classer leurs actes ; car, n'étant pas tous de même nature, ni susceptibles du même mode de perception, quant aux honoraires, il eût été absurde de les taxer indistinctement de la même manière ; l'art. 173 du tarif indique ce classement, en disant qu'ils seront taxés suivant la nature et les différentes difficultés auxquelles leur rédaction aura donné lieu. La loi du 22 frimaire an VII et le tarif des frais et dépens en sont la base. Dans la première on trouve, d'une part, tous les actes portant des valeurs déterminées et par conséquent soumis au droit proportionnel ; et d'autre part, ceux qui ne contiennent aucune espèce de valeurs susceptibles des droits fixes : et l'art. 168 du tarif ayant réuni tous les actes susceptibles d'être rétribués par vacations, la division des actes soumis au droit fixe s'est trouvée faite tout natnrellement.

Les actes des notaires peuvent donc se diviser en trois séries : la première est composée des actes portant des valeurs déterminées ou pouvant l'être ; la deuxième, des actes qui se rétribuent par vacations ; et la troisième, de tous les autres actes.

Les actes de la première série seront assujettis au droit proportionnel, en raison des sommes et valeurs qu'ils contiendront ; ceux de la seconde série seront assujettis, par vacation de trois heures, au droit établi par le tarif des frais et dépens ; et ceux de la troisième série, à un droit fixe, basé sur la longueur et l'importance de ces actes.

Honoraires.

Établissant ensuite le taux et la différence des honoraires à percevoir pour les actes compris dans chacune de ces cinq classes, on a pris pour base ceux fixés par l'art. 113 du tarif des frais et dépens pour les ventes judiciaires, et rendus communs aux notaires par l'article 172 du même tarif. En effet, ces actes occupent le premier rang, tant à cause du travail qu'ils occasionnent aux notaires qu'à cause des nullités dont ils sont responsables, sous peine de dommages et intérêts des parties. Ils sont encore tenus de procéder eux-mêmes aux publications et adjudications préparatoires et définitives, aux montes et aux enchères ; ils doivent rédiger et faire toutes les écritures et tous les procès-verbaux. Les honoraires portés en l'article 113 du tarif des frais et dépens seront donc la base et le maximum des droits proportionnels des actes compris dans la première série.

Cer droits décoîtront dans la proportion que le veut l'article 113, c'est-à-dire lorsque les sommes et les valeurs portées dans les actes excèderont 10,000 fr., 50,000 fr., et 100,000 fr. : à Paris, à Rouen, à Lyon et à Bordeaux, les honoraires des notaires, pour les actes de la première classe, seront d'un pour cent sur les sommes et valeurs de 10.000 fr. et au-dessous ; d'un demi pour cent sur l'excédant de 10,000, jusqu'à 50,000 fr. ; d'un quart pour cent sur l'excédant de 50,000 fr. à 100,000 fr. ; et d'un huitième pour cent sur l'excédant de 50,000 fr. à 100,000 fr. ; et d'un huitième pour cent sur l'excédant de 100,000 fr. indéfiniment.

Diminués d'un cinquième, ces mêmes droits de la première classe formeront ceux de la seconde ; diminués de deux cinquièmes, ils formeront ceux de la troisième classe ; diminués de trois cinquièmes, ceux de la quatrième ; enfin, diminués de quatre cinquièmes, ils formeront ceux de la cinquième et dernière classe.

Notaires des grandes villes, ou de première classe.

Première classe d'actes.

Ainsi, d'après la lettre et l'esprit du chapitre vii du tarif des frais et dépens, et du décret du 16 février 1807, les honoraires seront pour les notaires de Paris, Lyon. Bordeaux et Rouen, savoir : pour les actes de première classe de 1 p. 0/0 jusqu'à 10,000 fr. ; de 1/2 p. 0/0 sur l'excédant jusqu'à 50,000 fr. ; de 1/4 p. 0/0 sur l'excédant jusqu'à 100,000 fr.; et de 1/8 p. 0/0 sur l'excédant de cette somme indéfiniment.

Deuxième classe.

Pour les actes de deuxième classe, de 8 fr. par mille pour les sommes de 10,000 fr. et au-dessous ; sur l'excédant jusqu'à 50,000 fr., de 4 fr. par mille ; de 2 fr. sur l'excédant jusqu'à 100,000 fr. ; et sur l'excédant de 100,000 fr., indéfiniment, de 1 fr. par mille.

Troisième classe.

Pour les actes de troisième classe, de 6 fr. par mille sur les sommes de 10,000 fr. et au-dessous ; de 3 fr. sur l'excédant de 10 à 50,000 fr. ; de 1 fr. 50 c. sur l'excédant de 50,000 fr., et de 75 c. sur l'excédant de 100,000 fr. indéfiniment.

Quatrième classe.

Pour les actes de quatrième classe, de 4 fr. par mille sur les sommes et valeurs de 10,000 fr. et au-dessous ; de 2 fr. sur l'excédant de 10 à 50,000 fr. ; de 1 fr. sur l'excédant de 50 à 100,000 fr., et de 50 c. sur l'excédant de 100,000 fr. indéfiniment.

Cinquième classe.

Enfin, pour les actes de la cinquième classe, de 2 fr. par mille sur les sommes et valeurs de 100,000 fr. et au-dessous ; de 1 fr. sur l'excédant de 10 à 50,000 fr. ; de 50 c. sur l'excédant de 50 à 100,000 fr. ; et de 25 c. sur l'excédant de 100,000 fr. indéfiniment.

Notaires des cours d'appel ou de deuxième classe.

Les honoraires pour les notaires des cours d'appels, seront :

Première classe.

Pour les actes de la première classe, de 9 fr. par mille sur les sommes et valeurs de 10,000 fr. et au-dessous ; de 4 fr. 50 c. sur l'excédant de 10 à 50,000 fr. : de 2 fr. 25 c. sur l'excédant de 50 à 100,000 fr. ; et de 1 fr. 12 c. 1/2 sur l'excédant de 100,000 fr. indéfiniment.

Deuxième classe.

Pour les actes de la deuxième classe, 7 fr. 20 c. par mille sur les sommes et valeurs de 10,000 fr. et au-dessous ; de 3 fr. 60 c. sur l'excédant de 10 à 50,000 fr. ; de 1 fr. 80 c. sur l'excédant de 50 à 100,000 fr., et 90 c. sur l'excédant de 100,000 fr. indéfiniment.

Troisième classe.

Pour les actes de troisième classe, 5 fr. 40 c. par mille sur les sommes et valeurs de 10,000 fr. et au-dessous ; de 2 fr. 70 c. sur l'excédant de 10 à 50,000 fr. ; de 1 fr. 35 c. sur l'excédant de 50 à 100,000 fr. ; et de 67 c. 1/2 sur l'excédant de 100,000 fr. indéfiniment.

Quatrième classe.

Pour les actes de la quatrième classe, de 4 fr. 60 c. par mille sur les sommes et valeurs de 10,000 fr. et au-dessous ; de 1 fr. 80 c. sur l'excédant de 10 à 50,000 fr. ; de 90 c. sur l'excédant de 50 à 100,000 fr., et de 45 c. par mille sur l'excédant de 100,000 fr. indéfiniment.

Cinquième classe.

Pour les actes de la cinquième classe, de 1 fr. 80 c. par mille sur les sommes et valeurs de 10,000 fr. et au-dessous : de 90 c. sur l'excédant de 10 à 50,000 fr. ; de 45 c. sur l'excédant de 50 à 100,000 fr., et de 22 c. 1/2 par mille sur l'excédant de 100,000 fr. indéfiniment.

Notaires des tribunaux d'instance ou de troisième classe.

Les honoraires pour les notaires des tribunaux d'instance, seront :

Première classe.

Pour les actes de la première classe, de 6 fr. 80 c. par mille pour les sommes et valeurs de 10,000 fr. et au-dessous; de 3 fr. 40 c. sur l'excédant de 10 à 50,000 fr. ; de 1 fr. 70 c. sur l'excédant de 50 à 100,000, et de 85 c. par mille sur l'excédant de 100,000 fr. indéfiniment.

Deuxième classe.

Pour les actes actes de la deuxième classe, de 5 fr. 40 c. par mille sur les sommes et valeurs et 10,000 fr. et au-dessous ; de 2 fr. 70 c. sur l'excédant de 10 à 50,000 fr.; de 1 fr. 35 c. sur l'excédant de 50 à 100,000 fr., et de 67 c. 1/2 par mille sur l'excédant de 100,000 fr. indéfiniment.

Troisième classe.

Pour les actes de la troisième classe, de 4 fr. par mille sur les sommes et valeurs de 10,000 fr. et au-dessous ; de 2 fr. sur l'excédant de 10 à 50,000 fr. ; de 1 fr. sur l'excédant de 50 à 100,000 fr, ; et de 50 c. par mille sur l'excédant de 100,000 fr. indéfiniment.

Quatrième classe.

Pour les actes de la quatrième classe, de 2 fr. 80 c. par mille sur les sommes et valeurs de 10,000 fr. et au-dessous ; de 1 fr. 40 c. sur l'excédant de 10 à 50,000 fr. ; de 70 c. sur l'excédant de 50 à 100,000 fr. ; et de 35 c. sur l'excédant de 100,000 fr. indéfiniment.

Cinquième classe.

Pour les actes de la cinquième classe, de 1 fr. 40 c. par mille sur les sommes et valeurs de 10,000 fr. et au-dessous ;

de 70 c. sur l'exœédant de 10 à 50,000 fr. ; de 35 c. sur l'excédant de 50 à 100,000 fr., et de 17 c. 1/2 par mille sur l'excédant de 100,000 fr. indéfiniment.

Notaires des justices de paix ou de quatrième classe.

Les honoraires des justices de paix seront :

Première classe.

Pour les actes de la première classe, de 4 fr. 60 c. par mille sur les sommes et valeurs de 10,000 fr. et au-dessous ; de 2 fr. 30 c. sur l'excédant de 10 à 50,000 fr. ; de 1 fr. 15 c. aur l'excédant de 50 à 100,000 fr., et de 57 c. 1/2 par mille sur l'excédant de 100,000 fr. indéfiniment.

Deuxième classe.

Pour les actes de la deuxième classe, de 3 fr. 60 c. par mille sur les sommes et valeurs de 10,000 fr. et au-dessous ; de 1 fr. 80 c. pour l'excédant de 10 à 50,000 fr. ; de 90 c. sur l'exédant de 50 à 100,000 fr., et de 45 c. par mille sur l'excédant de 100,000 fr. indéfiniment.

Troisième classe.

Pour les actes de la troisième classe, de 2 fr. 80 c. par mille sur les sommes et valeurs de 10,000 fr. et au-dessous ; de 1 fr. 40 cent. sur l'excédant de 10 à 50,000 fr ; de 70 c. sur l'excédant de 50 à 100,000 fr. ; et de 35 c. par mille sur l'excédant de 100,000 fr. indéfiniment.

Quatrième classe.

Pour les actes de la quatrième classe, de 2 fr. par mille sur les sommes et valeurs de 10,000 fr. et au-dessous ; de 1 fr. sur l'excédant de 10 à 50,000 fr. ; de 50 c. sur l'excédant de 50 à 100,000 fr. ; et de 25 c. par mille sur l'excédant de 100,000 fr. indéfiniment.

Cinquième classe.

Pour les actes de la cinquième classe, de 1 fr. par mille sur les sommes et valeurs de 10,000 fr. et au-dessous; de 50 c. sur l'excédant de 10 à 50,000 fr. ; de 25 c. sur l'excédant de 50 à 100,000 ; et de 12 c. 1/2 par mille sur l'excédant de 100,000 fr. indéfiniment.

TARIF DES HUISSIERS.

—

Afin de prévenir les exaction que pourraient commettre les officiers ministériels, au détriment des clients qui les honorent de leur confiance, le décret du 16 février 1809 a cru prudent de déterminer le montant des droits qui peuvent être aperçus par ces officiers pour la poursuite des procès et pour les actes extrajudiciaires.

Il faut observer qu'en réglant le droit dû à l'huissier, le tarif n'entend régler que le droit dû à ses soins, qui se bornent à rédiger l'acte, à le notifier à la partie citée, et à lui en donner copie. La taxe, en effet, est indépendante des déboursés, tels que papiers, enregistrement ; elle ne s'applique qu'à l'original de la citation, c'est-à-dire à la rédaction et à la signification. Le droit pour chaque copie est toujours séparé, et fixé au quart de l'original.

Les huissiers ont aussi un droit pour les copies des pièces, jugements verbaux, et généralement de tous les titres et actes qu'ils communiquent et signifient. Ce droit est fixé sur le nombre des rôles d'écriture qu'ils contiennent ; le rôle se compose de deux pages ayant chacune vingt lignes et dix syllabes à la ligne. L'huissier percevra par rôle :

A Paris et villes assimilées, Bordeaux, Lyon, Rouen, etc.; 30 c.

Dans une ville où siége une Cour d'appel, ou d'une population de 30,000 âmes, 22 c. 1/2.

Dans les villes où siége un tribunal civil et dans les cantons ruraux, 20 c.

La taxe perçue par l'huissier pour l'original et la copie de l'acte qu'il signifie varie et est ainsi fixée, si l'acte ressort de la justice de paix.

Pour l'original et la copie, il est perçu :

A Paris et villes assimilées, Bordeaux, Lyon, Rouen, 1 fr. 87 c. 1/2.

Dans une ville où siége une Cour d'appel, ou d'une population de 30 090 âmes, 1 fr. 68 c. 3/4.

Dans une ville où siége un tribunal civil, et dans les cantons ruraux, 1 fr. 56 c. 1/4.

Lorsque l'acte ressort d'un tribunal ou d'une cour, la taxe varie, selon que l'acte est de première ou de seconde classe.

Les actes de première classe sont tarifés suivant leur importance : Paris, etc..., tantôt à 2 fr., tantôt à 2 fr. 20 c.

Villes où siége une Cour d'appel, etc., tantôt à 1 fr. 80 c., tantôt à 2 fr.

Villes où siége un tribunal, tantôt à 1 fr. 30 c., tantôt à 1 fr. 50 c.

Actes de seconde classe et procès-verbaux.

30. (Pr. 55). Pour l'original de la récusation du juge de paix, qui en contiendra les motifs, et qui sera signé par la partie ou son fondé de pouvoir spécial, ainsi que la copie :

A Paris, 3 fr. Ailleurs , 2 fr. 25 c. Et pour la copie, le quart.

31. (Pr. 585, 586, 587, 588, 589, 590, 601.) Pour un procès-verbal de saisie-exécution , qui durera trois heures, y compris le temps nécessaire pour requérir, soit le juge de paix, soit le commissaire de police ou les maires et adjoints, en cas de refus d'ouverture de poate :

A Paris, y compris 1 fr. 50 c pour chaque témoin , 8 fr. Ailleurs, y compris 1 fr. pour chaque témoin, 6 fr.

Si la saisie dure plus de trois heures , par chacune des vacations subséquentes aussi de trois heures.

A Paris , y compris 80 c. pour chaque témoin , 5 fr. Ailleurs, y compris 60 c. par chaque témoin 3 fr. 75 c.

Dans les taxes ci-dessus se trouvent comprises les copies pour la partie saisie et pour le gardien.

32. (Pr. 587.) Vacation du commissaiae de police qui aura été requis pour être présent à l'ouverture des portes et de meubles fermant à clef, ou aux maires et adjoints, si ces derniers le requièrent.

Paris, 5 fr. Villes où il y a un tribunal de première instance, 3 fr. 75 c. Ailleurs, 2 fr. 50 c.

33. (Pr. 590.) Vavation de l'huissier pour déposer au lieu établi pour les consignations, ou entre les mains du dépositaire qui sera convenu, les deaniers comptants qui pourraient avoir été trouvés.

34. (Pr. 596.) Les frais de garde seront taxé chaque jour, pendant les douze premiers jours :

Paris, 2 fr. 58 c. Villes où il y a tribunal de première instance, 80 c. Ailleurs, 1 fr. 50 c.

Ensuite, seulement à raison de :

Paris, 1 fr. Villes où il y a un tribunal de première instance, 80 c. Ailleurs, 60 c.

35. (Pr. 606.) Pour un procès-verbal de récolement des effets saisis, quand le gardien a obtenu sa décharge :

A Paris, 3 fr. Ailleurs, 2 fr. 25 c.

Ce procès-verbal ne contiendra aucun détail, si ce n'est pour constater les effets qui pourraient se trouver en déficit, l'huissier ne sera point assisté de témoins. Il sera laissé copie du procès-verbal du récolement au gardien qui aura obtenu sa décharge; il remettra la copie de la saisie qu'il avait entre les mains au nouveau gardien, qui se chargera du contenu sur le procès-verbal de récolement. Pour chacune des copies à donner du procès-verbal de récolement le quart de l'original.

36. (Pr. 611.) Dans le cas de saisie antérieure et d'établissement de gardien, le procès-verbal de récolement sur le premier procès-verbal que le gardien sera tenu de représenter, et qui, sans entrer dans aucun détail, contiendra seulement la saisie des effets omis, et sommation au premier saisissant de vendre, témoins compris et deux copies, sera taxé :

A Paris, 6 fr. Ailleurs, 4 fr. 50 c. Et pour une troisième copie, s'il y lieu, le quart de l'original.

37. (Pr. 616.) Pour le procès-verbal de récolement qui précèdera la vente, et qui ne contiendra aucune énonciation des effets saisis, mais seulement de ceux en déficit, s'il y en a, y compris les témoins :

A Paris, 6 fr. Ailleurs, 4 fr. 50 c. Il n'en sera point donné de copie.

38. (Pr. 617.) S'il y a lieu au transport des effets saisis, l'huissier sera remboursé de ses frais sur les quittances qu'il en représentera, ou sur sa simple déclaration, si les voituriers et gens de peine ne savent écrire, ce qu'il constatera par son procès-verbal de vente.

Il sera alloué à l'huissier ou autre officier qui procédéra à la vente, pour la rédaction de l'original du placard qui doit être affiché : partout 1 fr.

Pour chacun des placards, s'ils sont manuscrits : partout 50 c.

Et s'ils sont imprimés, l'officier qui procédera à la vente en sera remboursé sur les quittances de l'imprimeur et de l'afficheur.

39. (Pr. 610.) Pour l'original de l'exploit qui constatera l'apposition des placards dont il ne sera point donné copie.

A Paris, 3 fr. Ailleurs, 2 fr. 25 c.

Il sera passé en outre la somme qui aura été payée pour l'insertion de l'annonce de la vente dans un journal, si la vente est faite dans une ville où il s'en imprime.

Pour chaque vacation de trois heures à la vente, le procès-verbal compris, il sera taxé à l'huissier dans les lieux où il est autorisé à le faire :

Paris, 8 fr. Villes où il y a un tribunal de première instance, 5 fr. Ailleurs, 4 fr.

Et à Paris, où les ventes sont faites par les commissaires-priseurs, il sera alloué à l'huissier, pour requérir le commissaire-priseur, une vacation de 2 fr.

40. (Pr. 625.) En cas d'absence de la partie saisie, son absence sera constatée, et il ne sera nommé aucun officier pour la représenter.

41. (Pr. 620, 621.) Dans le cas de publication sur les lieux où se trouvent les barques, chaloupes et autres bâtiments, prescrits par l'art. 620, et dans le cas de l'exposition de la vaisselle d'argent, bagues et joyaux, ordonnée par l'art. 621, il sera alloué à l'huissier, pour chacune des deux premières publications ou explications:

Paris, 6 fr. Villes où il y a tribunal de première instance, 4 fr. Ailleurs, 3 fr.

La troisième publication ou exposition est comprise dans la vacation de vente.

A Paris, et dans les villes où il s'imprime des journaux, les vacations pour publication et exposition, ne pourront être allouées aux huissiers, attendu qu'il doit y être suppléé par l'insertion dans un journal.

Si l'expédition du procès-verbal de vente est requise par l'une des parties, il sera alloué à l'huissier ou autre officier, qui aura procédé à la vente, par chaque rôle d'expédition, contenant vingt-cinq lignes à la page, et dix à douze syllabes à la ligne :

Paris, 1 fr. Villes où il y a tribunal de première instance, 50 c. Ailleurs, 40 c.

42. (Pr. 657.) Pour la vacation de l'huissier ou autre officier qui aura procédé à la vente, pour faire taxer ses frais par le juge, sur la minute de son procès-verbal :

Paris, 3 fr. Villes où il y a tribunal de première instance, 2 fr. Ailleurs, 1 fr. 50 c.

Et pour consigner les deniers provenant de la vente :

Paris, 3 fr. Villes où il y a tribunal de première instance, 2 fr. Ailleurs, 1 fr,

43. (Pr. 637.) Pour procès-verbal de saisie-brandon, contenant l'indication de chaque pièce, sa contenance et sa vacation, deux ou moins de ses tenants et aboutissants, et la nature des fruits, quand il n'y sera pas employé plus de trois heures.

Paris 6 fr. Villes où il y a tribunal de première instance, 5 fr. Ailleurs, 4 fr.

Et quand il sera employé plus de trois heures, pour chacune des autres vacations aussi de trois heures :

Paris, 5 fr. Villes où il y a tribunal de première instance, 4 fr. Ailleurs, 3 fr.

L'huissier ne sera point assité de témoins.

44. (Pr. 628.) Pour les copies à délivrer à la partie saisie, au maire de la commune et au garde-champêtre, ou autre gardien, pour chacune, le quart de l'original.

Nota. Le surplus des actes sera taxé eomme en saisie-exécution.

45. Il sera alloué pour frais de garde, soit au garde-champêtre, soit à tout autre gardien qui pourrait être établi, aux termes de l'art. 628, par chaque jour, savoir :

Au garde champêtre : partout, 75 c.

Et à tout autre que le garde champêtre : partout, 1 fr. 25 c.

46. (Pr. 637.) Pour un exploit de saisie du fonds d'une rente constituée sur particulier, contenant assignation au tiers saisi en déclaration affirmative devant le tribunal :

Paris, 4 fr. Pour la copie, le quart.

Nota. La dénonciation des placards et tous les autres actes seront taxés comme en saisie immobilière.

47. (Pr. 775.) Pour un procès-verbal de saisie immobilière auquel il n'aura été employé que trois heures :

A Paris, 6 fr. Ailleurs, 5 fr.

Et cette somme sera augmentée, par chacune des vacations subséquentes qui auront pu être employées :

A Paris, 5 fr. Ailleurs, 4 fr.

L'huissier ne se fera point assister de témoins.

48. (Pr. 676.) Pour chaque copie de ladite saisie qui sera laissée au greffier des juges-de-paix et aux maires ou adjoints des communes de la situation, le quart de l'original.

49. (Pr. 671) Pour la dénonciation de la saisie immobilière et des enregistrements à la partie saisie.

A Paris, 3 fr. 50 c. Ailleurs, 3 fr. Pour la copie de ladite dénonciation, le quart.

50. (Pr. 685, 686.) Pour l'original de l'acte d'apposition de placards en saisie immobilière, lequel ne contiendra pas la désignation des lieux où ils ont été apposés.

A Paris, 4 fr. Ailleurs, 3 fr.

51. (Pr. 780.) Pour l'original de la signification du jugement qui prononce la contrainte par corps, avec commandement :

Paris, 3 fr. Villes où il y a tribunal de première instance, 2 fr. Ailleurs, 1 fr. 25 c. Et pour la copie, le quart.

52. (Pr. 781.) Vacation pour obtenir l'ordonnance du juge-de-paix, à l'effet, par ce dernier, de se transporter dans le lieu où se trouve le débiteur condamné par corps, et requérir son transport.

Paris, 2 fr. 50 c. Ailleurs, 2 fr.

53. (Pr. 783 et 789.) Pour le procès-verbal d'emprisonnement d'un débiteur, y compris l'assistance de deux recors à l'écrou :

Paris, 60 fr. 25 c. Villes où il y a tribunal de première instance, 40 fr. Ailleurs, 30 fr.

Il ne pourra être passé aucun procès-verbal de perquisition, pour lequel l'huissier n'aura pas de recours même contre sa partie, la somme ci-dessus lui étant allouée en considération de toutes les démarches qu'il pourrait faire.

54. (Pr. 786.) Vacation de l'huissier en référé, si le débiteur arrêté le requiert :

Paris, 8 fr. Ailleurs, 6 fr.

55. (Pr. 789.) Pour la copie du procès-verbal d'emprisonnement et de l'écrou, le tout ensemble :

Paris, 2 fr. Ailleurs, 2 fr. 25.

56. (Pr. 790.) Il sera taxé au gardien et au geôlier qui transcrira sur son registre le jugement portant la contrainte par corps, par chaque rôle d'expédition :

A Paris, 25 c. Ailleurs, 20.

57. (Pr. 792, 793.) Pour un acte de recommandation d'un débiteur emprisonné sans assistance de recors :

A Paris, 4 fr. Ailleurs, 3 fr.

Pour chaque copie à donner au débiteur et au geôlier, le quart.

58. (Pr. 796.) Pour la signification du jugement qui délare un emprisonnement nul, et la mise en liberté du débiteur.

A Paris, 4 fr. Ailleurs, 3 fr.

Pour la copie à laisser au gardien et au géôlier , le quart.

59. (Pr. 813.) Pour l'original d'un procès-verbal d'offres, contenant le refus ou l'acceptation du créancier :

A Paris, 3 fr. Ailleurs, 2 fr. 25 c. Pour la copie, le quart.

60. (C. 1259.) D'un procès-verbal de consignation, de la somme ou de la chose offerte :

A Paris, 5 fr. Ailleurs, 4 fr. Pour chaque copie à laisser au créancier, s'il est présent, et au dépositaire, le quart.

61. (Pr. 819, 822, 825.) Les procès-verbaux de saisie-gagerie sur locataires et fermiers, et ceux de saisie des effets du débiteur forain seront taxés comme ceux de saisie-exécution, ainsi que tout le reste de la poursuite.

62. (Pr. 829.) Pour un procès-verbal tendant à saisie-révendication, s'il y a refus de portes ou opposition à la saisie, contenant assignation en référé devant le juge, y compris les témoins :

A Paris, 5 fr. Ailleurs, 4 fr. Pour la copie, le quart.

Le procès-verbal de saisie-revendication sera taxé comme celui de saisie-exécution.

63. (Pr. 822. — C. 2185.) Pour l'original de l'acte contenant réquisition d'un créancier inscrit, à la fin des mises aux enchères et adjudication publique de l'immeuble aliéné par son débiteur :

A Paris, 5 fr. Ailleurs, 4 fr. Et pour la copie, le quart.

L'original de la copie de cette réquisition seront signés par le requérant ou par son fondé de procuration spéciale. Il contiendra la soumission de porter ou de faire porter le prix à un dixième en sus de celui qui aura été stipulé dans le contrat, et l'offre d'une caution avec assignation devant le tribunal, pour la réception de la caution.

64. (Pr. 901.) Pour un procès-verbal de réitération de la cession par le débiteur failli à la maison commune, s'il n'y a pas de tribunal de commerce. (Voy. art. 541 du Code de commerce.)

A Paris, 4 fr. Ailleurs, 3 fr.

65. (Pr. 902.) Pour un procès-verbal d'extraction de la prison du débiteur failli, à l'effet de faire la réitération de sa cession de biens, indépendamment du procès-verbal de ladite réitération :

A Paris, 5 fr. Ailleurs, 3 fr.

Le procès-verbal d'apposition de placards, de vente de biens immeubles de mineurs, ou dépendant d'une succession bénéficiaire ou vacante, ou abandonnée par un débiteur failli, sera taxé comme en saisie immobilière. (V. l'art. 47.)

Pour chaque original de protêt, intervention à protêt, et sommation d'intervenir, assistants et copie compris :

A Paris, 2 fr. Ailleurs, 1 fr. 50 c.

Pour l'original d'un protêt avec perquisition, assistants et copie compris :

A Paris, 5 fr. | Ailleurs, 4 fr.

Dispositions générales relatives aux huissiers.

66. (Pr. 62.) Il ne sera rien alloué aux huissiers pour transport à un demi-myriamètre.

Il leur sera alloué au-delà d'un demi-myriamètre, pour frais de voyage, qui ne pourra excéder une journée de cinq myriamètres (dix lieues anciennes) ; savoir : au-delà d'un demi-myriamètre et jusqu'à un myriamètre, pour aller et retour : partout, 4 fr.

Au-delà d'un myriamètre ; il sera alloué pour chaque demi-myriamètre sans distinction, 2 fr.

Il sera taxé pour visa de chacun des actes qui y sont assujettis.

A Paris, 1 fr. Ailleurs, 75 c.

En cas de refus de la part du fonctionnaire public qui doit donner le visa, et dans le cas où l'huissier sera obligé, à raison de ce refus, de requérir le visa du procureur impérial, le droit sera double.

Les huissiers qui seront commis pour donner des ajournements, faire des significations de jugements et tous autres actes, ou procéder à des opérations, ne pourront prendre de plus forts droits que ceux énoncés au présent tarif, à peine de restitution et d'interdiction, quelle que soient la Cour et le tribunal auxquels ils sont attachés.

TARIF DES FRAIS DE PROTÊT.

(Décret du 13 mars 1848.)

1. — *Protêt simple.*

Original et copie.	1 fr. 60 c.
Droit de copie de l'effet sur l'original et la copie du protêt. . . . . Transcription de l'effet et du protêt sur le répertoire de l'huissier.	» 75 c.
Timbre du protêt.	» 70 c.
Timbre du registre des protêts de l'huissier.	» 27 c.
Enregistrement.	1 10 c.
Total.	4 fr. 40 c.

2. — *Protêt à deux domiciles ou avec un besoin.*

Le protêt simple.	4 fr. 40 c.
Pour le second domicile ou le besoin. . .	1 »
Timbre.	» 35
Total.	5 fr. 75 c.

3. — *Protêt de deux effets.*

Le protêt simple.	4 fr. 40 c.
Émoluments pour le second effet. . . .	» 50
Timbre.	» 15
Total.	5 fr. 75 c.

4. — *Protêt de perquisition en cas de fausse indication ou de changement de domicile.*

Original et copie.	5 fr. »
Droit de copies..	1 25 c.
Les copies du titre.	» 50
Visa.	4 »

Report.	7 fr.	75 c.
Timbre des copies.. . . . . , . .	1	75
Enregistrement	1	10
Transcription du titre au registre. . .		
Transcription du procès-verbal de perqui-	»	75
sition et du protêt.		
Papier du registre pour la transcription. .	»	40
Total.	**11 fr.**	**75 c.**

5. — *Protêt au parquet.*

Le protêt simple.	4 fr.	40 c.
Deuxième copie au parquet. . . . . ,	»	60
Troisième au tribunal et droit de la copie du titre.	1	50
Visa.	1	»
Timbre.	»	70
Total.	**8 fr.**	**20**

6. — *Intervention.*

Original et copie.	2 fr.	»
Transcription au registre.	»	25
Papier du registre.	»	15
Enregistrement.	1	10
Total..	**3 fr.**	**50 c.**

7. — *Dénonciation de protêt.*

Original.	2 fr.	» c.
Copie de l'exploit.	»	50
Copie du billet.		
Copie du protet.	»	75
Copie d'intervention.	»	25
Copie de compte de retour.	»	25
Timbre.	1	05
Enregistrement.	1	10
Total.	**5 fr.**	**90 c.**

IVᵉ PARTIE.

LÉGISLATION RURALE.

I.

LOI SUR LA POLICE RURALE.

(Du 28 septembre — 6 octobre 1791.)

TITRE Iᵉʳ. — DES BIENS ET DES USAGES RURAUX.

SECTION Iᵉʳ. — *Des principes généraux sur la propriété territoriale.*

Art. 1ᵉʳ. — Le territoire de la France, dans son étendue, est libre comme les personnes qui l'habitent : ainsi toute propriété territoriale ne peut être sujette, envers les particuliers, qu'aux redevances et aux charges dont la convention n'est pas défendue par la loi ; et envers la nation, qu'aux contributions publiques établies par le corps législatif, et aux sacrifices que peut exiger le bien général, sous la condition d'une juste et préalable indemnité. (Voy. C. de l expropriation.)

2. — Les propriétaires sont libres de varier à leur gré la culture et l'exploitation de leurs terres, de conserver à leur gré leurs récoltes, et de disposer de toutes les productions de leur propriété dans l'intérieur de la France et au dehors, sans préjudicier au droit d'autrui, et en se conformant aux lois.

3. — Tout propriétaire peut obliger son voisin au bornage de leurs propriétés contiguës à moitié frais.

SECTION III.—*De diverses propriété rurales.*

1.—Nul agent de l'agriculture, employé avec des bestiaux au labourage ou à quelque travail que ce soit, ou occupé à la garde des troupeaux, ne pourra être arrêté, sinon pour crime, avant qu'il n'ait été pourvu à la sûreté desdits animaux ; et, en cas de poursuite criminelle, il y sera également pourvu immédiatement après l'arrestation, et sous la responsabilité de ceux qui l'auront exercée.

SECTION IV. — *Des troupeaux, des clôtures, du parcours et de la vaine pâture.*

1. — Tout propriétaire est libre d'avoir chez lui telle quantité et telle espèce de troupeaux qu'il croit utiles à la cultuae et à l'exploitation de ses terres, et de les y faire pâturer exclusivement, sauf ce qui sera réglé ci-après, relativement au parcours et la veine pâture.

2.—La servitude réciproque de commune à commune, connue sous le nom de *parcours*, et qui entraîne avec elle le droit de veine pâture, continuera provisoirement d'avoir lieu avec les restrictions déterminées à la présente section, lorsque cette servitude sera fondée sur un titre ou sur une possession autorisée par les lois et les coutumes. A tous autres égards elle est abolie.

3. — Le droit de vaine pâture dans une commune, accompagné ou non de la servitude du parcours, ne pourra exister que dans les lieux où il est fondé sur un titre particulier, ou autorisé par la loi ou par un usage local immémorial, et à la charge que la vaine pâture n'y sera exercée que conformément aux règles et usages lo-

caux qui ne contrarieront point les réserves portées dans les articles suivants de la présente section.

4. — Le droit de clore et de déclore ses héritages résulte essentiellement de celui de propriété, et ne peut être contesté à aucun propriétaire. L'assemblée nationale abroge toutes lois et coutumes qui peuvent contrarier ce droit.

5. — Le droit de parcours et le droit simple de vaine pâture ne pourront, en aucun cas, empêcher les propriétaires de clore leurs héritages ; et tout le temps qu'un héritage sera clos de la manière qui sera déterminée par l'article suivant, il ne pourra être assujetti ni à l'un ni à l'autre droit ci-dessus.

6. — L'héritage sera réputé clos lorsqu'il sera entouré d'un mur de quatre pieds de hauteur avec barrière ou porte, ou lorsqu'il sera exactement fermé et entouré de palissades, ou de treillages, ou d'une haie vive ou d'une haie sèche, faite avec des pieux, ou cordelée avec des branches, ou de toute autre manière de faire les haies en usage dans chaque localité ; ou enfin d'un fossé de quatre pieds de large au moins à l'ouverture, et de deux pieds de profondeur.

7. — La clôture affranchira de même du droit de vaine pâture, récriproque ou non récriproque, entre particuliers, si ce droit n'est pas fondé sur un titre. Toutes lois et tous usages contraires sont abolis.

8. — Entre particuliers, tout droit de vaine pâture fondé sur un titre, même dans les bois, sera rachetable à dire d'experts, suivant l'avantage que pourrait en retirer celui qui avait ce droit s'il n'était pas réciproque, ou eu égard au désavantage qu'un des propriétaires aurait à perdre la réciprocité si elle existait ; le tout sans préju-

dice au droit de cantonnement, tant pour les particuliers que pour les communautés, confirmé par l'art. 8 du décret des 17, 19 et 20 septembre 1790.

9. — Dans aucun cas et dans aucun temps, le droit de parcours ni celui de vaine pâture ne pourront s'exercer sur les prairies artificielles, et ne pourront avoir lieu sur aucune terre ensemencée ou couverte de quelques productions que ce soit, qu'après la récolte.

10. — Partout où les prairies naturelles sont sujettes au parcours ou à la vaine pâture, ils n'auront lieu provisoirement que dans le temps autorisé par les lois et coutumes, et jamais tant que la première herbe ne sera pas récoltée.

11. — Le droit dont jouit tout propriétaire de clore ses héritages a lieu, même par rapport aux prairies, dans les communes où, sans titre de propriété, et seulement par l'usage, elles deviennent communes à tous les habitants, soit immédiatement après la récolte de la première herbe, soit dans tout autre temps déterminé.

12. — Dans les pays de parcours ou de vaine pâture soumis à l'usage du troupeau en commun, tout propriétaire ou fermier pourra renoncer à cette communauté, et faire garder par troupeau séparé un nombre de têtes de bétail proportionné à l'étendue des terres qu'il exploitera dans la commune.

13. — La quantité de bétail, proportionnellement à l'étendue du terrain, sera fixée dans chaque commune, à tant de bêtes par arpent, d'après les règlements et usages locaux, et, à défaut de documents positifs à cet égard, il y sera pourvu par le conseil de la commune.

14. — Néanmoins, tout chef de famille domicilié, qui ne sera ni propriétaire ni fermier d'aucun des terrains

sujets au parcours ni à la vaine pâture, et le propriétaire ou fermier à qui la modicité de son exploitation n'assurerait pas l'avantage qui va être déterminé, pourront mettre sur lesdits terrains, soit par troupeau séparé, soit en troupeau en commun, jusqu'au nombre de six bêtes à laine et d'une vache avec son veau, sans préjudicier aux droits desdites personnes sur les terres communales s'il y en a dans la commune, et sans entendre rien innover aux lois, coutumes ou usages locaux et de temps immémorial qui leur accorderaient un plus grand avantage.

15. — Les propriétaires ou fermiers exploitant des terres sur les communes sujettes au parcours ou à la vaine pâture, et dans lesquelles ils ne seraient pas domiciliés, auront le même droit de mettre dans le troupeau commun, ou de faire garder par troupeau séparé, une quantité de têtes de bétail proportionnée à l'étendue de leur exploitation, et suivant les dispositions de l'art. 13 de la présente section ; mais dans aucun cas ces propriétaires ou fermiers ne pourront céder leurs droits à d'autres.

16. — Quand un propriétaire d'un pays de parcours ou de vaine pâture aura clos une partie de sa propriété, le nombre de têtes de bétail qu'il pourra continuer d'envoyer dans le troupeau commun, ou par troupeau séparé, sur les terres particulières des habitants de la communauté, sera restreint proportionnellement et suivant les dispositions de l'art. 13 de la présente section.

17. — La communauté dont le droit de parcours sur une commune voisine sera restreint par des clôtures faites de la manière déterminée à l'art. 6 de cette section, ne pourra prétendre à cet égard à aucune espèce d'indemnité, même dans le cas où son droit serait fondé sur un titre ; mais cette communauté aura le droit de renon-

cer à la faculté réciproque qui résultait de celui de parcours entre elle et la commune voisine : ce qui aura également lieu, si le droit de parcours s'exerçait sur la propriété d'un particulier.

18. — Par la nouvelle division de la France, si quelques sections de commune se trouvent réunies à des communes soumises à des usages différents des leurs, soit relativement au parcours ou à la vaine pâture, soit relativement au troupeau en commun, la plus petite partie dans la réunion suivra la loi de la plus grande, et les corps administratifs décideront des contestations qui naîtraient à ce sujet. Cependant, si une propriété n'était point enclavée dans les autres, et qu'elle ne gênât point le droit provisoire de parcours ou de vaine pâture auquel elle n'était point soumise, elle serait exceptée de cette règle.

19. — Aussitôt qu'un propriétaire aura un troupeau malade, il sera tenu d'en faire la déclaration à la municipalité ; elle assignera sur le terrain du parcours ou de la vaine pâture, si l'un ou l'autre existe dans la commune, un espace où le troupeau malade pourra pâturer exclusivement, et le chemin qu'il devra suivre pour se rendre au pâturage. Si ce n'est point un pays de parcours ou de vaine pâture, le propriétaire sera tenu de ne point faire sortir de ses héritages son troupeau malade.

20. — Les corps administratifs emploieront particulièrement tous les moyens de prévenir et d'arrêter les épizooties et la contagion de la morve des chevaux.

SECTION V. — *Des récoltes.*

Art. 1er. — La municipalité pourvoira à faire serrer la récolte d'un cultivateur absent, infirme, ou accidentellement hors d'état de la faire lui-même, et qui réclamera ce secours ; elle aura soin que cet acte de fraternité et de protection de la loi soit exécuté aux moindres frais : les ouvriers seront payés sur la récolte de ce cultivateur.

2. — Chaque propriétaire sera libre de faire sa récolte de quelque nature qu'elle soit, avec tout instrument et au moment qui lui conviendra, pourvu qu'il ne cause aucun dommage aux propriétaires voisins. — Cependant, dans les pays où le ban de vendange est en usage, il pourra être fait à cet égard un règlement chaque année par le conseil général de la commune, mais seulement pour les vignes non closes ; les réclamations qui pourraient être faites contre le règlement seront portées au directoire du département, qui y statuera sur l'avis du directoire de district (préfet et sous-préfet).

3. — Nulle autorité ne pourra suspendre ou intervertir les travaux de la campagne, dans les opérations de la semence et des récoltes.

Section VII. — *Des gardes champêtres.*

Art. 1ᵉʳ. — Pour assurer les propriétés et conserver les récoltes, il pourra être établi des gardes champêtres dans les municipalités, sous la juridiction des juges de paix et sous la surveillance des officiers municipaux. Ils seront nommés par le conseil général de la commune, et ne pourront être changés ou destitués que dans la même forme.

2. — Plusieurs municipalités pourront choisir et payer le même garde champêtre, et une municipalité pourra en avoir plusieurs. Dans les municipalités où il y a des gardes établis pour la conservation des bois, ils pourront remplir les deux fonctions.

3. — Les gardes champêtres seront payés par la communauté ou les communautés, suivant le prix déterminé

par le conseil général ; leurs gages seront prélevés sur les amendes, qui appartiendront en entier à la communauté. Dans le cas où elles ne suffiraient pas au salaire des gardes, la somme qui manquerait serait répartie au marc la livre de la contribution foncière, mais serait à la charge de l'exploitant : toutefois, les gages des gardes des bois communaux seront prélevés sur le produit de ces bois, et séparés des gages de ceux qui conservent les autres propriétés rurales.

4. — Dans l'exercice de leurs fonctions, les gardes champêtres pourront porter toutes sortes d'armes qui seront jugées leur être nécessaires par le directoire du département. Ils auront sur le bras une plaque de métal ou d'étoffe, où seront inscrits ces mots : « la loi, le nom de la municipalité, celui du garde. »

5. — Les gardes champêtres seront âgés au moins de vingt-cinq ans ; ils seront reconnus pour gens de bonnes mœurs et ils seront reçus par le juge de paix ; il leur fera prêter le serment de veiller à la conservation de toutes les propriétés qui sont sous la foi publique, et de toutes celles dont la garde leur aura été confiée par l'acte de leur nomination.

6. — Ils feront, affirmeront et déposeront leurs rapports devant le juge de paix de leur canton ou l'un de ses assesseurs (suppléants), ou feront devant l'un ou l'autre leurs déclarations. Leurs rapports, ainsi que leurs déclarations, lorsqu'ils ne donneront lieu qu'à des réclamations pécuniaires, feront foi en justice pour tous les délits mentionnés dans la police rurale, sauf la preuve contraire.

7. — Ils seront responsables des dommages, dans le cas où ils négligeront de faire dans les vingt-quatres heures le rapport des délits.

8. — La poursuite des délits ruraux sera faite au plus tard dans le délai d'un mois, soit par les parties lésées, soit par le procureur de la commune ou ses substituts s'il y en a, soit par des hommes de loi commis à cet effet par la municipalité ; faute de quoi il n'y aura plus lieu à poursuite.

TITRE II. — DE LA POLICE RURALE

1. — La police des campagnes est spécialement sous la juridiction des juges de paix et des officiers municipaux, et sous la surveillance des gardes champêtres et de la gendarmerie nationale.

2. — Tous les délits ci-après mentionnés sont, suivant leur nature, de la compétence du juge de paix ou de la municipalité du lieu où ils auront été commis.

3. — Tout délit rural ci-après mentionné sera punissable d'une amende, ou d'une détention, soit municipale, soit correctionnelle, ou de détention et d'amende réunies, suivant les circonstances et la gravité du délit, sans préjudice de l'indemnité qui pourra être due à celui qui aura souffert le dommage. Dans tous les cas, cette indemnité sera payable par préférence à l'amende. L'indemnité et l'amende sont dues solidairement par les délinquants.

4. — Les moindres amendes seront de la valeur d'une journée de travail au taux du pays, déterminée par le directoire du département. Toutes les amendes ordinaires qui n'excéderont pas la somme de trois journées de travail, seront doubles en cas de récidive dans l'espace d'une année, ou si le délit a été commis avant le lever ou après le coucher du soleil : elles seront triples quand les deux circonstances précédentes se trouveront réunies. Elles seront versées dans la caisse de la municipalité du lieu.

5. —Le défaut de paiement des amendes et des dédom-
magements ou indemnités, n'entraînera la contrainte par
corps que vingt-quatre heures après le commandement.
La détention remplacera l'amende à l'égard des insolvables ; mais sa durée en commutation de peine ne
pourra excéder un mois. Dans les délits pour lesquels
cette peine n'est point prononcée, et dans les cas graves
où la détention est jointe à l'amende, elle pourra être pro-
longée du quart du temps prescrit par la loi.

6. — Les délits mentionnés au présent décret, qui en-
traîneraient une détention de plus de trois jours dans les
campagnes, et de plus de huit jours dans les villes, seront
jugés par voie de police correctionnelle : les autres le seront par voie de police municipale.

7. — Les maris, pères, mères, tuteurs, maîtres, entrepreneurs de toute espèce, seront civilement responsables des délits commis par leurs femmes et enfants, pu-
pilles mineurs n'ayant pas plus de vingt ans et non mariés,
domestiques, ouvriers, voituriers et autres subordonnés.
(Code civil, 1384.) — L'estimation du dommage sera
toujours faite par le juge de paix ou ses assesseurs (suppléants), ou par des experts par eux nommés.

8. — Les domestiques, ouvriers, voituriers et autres
subordonnés seront, à leur tour, responsables de leurs
délits envers ceux qui les emploient.

9. — Les officiers municipaux veilleront généralement
à la tranquillité, à la salubrité et à la sûreté des campagnes ; ils seront tenus particulièrement de faire, au moins
une fois par an, la visite des fours et cheminées de toutes
maisons et de tous bâtiments éloignés de moins de cent
toises d'autres habitations ; ces visites seront préalable-

ment annoncées huit jours d'avance (C. pénal, 471 — 1°).
— Après la visite, ils ordonneront la réparation ou la
démolition des fours et cheminées qui se trouveront dans
un état de délabrement qui pourrait occasionner un incendie ou d'autres accidents : il pourra y avoir lieu à une
amende au moins de 6 livres, et au plus de 24 livres.

10. — Toute personne qui aura allumé du feu dans les
champs, plus près que cinquante toises des maisons, bois,
bruyères, vergers, haies, meules de grains, de paille ou
de foin, sera condamnée à une demande égale à la valeur
de douze journées de travail, et paiera en outre le dommage que le feu aurait occasionné. Le délinquant pourra
de plus, suivant les circonstances, être condamné à la détention de police municipale.

11. — Celui qui achètera des bestiaux hors des foires
et marchés sera tenu de les restituer gratuitement au
propriétaire en l'état où ils se trouveront, dans le cas où
ils auraient été volés.

12. — Les dégâts que les bestiaux de toute espèce,
laissés à l'abandon, feront sur les propriétés d'autrui, soit
dans l'enceinte des habitations, soit dans un enclos rural,
soit dans les champs ouverts, seront payés par les personnes qui ont la jouissance des bestiaux : si elles sont
insolvables, ces dégâts seront payés par les personnes qui
en ont la propriété. Le propriétaire qui éprouvera les
dommages aura le droit de saisir les bestiaux, sous l'o-
bligation de les faire conduire dans les vingt-quatre heures au lieu du dépôt qui sera désigné à cet effet par la
municipalité. — Il sera satifait aux dégâts par la vente des
bestiaux, s'ils ne sont pas réclamés, ou si le dommage
n'a point été payé dans la huitaine du jour du délit. —
Si ce sont des volailles, de quelque espèce que ce soit,

qui causent le dommage, le propriétaire, le détenteur ou le fermier qui l'éprouvera, pourra les tuer, mais seulement sur le lieu, au moment du dégât.

13. — Les bestiaux morts seront enfouis, dans la journée, à quatre pieds de profondeur par le propriétaire, et dans son terrain, ou voiturés à l'endroit désigné par la municipalité, pour y être également enfouis, sous peine par le délinquant de payer une amende de la valeur d'une journée de travail, et les frais de transport et d'enfouissement.

14. Ceux qui détruiront les greffes des arbres fruitiers ou autres, et ceux qui écorceront ou couperont, en tout ou partie, des arbres sur pied qui ne leur appartiendront pas, seront condamnés à une amende double du dédommagement dû au propriétaire, et à une détention de police correctionnelle qui ne pourra excéder six mois.

15. — Personne ne pourra inonder l'héritage de son voisin, ni lui transmettre volontairement les eaux d'une manière nuisible, sous peine de payer le dommage, et une amende qui ne pourra excéder la somme du dédommagement.

16. — Les propriétaires ou fermiers des moulins et usines construits ou à construire seront garants de tous dommages que les eaux pourraient causer aux chemins ou aux propriétés voisines, par la trop grande elévation du déversoir, ou autrement. Ils seront forcés de tenir les eaux à une hauteur qui ne nuise à personne, et qui sera fixée par le directoire du département, d'après l'avis du directoire de district (préfet ou sous-préfet). En cas de contravention, la peine sera une amende qui ne pourra excéder la somme du dédommagement.

17. — Il est défendu à toute personne de recombler

12.

les fossés, de dégrader les clôtures, de 'couper des branches de haies vives, d'enlever des bois secs des haies,
sous peine d'une amende de la valeur de trois journées
de travail. Le dédommagement sera payé au propriétaire
et, suivant la gravité des circonstances, la détention
pourra avoir lieu, mais au plus pour un mois.

18. — Dans les lieux qui ne sont sujets ni au parcours, ni à la vaine pâture, pour toute chèvre qui
sera trouvée sur l'héritage d'autrui contre le gré du
propriétaire de l'héritage, il sera payé une amende de la
valeur d'une journée de travail par le propriétaire de la
chèvre. — Dans les pays de parcours ou de vaine pâture,
où les chèvres ne sont pas rassemblées et conduites 'en
troupeau commun, celui qui aura des animaux de cette
espèce ne pourra les mener aux champs qu'attachés,
sous peine d'une amende de la valeur d'une journée de
travail par tête d'animal. — En quelque circonstance que
ce soit, lorsqu'elles auront fait du dommage aux arbres
fruitiers ou autres, haies, vignes, jardins, l'amende sera
double, sans préjudice du dédommagement dû au propriétaire.

19. — Les propriétaires ou les fermiers d'un même
canton ne pourront se coaliser pour faire baisser ou fixer
à vil prix la journée des ouvriers ou les gages des domestiques, sous peine d'une amende du quart de la contribution mobilière des délinquants, et même de la détention de police municipale, s'il y a lieu.

20. — Les moissonneurs, les domestiques et ouvriers
de la campagne ne pourront se liguer entre eux pour faire
hausser et déterminer le prix des gages ou les salaires,
sous peine d'une amende qui ne pourra excéder la va-

leur de douze journées de travail, et, en outre, de la détention de police municipale.

21. — Les glaneurs, les râteleurs et les grappilleurs, dans les lieux où les usages de glaner, de râteler ou de grappiller sont reçus, n'entreront dans les champs, prés et vignes récoltés et ouverts, qu'après l'enlèvement entier des fruits. En cas de contravention, les produits du glanage, du râtelage et grappillage, seront confisqués, et, suivant les circonstances, il pourra y avoir lieu à la détention de police municipale. Le glanage, le râtelage et le grappillage sont interdits dans tout enclos rural, tel qu'il est défini à l'art. 6 de la quatrième section du premier titre du présent décret.

22. — Dans les lieux de parcours ou de vaine pâture, comme dans ceux où ces usages ne sont point établis, les pâtres et les bergers ne pourront mener les troupeaux d'aucune espèce dans les champs moissonnés et ouverts, que deux jours après la récolte entière, sous peine d'une amende de la valeur d'une journée de travail : l'amende sera double, si les bestiaux d'autrui ont pénétré dans un enclos rural.

23. — Un troupeau atteint de maladie contagieuse, qui sera rencontré au pâturage sur les terres du parcours ou de la vaine pâture, autres que celles qui auront été désignées pour lui seul, pourra être saisi par les gardes champêtres, et même par toute personne : il sera ensuite mené au lieu de dépôt qui sera indiqué à cet effet par la municipalité. — Le maître de ce troupeau sera condamné à une amende de la valeur d'une journée de travail par tête de bête à laine, et à une amende triple par tête d'autre bétail. — Il pourra en outre, suivant la gravité des circonstances, être responsable du dommage que son trou-

peau aurait occasionné, sans que cette responsabilité puisse s'étendre au-delà des limites de la municipalité. (Voyez plus bas le décret du 27 messidor an v.) — A plus forte raison cette amende et cette responsabilité auront lieu, si ce troupeau a été saisi sur les terres qui ne sont point sujettes au parcours ou à la vaine pâture.

24. — Il est défendu de mener sur le terrain d'autrui des bestiaux d'aucune espèce, et en aucun temps, dans les prairies artificielles, dans les vignes, oseraies, dans les plants de câpriers, dans ceux d'oliviers, de mûriers, de grenadiers, d'orangers et arbres du même genre, dans tous les plants et pépinières d'arbres fruitiers ou autres, faits de main d'homme. (Voyez Code pénal, art. 479, n° 10.) — L'amende encourue pour le délit sera une somme de la valeur du dédommagement dû au propriétaire; l'amende sera double, si le dommage a été fait dans un enclos rural; et suivant les circonstances, il pourra y avoir lieu à la détention de police municipale.

25. — Les conducteurs des bestiaux revenant des foires, ou les menant d'un lieu à un autre, même dans les pays de parcours ou de vaine pâture, ne pourront les laisser pacager sur les terres des particuliers, ni sur les communaux, sous peine d'une amende de la valeur de deux journées de travail, en outre du dédommagement. L'amende sera égale à la somme du dédommagement, si le dommage est fait sur un terrain ensemencé, ou qui n'a pas été dépouillé de sa récolte, ou dans un enclos rural. — A défaut de paiement, les bestiaux pourront être saisis et vendus jusqu'à concurrence de ce qui sera dû pour l'indemnité, l'amende et autres frais relatifs; il pourra même y avoir lieu, envers les conducteurs, à la détention de police municipale, suivant les circonstances,

26. — Quiconque sera trouvé gardant à vue ses bestiaux dans les récoltes d'autrui sera condamné, en outre du paiement du dommage, à une amende égale à la somme du dédommagement, et pourra l'être, suivant les circonstances, à une détention qui n'excèdera pas une année.

27. — Celui qui entrera à cheval dans les champs ensemencés, si ce n'est le propriétaire ou ses agents, paiera le dommage, et une amende de la valeur d'une journée de travail : l'amende sera double si le délinquant y est entré en voiture. Si les blés sont en tuyau, et que quelqu'un y entre, même à pied, ainsi que dans toute autre récolte pendante, l'amende sera au moins de trois journées de travail, et pourra être d'une somme égale à celle due pour dédommagement au propriétaire.

28. — Si quelqu'un, avant leur maturité, coupe ou détruit de petites parties de blé en vert, on d'autres productions de la terre, sans intention manifeste de les voler, il paiera en dédommagement au propriétaire une somme égale à la valeur que l'objet aurait eue dans sa maturité ; il sera condamné à une amende égale à la somme du dédommagement, et il pourra l'être à la détention de police municipale.

29. — Quiconque sera convaincu d'avoir dévasté des récoltes sur pied, ou abattu des plants venus naturellement ou faits de main d'homme, sera puni d'une amende double du dédommagement dû au propriétaire, et d'une détention qui ne pourra excéder deux années.

30. — Toute personne convaincue d'avoir, de dessein prémédité, méchamment, sur le territoire d'autrui, blessé ou tué des bestiaux ou chiens de garde, sera condamnée à une amende double de la somme du dédommagement. Le délinquant pourra être détenu un mois si

l'animal n'a été que blessé, et six mois si l'animal est mort de sa blessure ou en est resté estropié : la détention pourra être du double, si le délit a été commis la nuit, ou dans une étable, ou dans un enclos rural.

31. — Toute rupture ou destruction d'instrument de l'exploitation des terres, qui aura été commise dans les champs ouverts, sera punie d'une amende égale à la somme du dédommagement dû au cultivateur, et d'une détention qui ne sera jamais de moins d'un mois, et qui pourra être promulguée jusqu'à six, suivant la gravité des circonstances.

32. — Quiconque aura déplacé ou supprimé des bornes, ou pieds-corniers, ou autres arbres plantés ou reconnus pour établir les limites entre différents héritages, pourra, en outre du paiement du dommage et des frais de replacement des bornes, être condamné à une amende de la valeur de douze journées de travail, et sera puni par une détention dont la durée, proportionnée à la gravité des circonstances, n'excèdera pas une année : la détention cependant pourra être de deux années, s'il y a transposition de bornes à fin d'usurpation.

33. — Celui qui, sans la permission du propriétaire ou fermier, enlèvera des fumiers, de la marne, ou tous autres engrais portés sur les terres, sera condamné à une amende qui n'excèdera pas la valeur de six journées de travail, en outre du dédommagement, et pourra l'être à la détention de police municipale. L'amende sera de douze journées, et la détention pourra être de trois mois, si le délinquant a fait tourner à son profit lesdits engrais.

34. — Quiconque maraudera, dérobera des productions de la terre qui peuvent servir à la nourriture des hommes, ou d'autres productions utiles, sera condamné

à une amende égale au dédommagement dû au propriétaire ou fermier ; il pourra aussi , suivant les circonstances du délit, être condamné à la détention de police municipale.

35. — Pour tout vol de récolte fait avec des paniers ou des sacs, ou à l'aide des animaux de charge, l'amende sera double du dédommagement ; et la détention, qui aura toujours lieu , pourra être de trois mois , suivant la gravité des circonstances.

36. — Le maraudage ou enlèvement de bois fait à dos d'homme dans les bois taillis ou futaies, ou autres plantations d'arbres des particuliers ou communautés , sera puni d'une amende double du dédommagement dû au propriétaire. La peine de la détention pourra être la même que celle portée en l'article précédent.

37. — Le vol dans les bois taillis , futaies et autres plantations d'arbres des particuliers ou communautés , exécuté à charge de bête de somme ou de charrette, sera puni par une détention qui ne pourra être de moins de trois jours , ni excéder six mois : le coupable paiera en outre une amende triple de la valeur du dédommagement dû au propriétaire.

38. — Les dégâts faits dans les bois taillis des particuliers ou communautés par des bestiaux ou troupeaux , seront punis de la manière suivante.... etc. (1).

39. — Conformément au décret sur les fonctions de la gendarmerie nationale, tout dévastateur des bois , des récoltes, ou chasseur masqué, pris sur le fait, pourra être

(1) Cet article a été implicitement abrogé par les art. 147 et 199 du Code forestier, qui prévoient et punissent le même délit.

saisi par tout gendarme national, sans aucune réquisition d'officier civil.

40. — Les cultivateurs ou tous autres qui auront dégradé ou détérioré, de quelque manière que ce soit, des chemins publics, ou usurpé sur leur largeur, seront condamnés à la réparation ou à la restitution, et à une amende qui ne pourra être moindre de trois livres, ni excéder vingt-quatre livres.

41. — Tout voyageur qui déclora un champ pour se faire un passage dans sa route, paiera le dommage fait au propriétaire, et de plus une amende de la valeur de trois journées de travail, à moins que le juge de paix du canton ne décide que le chemin public était impraticable ; et alors les dommages et les frais de clôture seront à la charge de la communauté.

42. — Le voyageur qui, par la rapidité de sa voiture ou de sa monture, tuera ou blessera des bestiaux sur les chemins, sera condamné à une amende égale à la somme du dédommagement dû au propriétaire des bestiaux.

43. — Quiconque aura coupé ou détérioré des arbres plantés sur les routes, sera condamné à une amende du triple de la valeur des arbres, et à une détention qui ne pourra excéder six mois.

44. — Les gazons, les terres ou les pierres des chemins publics, ne pourront être enlevés, en aucun cas, sans l'autorisation du directoire du département (le préfet). Les terres ou matériaux appartenant aux communautés ne pourront également être enlevés si ce n'est par suite d'un usage général établi dans la commune pour les besoins de l'agriculture, et non aboli par une délibération du conseil général. — Celui qui commettra l'un de ces délits sera, en outre de la réparation du dommage, con-

damné, suivant la gravité des circonstances, à une amende qui ne pourra excéder vingt-quatre livres ni être moindre de trois livres ; il pourra de plus être condamné à la détention de police municipale.

II.

DÉCRET QUI ORDONNE L'ÉTABLISSEMENT DE GARDES CHAMPÊTRES DANS TOUTES LES COMMUNES RURALES.

(Du 20 messidor an III)

(8 juillet 1795.)

Art. 1er. — Il sera établi, immédiatement après la promulgation du présent décret, des gardes champêtres dans toutes les communes rurales.

2. — Les gardes champêtres ne pourront être choisis que parmi les citoyens dont la probité, le zèle et le patriotisme seront généralement reconnus. Ils seront nommés par l'administrasion du district.... (1).

3. — Il y aura au moins un garde par commune ; et la municipalité jugera de la nécessité d'y en établir davantage.

4. — Tout propriétaire aura le droit d'avoir pour ses domaines un garde champêtre : il sera tenu de le faire agréer par le conseil général de la commune, et confirmer par le district (le sous-préfet) ; ce droit ne pourra l'exempter néanmoins de contribuer au traitement du garde de la commune.

(1) Le reste de la disposition a été abrogé par l'art. 13 de la loi du 18-22 juillet 1837, qui attribue aux maires le droit de nomination des gardes champêtres.

5. — La police rurale sera exercée provisoirement par le juge de paix.

8. — Le juge de paix prononcera sans délai contre les prévenus, et jugera d'après les dispositions de la loi des 28 septembre-6 octobre 1791 (ci-dessus). La peine sera pécuniaire (1) et ne pourra être moindre de la valeur de cinq journées de travail, outre la restitution de la valeur du dégât ou du vol qui aura été fait, sans préjudice des peines portées par le Code pénal, lorsque la nature du fait y donnera lieu, et, en ce cas, le juge de paix renverra au directeur du jury (juge d'instruction).

11. — La conservation des récoltes est mise sous la surveillance et la garde de tous les bons citoyens.

III.

LOI QUI DÉTERMINE LE MODE D'ÉVALUATION DES JOURNÉES DE TRAVAIL MENTIONNÉES DANS L'ARTICLE 8 DE CELLE DU 20 MESSIDOR, RELATIVE A LA CONSERVATION DES PROPRIÉTÉS RURALES,

(Du 18 thermidor an III)

(5 août 1795.)

La valeur des journées de travail mentionnées dans l'article 8 de la loi du 20 messidor ci-dessus, relative à la conservation des récoltes et des propriétés rurales, sera

(1) Voyez ci-dessous la loi du 23 thermidor an IV, qui ajoute à l'amende d'une ou de plusieurs jours de travail la peine de l'*emprisonnement*.

évaluée sur le prix actuel de la journée dans le lieu où le délit aura été commis (1).

IV.

LOI RELATIVE A LA RÉPRESSION DES DÉLITS RURAUX.

(Du 22 thermidor an IV)

(10 août 1795.)

Art. 2. — La peine d'une amende de la valeur d'une journée de travail ou d'un jour d'emprisonnement, fixée comme la moindre par l'article 606 du Code des délits et des peines (Code pénal actuel), ne pourra, pour tout délit rural, être au-dessous de trois journées de travail ou de trois jours d'emprisonnement.

V.

LOI SUR L'ÉCHENILLAGE DES ARBRES.

(Du 26 ventôse an IV)

(16 mars 1796.)

Art. 1ᵉʳ. — Tous propriétaires, fermiers, locataires ou

(1) Cette évaluation a été faite par la loi du 23 juillet 1820, dans les termes suivants :

« 28. La valeur de la journée de travail ne pourra, conformément à l'art. 5 de la loi du 23 décembre 1798 (3 nivose an VIII), être au-dessous de 50 cent. ni au-dessus de 1 fr. 50 cent. — Elle sera de nouveau réglée dans toutes les communes, à autres faisant valoir leurs propres héritages ou ceux d'autrui, seront tenus, chacun en droit soi, d'écheniller ou faire écheniller les arbres étant sur lesdits héritages, à peine d'amende qui ne pourra être moindre de trois journées de travail, et plus forte de dix.

2. — Ils seront tenus, sous les mêmes peines, de brûler sur-le-champ les bourres et toiles qui sont tirées des arbres, haies ou buissons, et ce, dans un lieu où il n'y aura aucun danger de communication de feu, soit pour les bois, arbres et bruyères, soit pour les maisons et bâtiments.

3. — Les administrateurs de département feront écheniller, dans le même délai, les arbres étant sur les domaines nationaux non affermés.

4. — Les agents et adjoints des communes seront tenus de surveiller l'exécution de la présente loi dans leurs arrondissement respectifs ; ils sont responsables des négligences qui y sont découvertes.

5. — Les commissaires du directoire exécutif près les municipalités sont tenus, dans la deuxième décade de la publication, de visiter tous les terrains garnis d'arbres, d'arbustes, haies ou buissons, pour s'assurer que l'échenillage aura été fait exactement, et d'en rendre compte au ministre chargé de cette partie.

6. — Dans les années suivantes, l'échenillage sera fait, sous les peines portées par les articles ci-dessus, avant le 1ᵉʳ ventôse (20 février).

raison de leur importance et des avantages dont elles jouissent, par les conseils généraux de département, sur la proposition des préfets. » — A Paris, et par exception à la règle générale, le prix de la journée de travail, pour l'année 1835, a été fixé à 2 fr. (Arrêté du préfet de la Seine du 31 décembre 1834.

7. — Dans le cas où quelques propriétaires ou fermiers auraient négligé de le faire pour cette époque, les agents et adjoints le feront faire, aux dépens de ceux qui l'auront négligé, par des ouvriers qu'ils choisiront ; l'exécutoire des dépenses leur sera délivré par le juge de paix, sur les quittances des ouvriers, contre lesdits propriétaires et locataires, et sans que ce paiement puisse les dispenser de l'amende.

VI.

ORDONNANCE CONTENANT DES MESURES POUR PRÉVENIR LA CONTAGION DES MALADIES ÉPIZOOTIQUES.

(Du 27 janvier 1815.)

Art. 1er. — Dans tous les lieux où a pénétré l'épizootie, et dans ceux où elle pénétrera par la suite, les préfets continueront de faire exécuter strictement les dispositions des arrêts des 10 avril 1714, 24 mars 1745, 19 juillet 1746, 18 décembre 1774, 30 janvier 1775 et 16 juillet 1784, et de l'arrêté du directoire exécutif du 27 messidor an V, concernant les épizooties (1).

2. — Sur la demande des autorités administratives, les

(1) L'arrêté du 27 messidor an V (15 juillet 1797) contient toutes les dispositions des anciens arrêts et règlements relatifs aux maladies épizootiques. Cet arrêté, qui ordonne l'exécution des mesures destinées à prévenir la contagion des maladies épizootiques, subsiste en toute sa vigueur et a force de

gardes nationales, la gendarmerie, les gardes champêtres, et, au besoin, les troupes de ligne, seront employés pour assurer l'exécution des dispositions rappelées et indiquées dans le précédent article, et notamment pour former des cordons et empêcher la communication des animaux suspects avec les animaux sains.

3. — Dans les départements où la maladie n'a pas encore pénétré, les préfets ordonneront la visite des étables

loi, aux termes de l'art. 461 du Code pénal. — Il est conçu ainsi qu'il suit :

MESURES DE POLICE POUR ARRÊTER LES COMMUNICATIONS.

Arrêté du 27 messidor an V.

« 1. — Tout propriétaire ou détenteur de bêtes à corne, à quelque titre que ce soit, qui aura une ou plusieurs bêtes malades ou suspectes, sera obligé, sous peine de 500 fr. d'amende, d'en avertir sur-le-champ le maire de sa commune, qui les fera visiter par l'expert le plus prochain, ou par celui qui aura été désigné par le département ou par le canton (Arrêt du parlement du 24 mars 1745. — Arrêt du conseil du 19 juillet 1746, art. 3. — Id. du 16 juillet 1784, art. 1).

« 2. — Lorsque, d'après le rapport de l'expert, il sera constaté qu'une ou plusieurs bêtes sont malades, le maire veillera à ce que ces animaux soient séparés des autres et ne communiquent avec aucun animal de la commune. Les propriétaires, sous quelque prétexte que ce soit, ne pourront les faire conduire dans les pâturages ni aux abreuvoirs communs, et ils seront tenus de les nourrir dans des lieux renfermés, sous peine de 100 fr. d'amende (Arrêt du conseil, 19 juillet 1746, art. 2).

aussi souvent qu'ils le jugeront utile, ils exerceront une surveillance active, et feront les dispositions nécessaires pour que l'on puisse exécuter sur-le-champ, et partout où besoin sera, toutes les mesures propres à arrêter les progrès de l'épizootie, si elle venait à se manifester.

4. — A la première apparition de symptômes de contagion dans une commune, il sera envoyé des vétérinaires

« 3. — Le maire en informera, dans le jour, le sous-préfet de l'arrondissement, auquel il indiquera le nom du propriétaire et le nombre des bêtes malades. Le sous-préfet fera part du tout au préfet du département (Arrêt du conseil du 19 juillet 1746.)

« 4. — Aussitôt qu'il sera prouvé au maire que l'épizootie existe dans une commune, il en instruira tous les propriétaires des bestiaux de ladite commune, par une affiche posée aux lieux où se placent les actes de l'autorité publique, laquelle affiche enjoindra auxdits propriétaires de déclarer au maire le nombre des bêtes à cornes qu'ils possèdent, avec d'signation d'âge, de taille, de poil, etc. Copie de ces déclarations sera envoyée au sous-préfet et par celui-ci au préfet (Arrêt du conseil du 19 juillet 1746, art. 4).

« 5. — En même temps, le maire fera marquer, sous ses yeux, toutes les bêtes à cornes de sa commune avec un fer chaud, représentant la lettre M. Quand le préfet du département sera assuré que l'épizootie n'a plus lieu dans son ressort, il ordonnera une contre-marque telle qu'il jugera à propos, afin que les bêtes puissent aller et être vendues partout, sans qu'on ait rien à en craindre. (Arrêt du conseil des 19 juillet 1746 et 16 juillet 1784).

« 6. — Afin d'éviter toute communication des bestiaux de pays infectés avec ceux de pays qui ne le sont pas, il sera fait de temps en temps des visites chez les propriétaires des bestiaux, dans les communes infectées, pour s'assurer qu'aucun chargés de visiter les bestiaux, et de reconnaître ceux qui doivent être abattus, aux termes des règlements cités en l'article 1. L'abattage aura lieu sans délai, sur l'ordre des maires ou des commissaires délégués par les préfets.

5. — Il sera dressé des procès-verbaux à l'effet de constater le nombre, l'espèce et la valeur des animaux qui ont été ou qui seront abattus pour arrêter les progrès de

animal n'en a été distrait (Arrêté du 24 mars 1745, art. 1).

« 7. — Si, au mépris des dispositions précédentes, quelqu'un se permet de vendre ou d'acheter aucune bête marquée, dans un pays infecté, pour la conduire dans un marché ou une foire, ou même chez un particulier du pays non infecté, il sera puni de 500 fr. d'amende. Les propriétaires de bêtes qui les feront conduire par leurs domestiques ou autres personnes dans les marchés ou chez des particuliers de pays non infectés, seront responsables du fait de ces conducteurs (Arrêt du conseil du 19 juillet 1746, art. 5, 6).

« — Il est enjoint à tout fonctionnaire public qui trouvera sur les chemins, ou dans les foires ou marchés, des bêtes à cornes marquées de la lettre M, de les conduire devant le juge de paix, lequel les fera tuer sur-le-champ en sa présence (Arrêt du conseil du 19 juillet 1746, art. 7). — Pourront néanmoins les propriétaires des bêtes saines en pays infectés, en faire tuer chez eux ou en vendre aux bouchers de leur commune, mais aux conditions suivantes : 1° il faudra que l'expert ait constaté que ces bêtes ne sont point malades ; 2° le boucher n'entrera point dans l'étable ; 3° le boucher tuera les bêtes dans les vingt-quatre heures ; 4° le propriétaire ne pourra s'en dessaisir, et le boucher les tuer, qu'ils n'en aient la permission par écrit du maire, qui en fera mention sur son état. Toute contravention à cet égard sera punie de 200 fr. d'amende, le propriétaire et le boucher demeurant solidaires (Arrêt du conseil du 19 juillet 1746, art. 8).

la contagion ; les extraits de ces procès-verbaux seront transmis par les préfets à notre directeur général de l'agriculture et du commerce, qui fera établir l'état des in-

« 9. — Il est ordonné de tenir dans les lieux infectés tous les chiens à l'attache, et de tuer tous ceux que l'on trouverait divagants (Loi du 19-22 juillet 1791). — Tout fonctionnaire public qui donnera des certificats et attestations contraires à la vérité sera condamné à 1,000 fr. d'amende, même poursuivi extraordinairement (Arrêt du conseil du 24 mars 1745, art. 14).

« 10. — Dans tous les cas où les amendes pour les objets relatifs à l'épizootie seront appliquées, aucun juge ne pourra les remettre ni les modérer ; les jugements qui interviendront en conséquence seront exécutés par provision, et les délinquants, au surplus, soumis aux lois de la police correctionnelle (Arrêt du parlement de 1745, art. 7, 8. — Arrêt du conseil de 1746, art. 15 ; de 1784, art. 12).

« 11. — Aussitôt qu'une bête sera morte, au lieu de la traîner, on la transportera à l'endroit où elle doit être enterrée, qui sera, autant que possible, au moins à cinquante toises des habitations ; on la jettera seule dans une fosse de huit pieds de profondeur, avec toute sa peau tailladée en plusieurs parties, et on la recouvrira de toute la terre sortie de la fosse. Dans le cas où le propriétaire n'aurait pas la facilité d'en faire le transport, le maire en requerra un autre, et même les manouvriers nécessaires, à peine de 50 fr. contre les refusants. Dans les lieux où il y a des chevaux, on préférera de faire traîner par eux les voitures chargées de bêtes mortes, lesquelles voitures seront lavées à l'eau chaude après le transport. Il est défendu de les jeter dans les bois, dans les rivières où à la voirie, et de les enterrer dans les étables, cours et jardins, sous peine de 300 fr. d'amende et de tous dommages

13

demnités auxquelles les propriétaires de ces animaux auront droit d'après les bases déterminées par les arrêts du conseil des 18 décembre 1774 et 30 janvier 1775.

et intérêts (Arrêt du parlement de 1745, art. 5. — Arrêt du conseil de 1784, art. 6).

« 12. — Enfin, les corps administratifs, conformément au décret du 28 septembre 1791, emploieront tous les moyens de prévenir et d'arrêter l'épizootie. »

V° PARTIE.

LE CALCULATEUR UNIVERSEL,

TABLEAU

DONNANT IMMÉDIATEMENT LES RÉSULTATS DES OPÉRATIONS LES PLUS USITÉES DE L'ARITHMÉTIQUE, LA MULTIPLICATION, LA DIVISION, LES RÈGLES DE PROPORTION, ÉVALUATION DES SUPERFICIES, DES VOLUMES, ETC., ETC.

ACCOMPAGNÉ

De l'exposition simple et méthodique du Système décimal et d'un Tableau explicatif des poids et mesures; d'une méthode facile et intelligible à tout le monde pour trouver sans calcul l'intérêt d'une somme et l'escompte à payer pour un billet quels qu'en soient le montant et le temps à courir jusqu'à l'échéance, etc., etc.

L'arithmétique est la science des nombres; la connaissance de ses règles et de ses procédés, ou tout au moins de moyens mécaniques d'arriver aux résultats de ses opérations, est indispensable à tout le monde.

Grâce aux tableaux qui suivent, et surtout au *Calculateur universel*, l'ouvrier pourra connaître instantanément son salaire de la semaine, du mois, de l'année; le cultivateur, la superficie de son champ, et par suite la quantité de semailles nécessaire pour l'ensemencer; le petit rentier, l'intérêt que rapporte son argent chaque jour;

enfin, l'homme qui sait calculer lui-même y trouvera une grande économie de temps et la garantie des erreurs si difficiles à éviter.

Nous allons donner d'abord quelques notions élémentaires, introduction nécessaire pour comprendre nos tableaux et surtout l'usage du *Calculateur*.

—

NOTIONS PRÉLIMINAIRES.

On appelle *quantité* tout ce qui est susceptible d'être augmenté ou diminué. — Tous les objets sont des quantités, car nous pouvons toujours, par la pensée, les augmenter ou les diminuer.

Nous nous occuperons seulement de celles dont l'appréciation est à chaque instant nécessitée par les besoins de la vie ordinaire : ce sont les *longueurs* ou *distances*, les *aires* ou *surfaces*, les *volumes* ou *contenances*, les *poids*, les *temps*, et enfin les *monnaies*.

Pour apprécier exactement les quantités, on les compare à une de même espèce, choisie par suite de convention, et que l'on appelle *unité*.

Cette comparaison d'une quantité à son unité se nomme *mesure*.

Nous appellerons *nombre* le résultat de la mesure d'une quantité. — Toute quantité peut donc s'exprimer par un nombre. — De là une infinité de nombres.

Ceci posé, il ne reste plus, pour pouvoir mesurer toutes les quantités, ou en d'autres termes, les désigner en unités de leur espèce, qu'à classer, nommer et écrire tous les nombres. — C'est ce à quoi l'on est arrivé par l'invention du système décimal.

NOUVEAU TABLEAU DES POIDS ET MESURES.

MYRIAMÈTRE. 10000 mètr.	KILOMÈTRE. 1000 mètres.	HECTOMÈTRE. 100 mètres.	DÉCAMÈTRE. 10 mètres.	MÈTRE 1	DÉCIMÈTRE. 0,1 du mètre	CENTIMÈTRE 0,01 du mètre	MILLIMÈTRE 0,001 du mèt.	DÉCIMILLIMÈ. 0,0001 mètr.
MYRIARE. 10000 ares. 1000000 m.c.	KILARE. 1000 ares. 100000 m. car	HECTARE. 100 ares. 10000 m. car.	DÉCAR. 10 ares. 1000 mèt. car	ARE. décamèt. car. 100 mèt. car.	DÉCIARE. 0,1 de l'are. 10 mèt. carré	CENTIARE. 0,01 de l'are. 1 mèt. carré.	MILLIARE. 0,001 are. 0,1 mèt. car.	DÉCIMILLIARE 0,0001 are. 1 décim. car.
MYRIALITRE ou DÉCASTÈRE. 10000 litres. 10 m. cu.	KILOLITRE ou STÈRE. 1000 litres, mètre cube.	HECTOLITRE ou DÉCISTÈRE. 100 litres, 0,1 mèt. cube	DÉCALITRE ou CENTISTÈRE. 10 litres. 0,01 m. cu.	LITRE ou MILLISTÈRE. décimèt cube 0,001 mèt.cu.	DÉCILITRE ou décimillistère. 0,1 du litre 0 0001 m. cu	CENTILITRE ou centimillistère. 0,01 du litre. 0 00001 m. c.	MILLILITRE. ou décicentimillist. 0,001 litre. 0,00001.m.c	DÉCIMILLILIT ou décimillimillist. 0,0001 lit. 0,000001m.c
MYRIAGRAMME 10000 gram. p. de 10 d. cu. d'eau distillée	KILOGRAMME. 1000 gram. p d'1 déc.cu. d'eau dist.	HECTOGRAMM. 100 grammes p. de 100 c. cu. d'eau d.	DÉCAGRAMME 10 grammes p. de 10 c. cu d'eau dist.	GRAMME. poids d'1 cen- tmètre cube d'eau distillée	DÉCIGRAMME. 0,1 du gram. p. de 0,1 c.cu. d'eau dist.	CENTIGRAMME 0,01 du gr. p. de 0,01 c cu. d'eau dist.	MILLIGRAMME 0,001 du gr. p d'1 mil. cu d'eau dist.	DÉCIMILLIGRA 0,0001 gr. p. de 0,1 mil. cu. d'eau d.
MYRIAFRANC. Non en usage	KILOFRANC. Non en usage	HECTOFRANC ou cent francs pièce or à 0,9. pes. 32 gr. 260	DÉCIFRANC ou dix francs. pièce or à 0,9 pes. 3 gr. 226	FRANC. pièc. d'argent à 0,9 de fin, pesant 5 gra	DÉCIME. 0,1 du franc pièce de cuivre.	CENTIME. 0,01 fr. pièce de cuivre.	MILLIME. Non en usage	DÉCIMILLIME. Non en usage

On voit, d'après ce tableau, que l'unité de longueur, base fondamentale, est le *mètre* ; celle de la superficie, l'*are;* celle de solidité, le *litre*, et pour les gros volumes, le *stère* ou kilolitre ; le poids unitaire, le *gramme*, et enfin l'étalon monétaire, le *franc*. — Le mètre, fondement de tout le système, et duquel se déduisent toutes les autres unités, est une longueur choisie arbitrairement, mais fixe, invariable et susceptible de s'obtenir à chaque instant par le calcul ; car c'est la dix-millionième partie de la distance du pôle à l'équateur, comptée sur un méridien. — Chacun sait que la terre est ronde, à peu près de la forme d'une orange, tournant sur elle-même, en vingt-quatre heures, autour d'un de ses *diamètres* (on nomme ainsi, dans une *sphère* (1) ou boule, toute droite passant par le centre), appelé *axe;* que les points où cet axe perce la terre se nomment *pôles*, le cercle résultant de la section de la sphère par un plan perpendiculaire à l'axe, *équateur*, et enfin que tout cercle, tracé sur une sphère, ayant le même centre et passant par les deux pôles s'appelle un *méridien*.

Pour compléter les observations à faire sur le tableau, nous avertirons le lecteur de ne pas s'effrayer du grand nombre de dénominations diverses qu'il renferme. Les seules mesures usitées pour la plupart des besoins ordinaires sont les suivantes : pour les longueurs, le kilomètre, le mètre, le décimètre et le centimètre ; pour les superficies, l'hectare et l'are; pour les contenances, le stère, le décistère ou hectolitre, le centistère ou décalitre,

(1) La sphère est un corps tel que tous les points de sa surface sont à égale distance d'un point intérieur nommé *centre*.

le litre et le décilitre ; pour les poids, le kilogramme , l'hectogramme, le décagramme et le gramme (on emploie encore dans l'évaluation de la capacité des navires le *quintal*, qui répond à 100 kilos ou au multiple immédiatement supérieur au myriagramme, et le *tonneau*, ou 1,000 kilos, poids d'un mètre cube d'eau distillée) ; pour les monnaies, la pièce de 10 fr. en or, le franc en argent, le décime et le centime en cuivre (pour faciliter les transactions commerciales, on a encore des pièces d'or de 20 fr., pesant 6 gr. 451 milligrammes ; de 40 fr., pesant 12 gr. 903 milligrammes ; des pièces d'argent de 5 fr., pesant 25 grammes ; de 2 fr., pesant 10 grammes ; de 50 centimes, pesant 2 grammes 50 centigrammes ; de 25 centimes, pesant 1 gramme 25 centigrammes ; des pièces de cuivre de 5 centimes ou *sous*).

Il est utile aussi 1° que chacun ait présent à l'esprit que le mètre égale 10 décimètres ; que 10 décimètres égalent 100 centimètres ; ou bien que le mètre exprime la même quantité que 10 décimètres et que 100 centimètres.

2° Que le kilogramme égale 10 hectogrammes, ou 100 décagrammes, ou 1,000 grammes : que 5 hectogrammes, 50 décagrammes, ou 500 grammes expriment une même quantité égale à un demi-kilogramme. — Que 5 hecto. égalent un demi-kilog., que 5 décag. égalent un demi-décag.

3° Que l'hectolitre, 10 décalitres, 100 litres ou 1,000 décilitres sont la même contenance.

———

L'unité de temps ne se trouve pas renfermée dans le tableau ; cela tient à ce que, pour l'obtenir, on est parti d'un autre ordre d'idées, basé sur les observations des mouvements des astres : on a pris pour unité *l'année*, durée de la révolution que fait la terre autour du soleil, précisément égale à 365 *jours* 5 heures 48 minutes 48 secondes ; le jour se subdivise en 24 heures, chaque heure en 60 minutes, et la minute en 60 secondes.

On appelle *jour* le temps pendant lequel la terre fait une révolution complète sur elle-même.

La routine empêchant les meilleures innovations d'être de longtemps adoptées, on compte encore trop souvent, entre particuliers, à l'aide des anciennes mesures. Pour rendre facile leur conversion en mesures nouvelles, et réciproquement, nous allons traduire en unités métriques les valeurs de celles qui étaient le plus généralement usitées.

MESURES DE LONGUEUR.

	mètres.
Lieue commune, égale.	4444
Lieue de poste.	3898
Toise.	1,9490
Aune.	1,2000
Pied.	0,3248
Pouce.	0,0270
Ligne.	0,00225

MESURES DE SUPERFICIE.

	centiares.
Arpent.	5107
Perche.	34,189

La perche linéaire variait, selon les localités, de dix-huit à vingt-cinq pieds ; nous traduisons seulement ici la plus petite.

MESURES DE CONTENANCE.

Pour les liquides.

	litres.
Muid.	273,6
Feuillette.	136,6
Quartaut.	68,4
Setier.	7,6
Pinte.	0,95

Pour les solides.

	stères.
Corde.	3,84
Voie.	1,92
Muid.	1,87
Setier.	0,156
Solive.	0,103
Mine.	0,078
Minot.	0,039
Boisseau.	0,013

Le muid, le setier, la mine, le minot, le boisseau variaient selon les denrées à mesurer ; nous n'avons évalué toujours que les plus petites valeurs.

POIDS.

	grammes.
Livre.	489,5
Marc.	244,8
Once.	30,59
Gros.	3,82
Grain.	0,53

Quant aux monnaies, la démonétisation a forcé tout le monde à se servir presque exclusivement des nouveaux types.

13.

Nous allons indiquer maintenant, d'une manière sommaire, les règles à suivre pour exécuter les opérations les plus simples de l'arithmétique : l'addition et la soustraction, sans la connaissance desquelles on ne peut se servir du *Calculateur*.

ADDITION.

C'est une opération ayant pour but de réunir en un seul plusieurs nombres de même espèce.

Supposons d'abord qu'il s'agisse de nombres entiers, soit à additionner par exemple les nombres 6842, 3737, 5643, 7921. — Chacun de ces nombres se composant d'unités, de dizaines, de centaines et de mille, le résultat définitif qu'on appelle *somme* sera composé de la somme partielle de leurs unités, plus celle de leurs dizaines, plus celle de leurs centaines, etc. — Dè là la règle suivante : On écrit les uns sous les autres les nombres à additionner, de telle façon que les unités du même ordre se correspondent :

$$
\begin{array}{r}
6842 \\
3737 \\
5643 \\
7921 \\
\hline
24143
\end{array}
$$

On fait la somme des unités dont on écrit, sous la colonne correspondante, le chiffre des unités, en ayant soin, si elle contient des dizaines, de les ajouter à la colonne des dizaines; on agit sur la 2ᵉ colonne comme sur la 1ʳᵉ, en ayant soin de reporter à la 3ᵉ les centaines s'il y en a, et ainsi de suite, et l'on arrive, dans l'exemple particulier, à la somme : 24143.

Pour passer à l'addition des nombres décimaux, on remarque que l'unité se divise en 10 dixièmes, le dixième en 10 centièmes, le centième en 10 millièmes. Dès lors il suffit d'opérer de la même manière que pour les nombres entiers ; il faut seulement avoir soin de placer régulièrement les chiffres exprimant les dixièmes sous les dixièmes, ceux exprimant les centièmes sous les centièmes, etc.

Premier exemple :

$$225 \text{ stères, } 54 \text{ centistères.}$$
$$62 \quad » \quad , 420 \text{ m.}$$
$$0 \quad » \quad , 048 \quad »$$
$$\overline{288 \text{ stères, } 088 \text{ mil.}}$$

Total : 288 stères 88 millistères.

Deuxième exemple :

$$341 \text{ ares, } 26 \text{ centiares.}$$
$$5237 \quad » \quad , 04 \quad »$$
$$24 \quad » \quad , 30 \quad »$$
$$3 \quad » \quad ,$$
$$\overline{5605 \text{ ares, } 60 \text{ centiares.}}$$

Total : 56 hectares 5 ares 6 déciares.

Après une opération, on fait la preuve, c'est-à-dire on s'assure à l'aide d'un nouveau calcul si le résultat obtenu est ou non fautif. — Pour l'addition, on la recommence en ordre inverse, c'est-à-dire en opérant de bas en haut, au lieu de le faire de haut en bas. Si les deux sommes sont identiques, le résultat est exact.

MULTIPLICATION.

C'est une opération ayant pour but d'obtenir la somme résultant de l'addition d'un nombre donné à lui-même autant de fois moins une qu'il y a d'unités dans un autre. Le premier de ces nombres s'appelle multiplicande, le second multiplicateur ; le résultat se nomme produit.

Nous allons expliquer comment on obtient immédiatement le produit à l'aide du *Calculateur universel.*

Exemple. — Combien valent 12 paires de souliers à 11 fr. la paire? Réponse, 132 fr. (Voyez sous 12, vis-à-vis de 11, c'est-à-dire sur la ligne 12, dans la colonne 11) — 132 fr.

Exemple. — Combien valent 36 hectolitres de froment à 38 fr. l'hectolitre? Réponse, 1,368 fr., que vous trouverez sur la ligne 36, dans la colonne 38.

Exemple. — Combien coûteraient 20 mètres de toiles au prix de 2 fr. 40 c. le mètre? Réponse, 48 fr., que vous trouverez sur la ligne 20, colonne 24, c'est-à-dire à raison de 24 décimes ou 2 fr. 40 c.

Passons maintenant à la multiplication des nombres ; 3 cas se présentent : 1º Un nombre entier à multiplier par une fraction décimale ; 2º par un nombre fractionnaire, et enfin 3º deux nombres fractionnaires à multiplier l'un par l'autre.

1ᵉʳ *Cas* : Quelle est la valeur d'un sac de sel pesant 183 kilos, le kilo de sel valant 0,14 centimes. — Il faut multiplier 183 par 0,14, ce qui revient à prendre les quatorze centièmes de 183 ; or, pour cela, il suffit de multiplier 183 par 14, opération que nous savons faire à l'aide du *Calculateur*, et ensuite de diviser le résultat 2562 par 100. — Résultat : 25,62.

Ce produit et celui obtenu en multipliant simplement 183 par 14 sont identiques, sauf la place occupée par la virgule ; nous pouvons donc formuler la règle suivante : Pour multiplier un nombre entier par une fraction décimale, il faut supprimer la virgule dans cette dernière, considérer les chiffres qui la composent comme représentant des unités et seulement séparer au produit par une virgule autant de chiffres à droite qu'il y en avait dans la fraction.

2ᵉ Cas : Un réservoir se vide par un orifice laissant écouler 10 litres 25 centilitres à l'heure, il se vide en 48 heures, donner sa contenance ? — Le résultat est le produit de 48 par 10,25 ; or, on peut décomposer 10,25 en 10 plus 0,25, et alors la question est ramenée à une multiplication de nombres entiers et au cas précédent. — Résultat : 4 hectolitres 92 litres.

D'où cette règle : pour multiplier un nombre entier par un nombre fractionnaire ou réciproquement, opérez comme s'il n'y avait pas de virgule, et séparez au produit autant de décimales qu'il y en avait dans le facteur fractionnaire.

3ᵉ Cas : Un veau pèse 65 kilos 18 décagr., le kilo de cette viande vaut 1,25, quel est le prix total de la bête. — Ce cas revient au prédédent, il suffit de sommer les quatre produits partiels de 65 par 1 ; 65 par 0,25 ; 0,18 par 1 ; 0,18 par 0,25. —Résultat : 81 fr. 47 cent.

Ces trois cas examinés, on en déduit que la multiplication des nombres décimaux s'effectue comme si les deux nombres étaient entiers ; il faut seulement séparer par une virgule au produit autant de chiffres qu'il y aura de décimales dans les deux facteurs.

DIVISION ET RÈGLES DE PROPORTIONS.

On se propose par cette opération du partager un nombre nommé *dividende* en autant de parties égales qu'il y a d'unités dans un autre nommé *diviseur* ; ce qui revient en d'autres termes à trouver un nombre qui, multiplié par le diviseur, reproduise le dividende.—Le résultat se nomme *quotient*.

EXEMPLE. — Une pièce vin de 220 litres a coûté 132 fr., à combien revient le litre? —Réponse, 60 c. (Voir colonne 22, la descendre jusqu'à 132 ; le quotient est en face, dans la 1re colonne à gauche.)

EXEMPLE. — 30 personnes ont à se partager une somme de 810 fr., combien revient-il à chaque personne? — Réponse, 27 fr. (Voir colonne 30, la descendre jusqu'à 810; la 1re colonne à gauche vous donne le produit 27 fr.)

EXEMPLE. — Un maître couvreur, qui, pour 40 mètres d'ouvrage, aurait employé 280 douzaines d'ardoises, combien emploierait-il pour 13 mètres seulement? — Réponse, 91 douzaines. Combien alors par mètre? 7 douzaines. Prenez d'abord la colonne 40, descendez-la jusqu'à 280, et en rétrogradant sur la même ligne jusque sous le n° 13, vous trouverez qu'il faudrait 91 douzaines, et, sous le n° 1, il y a 7 douzaines par mètre.

D'après cela toute division peut se ramener à une opération dans laquelle le diviseur soit contenu dans le *Calculateur*, Ire ligne horizontale, facilement ramenée elle-même au cas des 2 facteurs dans le tableau sur la même ligne verticale, qui s'exécute instantanément.

La division des nombres décimaux s'effectue comme si les nombres étaient entiers, seulement il faut avoir soin, dans le cas où le diviseur aurait plus de décimales que le dividende, d'ajouter à ce dernier autant de zéros qu'il y a de chiffres décimaux de plus ; et si le dividende, au contraire, en a davantage, il faut séparer au quotient par une virgule autant de décimales qu'il en faut pour que le nombre des chiffres décimaux du diviseur, plus celui du quotient, égale celui du dividende.

EXEMPLE. — Une propriété de 495 hectares est à partager

entre 33 personnes, on demande quelle sera la part de chacune ?—Il suffit de diviser 495 par 33 ; pour cela, ayant trouvé
33 dans la colonne horizontale du *Calculateur*, nous suivons
la ligne verticale lui correspondant jusqu'à ce que nous y
trouvions 495, et alors le quotient cherché est le nombre qui
se trouve au point de rencontre de la ligne horizontale répondant à 495 avec la première verticale du tableau, ou 15. —
Réponse, 15 hectares.

INTÉRÊT.

EXEMPLE. — 1,800 fr. à 3 pour 100 par an donnant 54 fr.
(voir ligne 8, colonne 18).— 1° Combien par moi ?—Réponse :
Divisez 54 fr. ou 540 décimes par 12 ; cherchez 540 sur la
ligne 12, au-dessus de ce dernier nombre, vous trouverez 45
décimes.—2° Combien par jour? — Réponse : Sur la ligne 30,
cherchez 450 cent. au-dessus de ce dernier nombre, vous trouverez 15 cent. Si maintenant vous cherchez l'intérêt pour 39
jours, voyez sur la ligne 15, colonne 39, vous trouverez 585 c.
ou 5 fr. 85 c.

EXEMPLE. — 3,600 fr. à 5 pour 100 par an donnent 180 fr.
(voir ligne 5, colonne 36).— 1° Combien par mois ?—Réponse :
Divisez 180 fr. ou 1,800 décimes par 12, cherchez 1,800 sur
la ligne 12, au-dessus de ce dernier nombre vous trouverez
15 fr. par mois. — 2° Combien par jour ?— Réponse : Sur la
ligne 30, cherchez 150, au-dessus de ce dernier nombre, vous
trouverez 50 cent. par jour ; si vous voulez avoir l'intérêt de 33
jours, multipliez 33 par 50, pour produit, vous aurez 16 fr. 55 c.

TABLE DES MATIÈRES.

PREMIÈRE PARTIE.

	Pag.
Acte sous seing privé.	5
Apprentissage.	9
Formule d'un contrat d'apprentissage.	12
Formule d'un transport de contrat d'apprentissage d'un maître à un autre.	13
Arbitrage, arbitre.	14
Arrhes.	18
Aubergiste.	19
Autorisation de la femme mariée.	21
Avoué.	23
Bail.	24
Modèle d'un bail de boutique.	36
Modèle d'un bail à ferme de biens ruraux.	37
Billet.	44
Formule de billet simple.	45
Formule d'un billet à ordre.	47
Boucher.	48
Boulanger.	49
Captation.	50
Carrières.	ibid.
Certificats.	51
Congé d'acquit.	53
Conseil de famille.	ib id.
Conservateur des hypothèques.	55
Loi du 10 juillet 1850.	57
Donation entre époux.	59
Dot.	62
Émancipation.	63
Femme.	67
Greffier.	68
Greffiers de justices de paix.	69
Habitation (Droit d').	ibid.
Haie.	70
Halage (Chemin de).	71
Huissier.	72
Immeubles.	74

	Pag.
Incendie.	76
Marchés et devis.	*ibid.*
Formule d'un devis et marché pour bâtir une maison.	78
Mur mitoyen.	79
Formule pour un acte relatif à l'établissement d'un mur mitoyen.	82
Notaire.	*ibid.*
Ouvrier.	84
Formules. — Engagements d'ouvrier.	85
Engagement d'un ouvrier avec un commerçant qui lui fournit la matière pour travailler.	86
Partage de père ou mère ou autres ascendants.	87
Formule d'un partage d'ascendant fait par testament olographe.	88
Procuration spéciale à l'effet de recueillir une succession.	90
Procuration à l'effet d'acquérir.	93
Quittance.	*ibid.*
Formules de quittances. — Quittance sur remboursement d'obligation.	95
Quittance d'un terme de loyer avec arrérages.	*ibid.*
Quittance d'un prix de ferme.	96
Quittance d'un prix de vente d'une terre.	*ibid.*
Quittance d'un terme de rente viagère et arrérages.	*ibid.*
Rapport d'experts.	97
Rédhibitoires (Action et vices).	98
Servitude.	100
Testament.	005
Révocation des testaments.	108
Formules. — Testament olographe.	109
Autre formule de testament olographe.	111
Toits (Égouts des).	*ibid.*
Tutelle, tuteur.	112
De la tutelle légitime.	*ibid.*
Formules. — Recettes. — Dépenses. — Balance.	114, 115
Vente.	115
Acte de vente d'un fonds de commerce.	124
Contrat de vente d'une maison.	126
Vue (Droit de).	129

IIe PARTIE.

Code de commerce. — Acte de commerce.	131
Action de commerce.	137
Modèle de cession d'action par déclaration de transfert.	138
Actionnaire.	*ibid.*
Agent d'affaires.	139

	Pag.
Agent de change.	140
Agréé.	141
Assurance.	142
Des assurances en général, autres que sur la vie, et particulièrement des assurances contre l'incendie ou les risques de la grêle, ou la mortalité des bestiaux.	143
Assurances sur la vie.	151
Commerçant.	152
Crédit, crédit ouvert.	156
Endossement.	159
Enseigne.	164
Entrepreneur de transports.	167
Entrepreneur de travaux.	168
Entreprises de fournitures.	169
Fabricant.	171
Facture.	172
Faillite.	173
Caractères de l'état de faillite. — Sa déclaration. — Fixation de l'époque de la cassation de paiements ou de l'ouverture de la faillite.	ibid.
Femme commerçante.	177
Foires et marchés.	179
Fonds de commerce.	ibid.
Lettre de change.	181
Formules de lettre de change. — Autre formule.	183
Livres de commerce.	184
Sociétés commerciales; — anonyme; — en commandite; — en nom collectif; — en participation.	187 — 189
Formules. — Acte de société en nom collectif.	192
Acte société en commandite.	195
Acte de société en participation.	197
Résolution volontaire d'une société.	199
Continuation de société.	ibid.
Voitures publiques.	200
Voiturier.	203
Formule de la requête à adresser en cas de contestation pour la réception des marchandises transportées à l'effet de faire nommer des experts pour constater et vérifier leur état.	207

III. PARTIE.

Tarif des avoués près les tribunaux de première instance. — Matières sommaires.	208
Des matières ordinaires. — Droit de consultation.	210
Actes de première classe.	211

	Pag.
Acte de deuxième classe.	214
Des requêtes et défenses qui peuvent être grossoyées, et des copies de pièces.	215
Requêtes qui ne peuvent être grossoyées, et copies d'actes.	218
Plaidoirie et assistance aux jugements.	222
Qualités et signification des jugements. — Des vacations.	224
Poursuite de contribution.	230
Poursuite de saisie immobilière.	232
Poursuite d'ordre.	239
Actes particuliers.	242
Avoués des cours d'appel.	244
Tarif des notaires. — Classification des actes des notaires.	245
Honoraires.	246
Notaires des grandes villes ou de première classe.	247
Notaires des cours d'appel ou de deuxième classe.	248
Notaires des tribunaux d'instance ou de troisième classe.	249
Notaires des justices de paix ou de quatrième classe.	251
Tarif des huissiers.	253
Actes de seconde classe ou procès-verbaux.	254
Dispositions générales relatives aux huissiers.	263
Tarif des frais de protêt.	264
Législation rurale. — I. Loi sur la police rurale.	266
II. Décret qui ordonne l'établissement de gardes champêtres dans toutes les communes rurales.	285
III. Loi qui détermine le mode d'évaluation des journées de travail mentionnées dans l'art. 8 de celle du 20 messidor, relative à la conservation des propriétés rurales.	286
IV. Loi relative à la répression des délits ruraux.	287
V. Loi sur l'échenillage des arbres.	ibid.
VI. Ordonnance contenant des mesures pour prévenir la contagion des maladies épizootiques.	289

IVe PARTIE.

| Le Calculateur universel. | 295 |

FIN.

Paris. — Typographie Gaittet, rue Gît-le-Cœur,